LEMNISCAAT
DE KRITISCHE REEKS

De Kritische Reeks is ontstaan vanuit een bij velen levende bezorgdheid over mondiale ontwikkelingen. Deze reeks wil een bijdrage leveren aan de discussie over een rechtvaardiger wereld waarin culturele diversiteit, zorg voor het milieu en zeggenschap van mensen over hun eigen omgeving centraal staan.

Boeken uit *De Kritische Reeks*:

Naomi Klein
No Logo
De strijd tegen de dwang van de wereldmerken

Naomi Klein
Dagboek van een activiste
Van Seattle tot 11 september en daarna

Kalle Lasn
Cultuurkrakers
Een manifest tegen de ongebreidelde consumptiecultuur

Benjamin R. Barber
Jihad vs. McWorld
Terrorisme en globalisering als bedreigingen voor de democratie

José Bové & François Dufour
De wereld is niet te koop
Boeren tegen junkfood

NAOMI KLEIN

DAGBOEK VAN EEN ACTIVISTE

VAN SEATTLE TOT 11 SEPTEMBER EN DAARNA

VERTALING ROB VAN ERKELENS EN NICOLINE TIMMER

LEMNISCAAT

Een deel van de opbrengsten van dit boek gaat naar het door de auteur opgerichte *Fences and Windows Fund*. Dit fonds biedt financiële ondersteuning aan juridische bescherming van activisten en publiekseducatie over mondiale democratie.
www.fencesfund.org

Copyright © Nederlandse vertaling: Rob van Erkelens en Nicoline Timmer
Omslagontwerp: Bert Hollestelle
Zetwerk: Boeken uit Rotterdam
Omslagfoto: copyright © Caleb Huntington
Nederlandse rechten Lemniscaat b.v., Rotterdam, 2002
ISBN 90 5637 444 3
Copyright © Naomi Klein 2002

This translation of *Fences and Windows – Dispatches from the Front Lines of the Globalization Debate*, originally published in English in 2002, is published by arrangement with Vintage Canada, a division of Random House of Canada Limited.

Niets uit deze uitgave mag worden verveelvoudigd en/of openbaar gemaakt door middel van druk, fotokopie, microfilm, geluidsband of op welke andere wijze ook, zonder voorafgaande schriftelijke toestemming van de uitgever.

Druk: Drukkerij Wilco, Amersfoort
Bindwerk: Kramer Boekbinders, Apeldoorn
Stanswerk: Schut Grafische Afwerking, Amsterdam

Dit boek is gedrukt op milieuvriendelijk, chloorvrij gebleekt en verouderingsbestendig papier en geproduceerd in de Benelux, waardoor onnodig milieuverontreinigend transport is vermeden.

'Terwijl Bush [sinds de aanslagen van 11 september 2001] de wereld uitnodigt om mee te doen in Amerika's oorlog en de Verenigde Naties en de internationale gerechtshoven aan de kant schuift, moeten wij in deze beweging hartstochtelijke verdedigers van werkelijk multilateralisme worden en eens en voor altijd het etiket "antiglobalisering" verwerpen. [...] Is de golf van wederzijdse hulp en steun die deze tragedie heeft losgemaakt zo anders dan de humanitaire doelen waar de beweging naar streeft? De straatslogans – "Mensen vóór winst", "De wereld is niet te koop" – zijn in de nasleep van de aanslagen overduidelijke en fysiek gevoelde waarheden geworden voor velen.'

– *Naomi Klein*

INHOUD

	Voorwoord *Hekken en vensters: beperkingen en mogelijkheden*	11
I	**Vensters van onvrede**	
	Seattle	22
	Washington D.C.	25
	Wat volgt?	30
	Los Angeles	41
	Praag	45
	Toronto	47
II	**Het inperken van de democratie**	
	Handel en ruilhandel	51
	Democratie in de boeien	52
	De Free Trade Area of the Americas	55
	IMF loop naar de hel	58
	Geen plaats voor lokale democratie	62
	De oorlog tegen vakbonden	65
	De palmares van het NAFTA-akkoord	68
	Hogere hekken aan de grens	74
	Regels maken – en ermee breken	77
	De markt verzwelgt het gemeenschappelijk bezit	85
	Genetisch gemanipuleerde rijst	86
	Genetische verontreiniging	89
	De offerlammeren van mond- en klauwzeer	92
	Het internet als *tupperware party*	95
	Onvrede inlijven	98
	Economische apartheid in Zuid-Afrika	101
	Gifpolitiek in Ontario	104
	Amerika's zwakste front	107

DAGBOEK VAN EEN ACTIVISTE

III **Het inperken van de beweging: de criminalisering van de onvrede**
    Grensoverschrijdend politiewerk   114
    Preventieve arrestatie   117
    Surveillance   120
    Handel in angst   123
    De petitie van 'gekooide burgers'   126
    Infiltratie   129
    Het willekeurig gebruik van traangas   132
    Het normaliseren van geweld   135
    Het fabriceren van bedreigingen   137
    Vastgelopen in het spektakel   140

IV **Munt slaan uit terreur**
    De onmenselijke rekenkunde van het lijden   144
    Nieuwe opportunisten   151
    Kamikaze-kapitalisten   154
    De angstaanjagende terugkeer van grote mannen   157
    Amerika is geen hamburger   160

V **Uitzichten op democratie**
    Het democratiseren van de beweging   166
    Opstand in Chiapas   177
    De sociale centra van Italië   189
    Beperkingen van politieke partijen   192
    Van symbolen naar de essentie   197

Dankbetuiging   207
Verantwoording   209
Over de auteur   213

VOORWOORD

VOORWOORD

HEKKEN EN VENSTERS: BEPERKINGEN EN MOGELIJKHEDEN

Dit is niet het vervolg op *No Logo,* het boek over de opkomst van het activisme tegen de macht van het bedrijfsleven dat ik schreef tussen 1995 en 1999. Dat was een project waarin ik een stelling wilde onderzoeken; *Dagboek van een activiste* is een verzameling berichten vanuit de frontlinies van een strijd die net op het moment dat *No Logo* uitkwam tot volle uitbarsting kwam. Het boek lag bij de drukker toen de grotendeels nog ondergrondse bewegingen waarvan het verslag deed, doordrongen tot het algemene bewustzijn van de geïndustrialiseerde wereld, wat merendeels het gevolg was van de protesten tegen de Wereldhandelsorganisatie in november 1999 in Seattle. Van de ene op de andere dag zat ik midden in een internationaal debat over de dringendste vraag van onze tijd: welke waarden zullen het globalistisch tijdperk domineren?

Wat begon als een boektournee van twee weken werd een avontuur dat tweeënhalf jaar duurde, door tweeëntwintig landen. Het bracht me naar de met traangas gevulde straten van Quebec City en Praag, naar kampeertochten met antikernenergie-activisten in de Zuid-Australische woestijn en naar formele debatten met Europese staatslieden. De vier jaar van onderzoek in afzondering die nodig waren om *No Logo* te schrijven, hadden me hier bepaald niet op voorbereid. Ik was nooit erg betrokken geweest bij de politiek en hield niet van grote menigtes. De eerste keer dat ik een speech moest houden over globalisering keek ik omlaag naar mijn aantekeningen, begon te lezen en haalde mijn ogen anderhalf uur lang niet meer van mijn papier.

Maar het was niet de tijd om verlegen te zijn. Tienduizenden en vervolgens honderdduizenden mensen sloten zich elke maand aan bij nieuwe demonstraties, velen van hen waren mensen zoals ik die nooit echt hadden geloofd in de mogelijkheid van politieke verandering – tot dan toe. Het leek alsof de tekortkomingen van het heersende economische model plotseling onmogelijk nog langer konden worden genegeerd: door tegemoet te komen aan

DAGBOEK VAN EEN ACTIVISTE

de eisen van multinationale investeerders kwamen regeringen over de hele wereld *niet* tegemoet aan de behoeften van de mensen die hen hadden gekozen. Sommige van deze onvervulde behoeften waren primair en dringend – medicijnen, huisvesting, land, water —; sommige waren minder concreet – niet-commerciële culturele ruimtes om te communiceren, om samen te komen en dingen te delen, of dat nu op internet is, via radio of op straat —, en sommige waren fundamenteel – een behoefte aan open groepsdemocratieën. Tegelijkertijd bewees een bloeiende wereldeconomie, geconcentreerd op het najagen van kortetermijnwinsten, dat ze niet in staat was te reageren op ecologische en humane crises; niet in staat, bijvoorbeeld, om de omschakeling te maken van fossiele brandstoffen naar duurzamere energiebronnen, ondanks de ernstige ecologische en geopolitieke consequenties; niet in staat, ondanks alle plechtige beloftes en handenschudden, om de noodzakelijke middelen aan te wenden om de verspreiding van HIV in Afrika terug te draaien; onwillig om de primaire voedselveiligheidskwesties in Europa of de angst over luchtveiligheid in de Verenigde Staten aan te pakken. Het is moeilijk te zeggen waarom juist tóen de protestbeweging tot volle ontplooiing kwam, aangezien het merendeel van deze sociale problemen en milieuproblemen chronisch is, al decennialang, maar zeker moet een deel van de credits uitgaan naar de globalisering zelf. Problemen zoals ondergesubsidieerde scholen of besmet water, waar voordien corrupte nationale politici of politieke partijen de schuld van kregen, werden nu, dankzij een golf van grensoverschrijdende informatie-uitwisseling, herkend als de lokale effecten van een specifiek mondiale ideologie – die wordt uitgevoerd door nationale politici maar centraal gepland door een handvol instituties, waaronder de Wereldhandelsorganisatie, het Internationaal Monetair Fonds en de Wereldbank.

De ironie van het door de media opgeplakte etiket 'antiglobalisering' is dat wij, in deze beweging, de globalisering hebben omgezet in een levende realiteit, misschien nog wel meer dan de meest multinationale managers of de onstuimigste jetsetters. Op bijeenkomsten als het World Social Forum in Porto Alegre, op 'tegen-toppen' tijdens vergaderingen van de Wereldbank en op communicatienetwerken als <www.tao.ca> en <www.indymedia.org> blijft globalisering niet beperkt tot een kleine reeks van handels- en toerismetransacties. Nee, het is een ingewikkeld proces van duizenden mensen die hun lotsbestemming met elkaar verbinden door ideeën uit te wisselen en verhalen te vertellen over de effecten die abstracte economische theorieën hebben op hun dagelijks leven.

VOORWOORD

Net als anderen die plotseling in dit wereldwijde web zaten, begon ik met beperkte kennis van de neoliberale economie – ik zag vooral hoe jonge mensen in Noord-Amerika en Europa van kinds af aan te veel als marketingobjecten werden behandeld en te weinig als werknemers. Maar net als vele anderen ben ik door deze beweging geglobaliseerd: ik heb ontdekt wat deze obsessie met de markt heeft betekend voor landloze boeren in Brazilië, voor leraren in Argentinië, voor fastfoodarbeiders in Italië, voor koffieplanters in Mexico, voor inwoners van krottensteden in Zuid-Afrika, voor telemarketeers in Frankrijk, voor migranten-tomatenplukkers in Florida, voor organisatoren van vakbonden op de Filippijnen, voor thuisloze kinderen in Toronto, de stad waar ik woon.

Deze verzameling is de weerslag van mijn eigen steile leercurve, één klein onderdeel van een enorm proces van informatie-uitwisseling aan de 'basis' dat massa's mensen – mensen die niet zijn opgeleid als econoom, internationale-handelsadvocaat of expert in patenten – de moed heeft gegeven zich te storten in het debat over hoe globalisering eruit zou moeten zien. Deze columns, essays en speeches, geschreven onderweg voor *The Globe and Mail, The Guardian, The Los Angeles Times* en vele andere bladen, werden in alle haast en op late tijdstippen in hotelkamers geschreven na anti-Wereldbankprotesten in Washington en Praag, in Independent Media Centres, op weg naar het zoveelste vliegtuig. (Ik ben al aan mijn tweede laptop, sinds die man in de te krappe stoel van Air Canada in de toeristenklasse voor me op 'achteruit' drukte en ik een vreselijk knarsend geluid hoorde.) Ze behelzen de talloze argumenten en feiten waarop ik de hand kon leggen voor gebruik in debatten met neoliberale economen, en ook de meest aangrijpende ervaringen die ik had op straat met medeactivisten. Het zijn gehaaste pogingen om informatie op te nemen die vaak nog maar een paar uur daarvoor in mijn inbox binnenkwam, of om weer een nieuwe valse-informatiecampagne te pareren die de aard en doelstellingen van de demonstraties aanviel.

Waarom deze verzameling losse schrijfsels verzamelen in een boek? Deels omdat het een paar maanden na het begin van George W. Bush' *War on Terrorism* ('Oorlog tegen Terrorisme') duidelijk begon te worden dat er iets ten einde was gekomen. Sommige politici (met name zij wier beleid nauwgezet was uitgeplozen door de activisten) haastten zich te verklaren dat wat afgelopen was, de beweging zelf was: de vragen die zij opriep over de tekortkomingen van globalisering zouden onbelangrijk zijn, of zelfs voer voor 'de vijand'. Maar in werkelijkheid lokte het toenemend gebruik van militaire macht en repressie de grootste demonstraties aller tijden uit in Rome, Londen,

DAGBOEK VAN EEN ACTIVISTE

Barcelona en Buenos Aires. Het maakte ook dat veel activisten die voordien alleen symbolisch alternatieven aandroegen bij topbijeenkomsten, concrete acties ondernamen om het geweld te de-escaleren, zoals het optreden als 'menselijk schild' tijdens de confrontatie bij de Geboortekerk in Bethlehem, en de poging om illegale deportaties van vluchtelingen op Europese luchthavens te blokkeren. Terwijl de beweging deze nieuwe spannende fase inging, realiseerde ik me dat ik getuige was geweest van een nieuw hoofdstuk in de geschiedenis, dit doelgerichte en opwindende moment waarop de rotzooi van de echte wereld voor het eerst binnenrolde in de eliteclub van experts, waar onze collectieve lotsbestemming wordt bepaald. Dus dit is niet een verslag van een eindpunt, maar van dat gedenkwaardige begin, een periode die in Noord-Amerika werd gesteund door de vrolijke uitbarsting in de straten van Seattle en die onomkeerbaar veranderde door de onvoorstelbare destructie op 11 september.

Nog iets maakte dat ik deze artikelen bijeen wilde brengen. Bladerend door mijn knipsels voor mijn column, op zoek naar een of andere statistiek die ik kwijt was, vielen mij enkele telkens terugkerende thema's en beelden op. Het eerste was het hek. Dat beeld kwam keer op keer boven: barrières die de mensen scheiden van voorheen publieke middelen, die hen afhouden van het broodnodige land en water, hen beperken in de mogelijkheid over de grenzen te bewegen, belemmeren om een ander politiek geluid te laten horen, om te demonstreren op openbare straten, die zelfs politici weerhouden van het uitvoeren van beleid dat iets betekent voor de mensen door wie ze zijn verkozen.

Sommige van deze hekken zijn moeilijk te zien, maar daarom zijn ze er nog wel. Een virtueel hek wordt opgetrokken rond scholen in Zambia wanneer er op advies van de Wereldbank een 'gebruikersprovisie' voor onderwijs wordt geïntroduceerd, waarmee onderwijs buiten het bereik van miljoenen mensen komt. Er wordt een hek opgetrokken rond een familieboerderij in Canada wanneer het overheidsbeleid kleinschalige landbouw tot een luxezaak maakt, onbetaalbaar geworden in een landschap van beknotte subsidies, dalende goederenprijzen en fabrieksboerderijen. Er wordt een zeer reëel, zij het onzichtbaar hek opgetrokken rond schoon water in Soweto wanneer de prijzen hemelhoog stijgen als gevolg van privatisering en inwoners gedwongen worden besmette bronnen te gebruiken. En er wordt een hek opgetrokken rond het idee van de democratie zelf wanneer aan Argentinië wordt verteld dat het geen lening krijgt van het Internationaal Monetair Fonds als het niet verder bezuinigt op sociale uitgaven, meer privatiseert en afziet van steun aan lokale industrieën,

VOORWOORD

terwijl er een economische crisis aan de gang is die alleen maar verergert door diezelfde politieke maatregelen.

Hekken hebben altijd bij het kapitalisme gehoord als de enige manier om bezit tegen mogelijke bandieten te beschermen, maar het is in toenemende mate duidelijk geworden dat veel van deze hekken ondersteund worden door een overduidelijk dubbele moraal. Onteigening van bedrijfsholdings zou de grootste zonde kunnen zijn die een socialistische regering kan begaan in de ogen van de internationale financiële markten (vraag maar eens aan Venezuela's Hugo Chavez, of Cuba's Fidel Castro). Maar de garantie van eigendomsprotectie voor bedrijven onder de vrijhandelsakkoorden gold niet voor de Argentijnse burgers die al hun spaartegoeden stortten bij Citibank, Scotiabank en HSBC-rekeningen en die er nu achter komen dat bijna al hun geld simpelweg verdwenen is. De eerbied van de markt voor privé-bezit gold ook niet voor de Amerikaanse werknemers van Enron, die erachter kwamen dat ze 'buitengesloten' waren van hun geprivatiseerde pensioenportfolio's, niet in staat tot verkopen, zelfs niet terwijl topmensen van Enron in paniek hun eigen aandelen verkochten.

Weer andere hekwerken werden op eenzelfde manier veronachtzaamd: door het overhaast privatiseren zijn de grenzen die er ooit waren tussen vele publieke en private ruimtes – geen advertenties in scholen, bijvoorbeeld, geen winstoogmerk in de gezondheidszorg, voorkomen dat nieuwe afzetgebieden puur als promotiemiddelen fungeren voor de overige holdings van hun eigenaren – bijna allemaal verdwenen. Elk aspect van de cultuur is opengebroken, om vervolgens door de markt te worden omheind met hekken.

Toen ik voor het eerst deze woekering van hekken opmerkte in discussies en debatten in mijn eigen schrijven, leek mij dat veelbetekenend. Het afgelopen decennium van economische integratie werd immers aangedreven door beloftes dat blokkades zouden worden weggeruimd, beloftes van verhoogde mobiliteit en grotere vrijheid. En toch zijn we, dertien jaar na de val van de Berlijnse Muur, die we zo toejuichten, opnieuw door hekken omringd, geïsoleerd – van elkaar, van de aarde en van ons eigen vermogen ons voor te stellen dat verandering mogelijk is. Het economisch proces dat met het milde eufemisme 'globalisering' wordt aangeduid, grijpt nu in elk aspect van ons leven in, transformeert elke activiteit en natuurlijke grondstof tot een product dat af te meten en te bezitten is. De in Hongkong gestationeerde arbeidsonderzoeker Gerard Greenfield wijst erop dat het in deze fase van het kapitalisme niet simpelweg gaat om handel in de traditionele zin, het verkopen van meer producten over de grenzen. Het gaat ook om het voeden van de onstilbare honger van de markt naar groei, door hele sectoren die voorheen werden beschouwd als een deel van *the commons* ('het gemeenschappelijk bezit') en die niet te koop waren, te herdefiniëren als 'producten'. Deze categorieën zijn onder meer gezondheid en onderwijs, natuurlijk, maar ook ideeën, genen, zaadjes die nu worden aangekocht, gepatenteerd en beschermd, alsmede traditionele aboriginalgeneesmiddelen, gewassen, water en zelfs menselijke stamcellen. Nu copyright Amerika's belangrijkste exportproduct is (meer nog dan gefabriceerde goederen of wapens), moet de internationale handelswetgeving niet alleen worden begrepen als het slechten van bepaalde handelsbarrières, maar meer precies als een proces dat nieuwe barrières opwerpt – rond patenten, technologie en nieuw geprivatiseerde middelen. Deze Trade Related Intellectual Property Rights ('Handelsgerelateerde Intellectuele Eigendomsrechten') verhinderen boeren hun door Monsanto gepatenteerde zaadjes opnieuw te planten, verhinderen muziekfans muziek via internet te ruilen en maken het illegaal voor arme landen om goedkopere algemeen verkrijgbare medicijnen te produceren en deze te verstrekken aan hun burgers die er behoefte aan hebben.

Globalisering wordt nu aangeklaagd omdat er aan de andere kant van al deze virtuele hekwerken echte mensen staan, uitgesloten van scholen, ziekenhuizen, arbeidsplaatsen, hun eigen boerderijen, huizen en gemeenschappen. Massale privatisering en deregulering hebben legers van buitengesloten mensen gecreëerd wier diensten niet langer nodig zijn, wier levensstijl wordt afgedaan als 'achterlijk', aan wier basisbehoeften niet tegemoet wordt gekomen. Deze hekwerken van sociale uitsluiting kunnen een hele industrie afdanken en ze kunnen ook een heel land afschrijven, zoals dat gebeurd is met Argentinië. In het geval van Afrika ziet een heel continent zich verbannen naar de schaduwkant van deze aardbol, van de kaart verdwenen en uit het nieuws – het verschijnt alleen maar in oorlogstijd wanneer zijn burgers argwanend worden bekeken als potentiële leden van een militie, mogelijke terroristen of anti-Amerikaanse fanaten.

Maar in feite gaan opvallend weinig mensen die door de globalisering worden buitengesloten over tot geweld. De meesten verhuizen gewoon: van het platteland naar de stad, van land naar land. En dan worden ze geconfronteerd met duidelijk niet-virtuele hekwerken, gemaakt van schakelkettingen en prikkeldraad, versterkt met beton en bewaakt met machinegeweren. Telkens wanneer ik de term 'vrije handel' hoor, kan ik niet anders dan de getraliede fabrieken die ik bezocht op de Filippijnen en in Indonesië voor me zien, die allemaal

VOORWOORD

zijn omringd door hoge hekken, wachttorens en soldaten – om te verhinderen dat de in extreme mate gesubsidieerde producten naar buiten en de vakbondslieden naar binnen kunnen komen. Ik moet ook denken aan een reis die ik niet zo lang geleden maakte naar de Zuid-Australische woestijn, waar ik de beruchte Woomera-gevangenis bezocht. Woomera, vijfhonderd kilometer van de dichtstbijzijnde stad gelegen, is een voormalige militaire basis die is verbouwd tot een geprivatiseerd vluchtelingenkamp, eigendom van een dochteronderneming van het Amerikaanse beveiligingsbedrijf Wackenhut. In Woomera willen honderden Afghaanse en Irakese vluchtelingen, op de vlucht voor onderdrukking en dictatuur in hun eigen landen, zo wanhopig graag dat de wereld ziet wat er zich afspeelt achter de hekken dat ze hongerstakingen houden, van de daken van hun barakken springen, shampoo drinken en hun mond dichtnaaien.

Vandaag de dag staan de kranten vol gruwelijke berichten over asielzoekers die proberen de landsgrenzen over te steken door zichzelf te verstoppen tussen de producten die zoveel meer bewegingsvrijheid hebben dan zij. In december 2001 werden de lichamen van acht Roemeense vluchtelingen, onder wie twee kinderen, aangetroffen in een laadcontainer gevuld met kantoormeubelen; ze waren gestikt tijdens de lange reis op zee. In datzelfde jaar werden de dode lichamen van nog twee vluchtelingen ontdekt in Eau Claire, Wisconsin, in een lading badkamerspullen. Het jaar daarvoor zijn vierenvijftig Chinese vluchtelingen uit de provincie Foesjoen gestikt achter in een vrachtwagen in Dover, Engeland.

Al deze hekwerken houden verband met elkaar: de echte hekken van staal en prikkeldraad zijn nodig om de virtuele hekken op te richten, die hekken die grondstoffen en welvaart uit de handen van zoveel mensen houden. Het is gewoon onmogelijk om zoveel van onze collectieve rijkdom af te sluiten als wij hebben gedaan zonder dat dit vergezeld gaat van een strategie om onrust en mobiliteit van de mensen onder controle te houden. Beveiligingsbedrijven doen de beste zaken in steden waar de kloof tussen arm en rijk het grootst is – Johannesburg, São Paolo, New Delhi – met het verkopen van ijzeren hekken, gepantserde auto's, uitgebreide alarmsystemen en het verhuren van legers van particuliere bewakers. Brazilianen bijvoorbeeld geven vierenhalf miljard Amerikaanse dollars per jaar uit aan privé-beveiliging, en de vierhonderdduizend gehuurde gewapende agenten zijn met bijna vier keer zoveel als de gewone politieagenten. In het zeer verdeelde Zuid-Afrika hebben de jaarlijkse uitgaven aan beveiliging de 1,6 miljard Amerikaanse dollar bereikt, meer dan drie keer zoveel als wat de regering elk jaar uitgeeft aan betaalbare huisvesting. Het lijkt er nu op dat deze omheinde gebieden die de *haves* van de *have-nots* moeten afschermen, microkosmossen zijn van wat in snel tempo een mondiale beveiligingsstaat aan het worden is – niet een *global village*, bedoeld om de muren en barrières te slechten, maar een netwerk van forten, verbonden door zeer gemilitariseerde handelsroutes.

Als dit beeld extreem lijkt, kan dat alleen maar zijn omdat we zelden deze hekwerken zien. De ommuurde fabrieken en vluchtelingenkampen zijn altijd weggestopt op afgelegen plekken, waar ze niet goed een directe uitdaging kunnen vormen voor de verleidelijke retoriek van de globalisering. Maar de afgelopen paar jaar zijn sommige hekken voor iedereen zichtbaar geworden – vaak, hoe passend, tijdens de topbijeenkomsten waar dit onmenselijke model van globalisering wordt uitgedacht. Het wordt nu vanzelfsprekend gevonden dat, als wereldleiders bij elkaar willen komen om een nieuwe handelsdeal te bespreken, het nodig is een hedendaags fort te bouwen, om ze te beschermen tegen publieke woede, compleet met gepantserde tanks, traangas, waterkanonnen en vechthonden. Toen Quebec City gastheer was voor de Summits of the Americas in april 2001 nam de Canadese regering een maatregel zonder precedent: ze bouwde een kooi rond het hart van de binnenstad, waardoor bewoners officiële documenten moesten tonen om bij hun huis of hun werk te komen. Een andere populaire strategie is om de topbijeenkomsten te houden op ontoegankelijke locaties, diep in de Canadese Rocky Mountains, zoals de G8-bijeenkomst in 2002, of in de repressieve Golfstaat Qatar, waar de emir politiek protest verbiedt, zoals de bijeenkomst van de Wereldhandelsorganisatie in 2001. De *War on Terrorism* is weer een volgend hekwerk geworden om achter te schuilen – het wordt door organisatoren van de topbijeenkomst gebruikt om te laten zien waarom publieke uitingen van onvrede dit keer echt niet kunnen of, erger nog, om gevaarlijke parallellen te trekken tussen legale demonstranten en terroristen die uit zijn op destructie.

Maar het zijn doorgaans vrolijke evenementen waarover wordt bericht als bedreigende confrontaties, en ook experimenten met alternatieve manieren om de maatschappij te organiseren, als kritiek op bestaande modellen. Ik herinner me dat ik de eerste keer dat ik deelnam aan een van die evenementen, sterk het gevoel had dat er een soort politieke poort opening – een doorgang, een venster, 'een barst in de geschiedenis' om een prachtige zinsnede van Subcomandante Marcos te gebruiken. Deze opening had weinig te maken met het gebroken raam van de plaatselijke McDonald's, het beeld dat bij televisiecamera's zo geliefd is. Het was iets anders: een gevoel van mogelijkheden, een stoot frisse lucht, zuurstof die naar de hersenen stroomde. Het is met deze protesten – die in werkelijkheid marathons van een week zijn, intense scholing in mondiale politiek, nachtelijke sessies over strategie die simultaan worden vertaald in zes talen, concerten, straattheater en, jawel, ook een paar demonstraties – alsof je een parallel universum binnenstapt. Het is een alternatieve *global city* waar gedrevenheid gelatenheid vervangt, waar bedrijfslogo's gewapende bewakers nodig hebben, waar mensen zich auto's toe-eigenen, waar overal kunst is, waar vreemden met elkaar praten en waar het vooruitzicht van politieke verandering niet een vreemd en anachronistisch idee lijkt, maar de meest logische gedachte in de hele wereld.

Zelfs de zware veiligheidsmaatregelen zijn door activisten getransformeerd tot een onderdeel van de boodschap: de hekken die de topbijeenkomsten omsluiten, zijn metaforen voor een economisch model dat miljarden mensen tot armoede brengt en buitensluit. Confrontaties worden bij het hek georganiseerd – maar niet alleen die confrontaties die met stokken en stenen gepaard gaan: bussen traangas worden teruggemept met hockeysticks, waterkanonnen speels bestreden met speelgoedwaterpistooltjes en zoemende helikopters met zwermen papieren vliegtuigjes. Tijdens de Summit of the Americas in Quebec City bouwde een groep activisten een houten katapult in middeleeuwse stijl, rolde hem naar het drie meter hoge hek dat de binnenstad omsloot en schoot er teddyberen mee over de rand. In Praag, tijdens een bijeenkomst van de Wereldbank en het Internationaal Monetair Fonds, besloot de Italiaanse directe-actiegroep Tutte Bianche de in het zwart gehulde oproerpolitie niet tegemoet te treden in even bedreigende skimutsen en bandana's; in plaats daarvan marcheerden zij naar de politielinie in witte overalls, opgevuld met rubber banden en een piepschuim beschermlaag. In een confrontatie tussen Darth Vader en een leger van Michelinmannetjes kon de politie niet winnen. Ondertussen, in een ander gedeelte van de stad, werd de steile heuvelrug die leidt naar het conferentiecentrum beklommen door een bende 'roze feeën' met burleske pruiken, gekleed in zilveren en roze avondkleding en plateauzolen. Deze activisten nemen hun wens om het heersende economische model te ontwrichten erg serieus, maar hun tactieken weerspiegelen een hardnekkige weigering om mee te doen met de klassieke machtsstrijd: hun doel, dat ik onderzoek in het laatste gedeelte van dit boek, is niet om zélf de macht te grijpen, maar om principieel de centralisatie van macht te bestrijden.

Ook andere ramen gaan open, vredige samenzweringen om geprivatiseerde ruimtes en goederen terug te veroveren voor publiek gebruik.

DAGBOEK VAN EEN ACTIVISTE

Misschien zijn het de studenten die advertenties uit hun klaslokalen weren, of online muziek uitwisselen, of onafhankelijke mediacentra opzetten met gratis software. Misschien zijn het Thaise boeren die organische groenten planten op overbewaterde golfbanen, landloze boeren in Brazilië die hekken neerhalen rond ongebruikte stukken land en deze veranderen in landbouwcoöperaties. Misschien zijn het Boliviaanse arbeiders die de privatisering van hun watertoevoer terugdraaien, of Zuid-Afrikaanse inwoners van de krottenwijken die de elektriciteit van hun buren weer aansluiten onder de slogan *Power to the People*. En eenmaal teruggevorderd worden deze ruimtes ook opnieuw gebruikt. Bij buurtbijeenkomsten, op stadsraden, in onafhankelijke mediacentra, in door de gemeenschap gerunde bossen en boerderijen is een nieuwe cultuur van levendige directe democratie aan het ontstaan, een cultuur die gevoed en versterkt wordt door directe participatie, niet getemperd en ontmoedigd door passief toekijken.

Ondanks al deze pogingen tot privatisering blijkt dat er sommige dingen zijn die zich niet laten bezitten. Muziek, water, zaadjes, elektriciteit, ideeën – ze blijven losbarsten uit de begrenzingen die rondom hen worden opgetrokken. Ze hebben een natuurlijke weerstand tegen insluiting, een neiging tot ontsnapping, tot kruisbestuiving, een drang om weg te vloeien door hekken en te ontsnappen uit open ramen.

Terwijl ik dit schrijf, is het niet duidelijk wat er zal worden van deze bevrijde plekken, of datgene wat zal ontstaan sterk genoeg zal zijn om tegenstand te bieden aan de toenemende charges van de politie en het leger, nu het onderscheid tussen terrorist en activist opzettelijk wordt vervaagd. De vraag wat er nu komt, houdt me erg bezig, zoals deze iedereen bezighoudt die heeft deelgenomen aan het opbouwen van deze internationale beweging. Maar dit boek is niet een poging deze vraag te beantwoorden. Het geeft alleen een idee van de begintijd van de beweging die explodeerde in Seattle en die zich heeft ontwikkeld door de gebeurtenissen van 11 september en de naweeën daarvan. Dus ik besloot deze artikelen, altijd onderweg geschreven, niet te herschrijven, afgezien van een paar kleine veranderingen, meestal aangegeven door een voetnoot – als er een verwijzing wordt uitgelegd, een bewijs uitgebreid. Ze worden hier gepresenteerd als wat ze zijn: ansichtkaarten vanuit dramatische momenten in de geschiedenis, een verslag van het eerste hoofdstuk van een erg oud en telkens terugkerend verhaal, over mensen die duwen tegen de hekken die proberen hen in te sluiten, die de ramen opengooien, diep ademhalen en proeven van de vrijheid.

I
VENSTERS VAN ONVREDE

[Waarin activisten de eerste hekken neerhalen –
op straat en in hun hoofd]

SEATTLE

De *coming-out* van een beweging
December 1999

'Wie zijn al deze mensen?' Dat is de vraag die overal in de Verenigde Staten wordt gesteld, in radioprogramma's, in krantenkolommen en, vooral, in de wandelgangen van de bijeenkomst van de Wereldhandelsorganisatie in Seattle.

Tot voor kort waren deze handelsbijeenkomsten een beleefde aangelegenheid en alleen interessant voor deskundigen op het gebied van handel. Er stonden geen demonstranten buiten de poorten, laat staan demonstranten verkleed als enorme zeeschildpadden. Maar de bijeenkomst van de Wereldhandelsorganisatie deze week verloopt allesbehalve beleefd: er is een staat van beleg afgekondigd in Seattle, de straten lijken wel oorlogsgebied – en de onderhandelingen zijn mislukt.

Er zijn nogal wat theorieën in omloop over de identiteit van deze vijftigduizend activisten in Seattle. Sommigen menen dat het *would-be* radicalen zijn, jaloers op de protestbeweging in de jaren zestig. Of anarchisten die overal alleen maar herrie willen schoppen. Of tegenstanders van de vooruitgang die zich verzetten tegen globalisering, terwijl dit verzet duidelijk tevergeefs is. Mike Moore, de directeur van de Wereldhandelsorganisatie, beschrijft zijn opponenten simpelweg als egoistische protectionisten die de arme mensen in de wereld geen kans willen geven om deel te nemen aan nieuwe ontwikkelingen.

Dat er enige verwarring is over de politieke doelen van de demonstranten, is wel begrijpelijk. Dit is de eerste politieke beweging die voortkomt uit de chaotische structuur van het internet. Er is binnen de beweging geen sprake van een *top-down*-hiërarchie; er zijn geen grote, door iedereen erkende leiders die het *masterplan* kunnen uitleggen in eenvoudige oneliners. Niemand weet precies wat de volgende actie zal zijn.

Maar één ding is zeker: de demonstranten in Seattle zijn niet antiglobalistisch; ze zijn net zo bevangen door het globaliseringsvirus als de handelsadvocaten op de officiële bijeenkomsten. Als deze beweging al 'anti' iets is, dan is ze gekant tegen de macht van multinationals, tegen de idee dat wat goed is voor bedrijven – minder regelgeving, grotere mobiliteit, groter bereik – vanzelfsprekend goed uitpakt voor iedereen.

De wortels van de beweging liggen in campagnes waarin dit idee al werd aangevochten. Campagnes die zich richtten op de belabberde staat van dienst van multinationals wat betreft mensenrechten, arbeidsrechten en milieu. Veel van de jonge demonstranten in Seattle deze week zijn al veel langer actief in campagnes tegen de sweatshops van Nike ('slavenhokken' waar het bedrijf zijn – goedkope – arbeidskrachten uitbuit), tegen de manier waarop Shell omgaat met de mensenrechten in de Nigerdelta, of tegen Monsanto's reorganisatie van de mondiale voedselvoorziening. De afgelopen drie jaar zijn deze bedrijven het symbool geworden van het falen van de mondiale economie, en ze waren de directe aanleiding voor activisten om zich te verdiepen in de geheimzinnige wereld van de Wereldhandelsorganisatie.

Door zich te concentreren op multinationals en hun impact over de hele wereld, is dit activistische netwerk, met links in alle landen, in snel tempo de meest internationaal georiënteerde beweging aan het worden die de wereld ooit gekend heeft. Er zijn geen naamloze Mexicaanse of Chinese arbeiders meer die 'onze' banen inpikken, gedeeltelijk omdat de vertegenwoordigers van deze arbeiders nu op dezelfde e-maillijsten staan en op dezelfde bijeenkomsten aanwezig zijn als de westerse activisten. Velen zijn zelfs naar Seattle gereisd om deel te nemen aan de demonstraties van deze week. Als demonstranten roepen wat er allemaal mis is met globalisering, betekent dit voor de meesten niet dat ze terug willen naar een eng nationalisme; men wil juist de grenzen aan globalisering verleggen, handel koppelen aan arbeidsrechten, milieubescherming en democratie.

Dit is wat deze jonge demonstranten onderscheidt van hun voorgangers uit de jaren zestig. In het tijdperk van Woodstock werd het al als een politieke daad op zich beschouwd als je niet volgens de regels van de staat of de school leefde. Nu zijn tegenstanders van de Wereldhandelsorganisatie – zelfs veel van hen die zich anarchist noemen – woedend over het *gebrek* aan regels voor bedrijven, en ook over de overduidelijke dubbele norm dat bestaande regels verschillend worden toegepast in rijke en arme landen.

Ze kwamen naar Seattle omdat ze ontdekten dat de tribunalen van de Wereldhandelsorganisatie milieuwetten die bedreigde diersoorten moesten beschermen, terugdraaiden omdat deze wetten blijkbaar oneerlijke handelsbelemmeringen vormden. Of ze leerden dat de beslissing van Frankrijk om met hormonen behandeld vlees te weigeren, door de Wereldhandelsorga-

DAGBOEK VAN EEN ACTIVISTE

nisatie werd beschouwd als een onacceptabele inbreuk op de vrije markt. Wat in Seattle terechtstaat, is niet de handel of de globalisering, maar de mondiale aanval op het recht van burgers om regels op te stellen die mens en planeet beschermen.

Iedereen, van president Clinton tot de baas van Microsoft, Bill Gates, beweert natuurlijk vóór regels te zijn. Ironisch genoeg is in dit tijdperk van deregulering de behoefte aan 'gereguleerde handel' een soort mantra geworden. Maar de Wereldhandelsorganisatie heeft, heel vreemd, consequent geprobeerd handel los te koppelen van wie of wat erdoor wordt beïnvloed: arbeiders, het milieu, cultuur. Dit is waarom de suggestie van president Clinton gisteren, dat de kloof tussen de demonstranten en de delegaties met kleine compromissen en overleg makkelijk overbrugd kan worden, zo ondoordacht is.

Niet globalisten en protectionisten staan hier tegenover elkaar, maar twee radicaal verschillende visies op globalisering. Eén daarvan heeft de laatste tien jaar gedomineerd. De andere heeft zojuist haar *coming-out* beleefd.

WASHINGTON D.C.

Het kapitalisme toont zijn ware aard
April 2000

Vooraf
Mijn vriend Mez stapte zaterdag op de bus naar Washington D.C. Ik vroeg hem waarom. Hij zei met nadruk: 'Kijk, Seattle heb ik gemist. Dus Washington, daar moet ik bij zijn.'

Ik heb al eerder mensen zo gretig horen praten over iets waar ze bij *moesten* zijn, maar dan ging het meestal om een moddering popfestival of een kortlopend toneelstuk in New York, zoals de *Vagina Monologen*. Maar ik heb nog nooit iemand zo horen spreken over een politieke demonstratie. Zeker niet als het een demonstratie betreft tegen zulke logge bureaucratieën als de Wereldbank of het Internationaal Monetair Fonds. En al helemaal niet als het gaat om zoiets 'kleurloos' als een tientallen jaren oud beleid van kredietverlening dat 'structurele aanpassing' wordt genoemd.

En toch: ze waren er allemaal. De studenten en kunstenaars, anarchisten en staalarbeiders. Opgepropt in bussen die uit alle hoeken en gaten van het continent leken te komen. In hun achterzak en schoudertassen sheets met gegevens over de verhouding tussen de uitgaven voor gezondheidszorg en schuldaflossing in Mozambique (tweeënhalf keer méér voor schuldaflossing) en over het aantal mensen wereldwijd dat leeft zonder elektriciteit (twee miljard).

Vier maanden geleden bracht zo'n zelfde coalitie van milieu- en vakbondsgroeperingen en anarchistische groeperingen een bijeenkomst van de Wereldhandelsorganisatie tot stoppen. In Seattle begonnen uiteenlopende *one-issue*-bewegingen – sommige bezig met controversiële bedrijven als Nike of Shell, sommige met dictaturen als Birma – hun acties uit te breiden tot een meer structurele kritiek op de instanties die de regels bepalen en scheidsrechtertje spelen in wat lijkt op een wedloop naar een diepste dieptepunt.

Onvoorbereid als ze waren op de kracht en organisatie van hun opponenten, stelden de voorstanders van een versnelde doorvoering van de vrije markt zich onmiddellijk defensief op. Ze noemden de demonstranten vijanden van de armen. *The Economist* plaatste een foto van een uitgehongerd Indiaas kind op de cover. En de directeur van de Wereldhandelsorganisatie Michael Moore haalde buitengewoon fel uit: 'Tegen hen die vinden dat we zouden moeten stoppen met ons werk, zeg ik: vertel dat maar aan de armen, aan hen die in de marge moeten leven en die op onze hulp rekenen.'

Deze herprofilering van de Wereldhandelsorganisatie en van het wereldwijde kapitalisme als een armoedebestrijdingsprogramma dat tragisch genoeg door niemand zo begrepen wordt, is wel de meest misselijke erfenis van de strijd in Seattle. Het is propaganda uit Genève dat grenzeloze handel eigenlijk een enorm filantropisch project is en dat de buitenproportionele aandelenwinsten en salarissen van directeuren de ware intenties van multinationals zouden maskeren: het genezen van alle zieken in de wereld, het opschroeven van het minimumloon en het redden van bomen.

Maar niemand slaagt er beter in om deze misleidende voorstelling van zaken, als zou gedereguleerde handel hetzelfde zijn als het nastreven van humanitaire doelen, te ontmaskeren als een valse voorstelling van zaken dan de Wereldbank en het IMF zelf. Kijk maar naar wat ze tot nu toe bereikt hebben – ze hebben de armoede in de wereld alleen maar verergerd door hun heilig geloof in een *trickle-down*-economie.*

De Wereldbank heeft aan de meest arme en wanhopige landen geld geleend, zodat ze hun economieën op gang konden brengen – economieën die volledig afhankelijk zijn van megaprojecten die in handen zijn van buitenlandse ondernemers, landbouw die voornamelijk op export is gericht en niet op binnenlandse consumptie, productie die alleen door de lonen laag te houden kan concurreren op de buitenlandse markt en speculatieve geldstromen. Deze projecten zijn een zegen voor multinationals op het gebied van mijnbouw en landbouw, maar in veel landen hebben ze geleid tot milieurampen, massamigratie naar stedelijke centra, ernstige valutaschommelingen en uitzichtloos werk in sweatshops.

En hierin hebben de Wereldbank en het IMF een belangrijke rol gespeeld met hun beruchte 'financiële injecties', waaraan ze ook nog steeds meer voorwaarden stelden. In Haïti was dat het bevriezen van het minimumloon, in Thailand de afschaffing van beperkingen op buitenlands bezit, in Mexico werd aange-

---

* Een *trickle-down*-economie is gebaseerd op de gedachte dat beslissingen die zijn genomen aan de top, positief zullen doorwerken in lagere regionen.
(*Noot van de vertalers.*)

drongen op een verhoging van het collegegeld. En wanneer de laatste bezuinigingsmaatregelen opnieuw geen duurzame economische groei brengen, blijven deze landen in de knel zitten door hun enorme, groeiende schuldenlast.

De internationale aandacht die zich dit weekend op de Wereldbank en het IMF zal richten, zal bijdragen tot een bijstelling van het beeld van de demonstranten in Seattle als hebzuchtige Noord-Amerikaanse protectionisten die erop uit zijn alle voordelen van de economische bloei voor zichzelf te houden. Toen vakbondsleden en milieuactivisten de straat op gingen om te klagen over de bemoeienis van de Wereldhandelsorganisatie met milieu- en arbeidswetgeving, probeerden ze niet 'onze' standaard op te leggen aan de ontwikkelingslanden. Ze probeerden gelijke tred te houden met een beweging die streeft naar zelfbeschikkingsrecht en die is begonnen in de zuidelijke landen van de wereld. Daar wordt het woord 'Wereldbank' niet uitgesproken maar uitgespuugd wordt en wordt 'IMF' op protestborden geparodieerd als afkorting voor 'I M Fired' ('Ik ben ontslagen').

Na Seattle was het voor de Wereldhandelsorganisatie relatief eenvoudig deze affectieve 'oorlog' te winnen. Zo weinig mensen hadden voordat de demonstraties plaatsvonden zelfs maar gehóórd van de Wereldhandelsorganisatie, dat de beweringen van deze organisatie voor het grootste gedeelte niet werden aangevochten. Maar de Wereldbank en het IMF zijn een ander verhaal: een klein duwtje en alle lijken buitelen uit de kast. Normaal gesproken zien we deze 'lijken' alleen in de arme landen: afbraakscholen en afbraakziekenhuizen, boeren die van hun land worden verdreven, overbevolkte steden, vergiftigde watersystemen. Maar dit weekend wordt dat allemaal anders. De 'lijken' zullen de bankiers achtervolgen totdat ze thuiskomen in hun hoofdkantoren in Washington.

Na afloop
Oké, ik geef het toe: ik ben in bed blijven liggen.

Ik was in Washington D.C. om de demonstraties bij te wonen tegen de Wereldbank en het Internationaal Monetair Fonds. Maar toen mijn mobiele telefoon op een onchristelijk tijdstip afging en ik op de hoogte werd gesteld van het nieuwe plan om af te spreken om vier uur in de ochtend, kon ik dat gewoon niet opbrengen.

'Oké, zie je daar,' mompelde ik nog, ondertussen met een krakkemikkige pen wat straatnamen neerkrabbelend. Maar het ging gewoon niet. Doodop nadat ik de vorige dag dertien uur op straat had doorgebracht, besloot ik me op een wat beschaafder tijdstip te voegen bij de andere demonstranten. Het bleek dat een paar duizend anderen er net zo over dachten, wat de afgevaardigden van de Wereldbank, die voor zonsopgang met bussen werden aangevoerd, de kans gaf om, slaperig maar in alle rust, naar hun onderhandelingen te komen.

'Een nederlaag!' verkondigden veel kranten, die dolgraag met deze uitbarsting van slordige democratie wilden afrekenen.

David Frum, een Canadese expat in Washington, kon niet snel genoeg bij zijn computer komen om de demonstraties 'een flop' te noemen, 'een ramp' en, op de koop toe, 'een ingezakte soufflé'. Frum constateerde dat de activisten zo gedesillusioneerd waren door hun onvermogen de IMF-bijeenkomst van zondag te verhinderen dat ze de volgende dag liever in bed bleven liggen dan op straat de regen te trotseren.

Toegegeven, het was lastig om jezelf maandag uit bed te slepen, maar niet vanwege de regen of de vele politieagenten. Het was lastig omdat er toen al zo veel was bereikt, na één week demonstreren. Het frustreren van een bijeenkomst is natuurlijk iets waarmee een activist mooi kan pronken, maar de werkelijke overwinningen worden behaald om zulke dramatische hoogtepunten heen.

Het eerste succes tekende zich al af in de weken voor de demonstraties, toen voormalige werknemers van de Wereldbank en het IMF zich haastig aan de kant van de critici schaarden en afstand namen van hun voormalige werkgevers. Het opmerkelijkst waren de uitspraken van voormalig hoofdeconoom van de Wereldbank, Joseph Stiglitz, die zei dat het IMF dringend toe was aan meer democratie en transparantie.

En toen werd er nóg een overwinning geboekt. De organisatoren van nieuwe demonstraties hadden aangekondigd dat ze met hun oproep tot 'eerlijke handel' (in tegenstelling tot 'vrije handel') op de stoep van de Starbucks-koffieketen zouden gaan staan en daar zouden eisen dat het bedrijf koffie ging verkopen die werd verbouwd door boeren die wél een fatsoenlijk loon kregen. Vorige week, slechts vier dagen voor het geplande protest, kondigde Starbucks aan dat het ook 'eerlijke' koffie zou gaan verkopen – niet een wereldschokkende overwinning, maar tenminste een teken dat de tijden veranderen.

En uiteindelijk waren het de demonstranten die de voorwaarden bepaalden waaronder het debat werd gevoerd. Nog voordat de reuzenpoppen van papier-maché goed en wel droog waren, werden de mislukkingen van veel door de Wereldbank gefinancierde megaprojecten en IMF-injecties al breed uitgemeten in kranten en praatprogramma's op de radio. En daarbij kwam dat de kritiek op het 'kapitalisme' een comeback beleefde van Santana-achtige proporties.

De radicaal anarchistische groepering The Black Bloc nam een nieuwe naam aan: The Anti-Capitalist Bloc. Studenten kalkten leuzen op de stoep als: 'Als je denkt dat het IMF en de Wereldbank eng zijn, wacht dan maar tot je over het Kapitalisme hoort.' Jongens van studentenverenigingen aan American University, Washington D.C., reageerden met hun eigen slogans op grote plakkaten die uit de ramen hingen: 'Het kapitalisme bracht jullie welvaart. Wees er maar blij mee!' Zelfs de experts op CNN begonnen het woord 'kapitalisme' te gebruiken, in plaats van gewoon 'de economie'. En het woord verscheen maar liefst tweemaal op de cover van *The New York Times* van gisteren. Na meer dan tien jaar ongecontroleerde triomf is het kapitalisme (en niet langer alleen eufemismen als 'globalisering', 'denken in bedrijfsbelangen' of 'de groeiende kloof tussen rijk en arm') terug als onderwerp van het publieke debat. Dit is zo belangrijk dat de verstoring van een routinebijeenkomst van de Wereldbank bijna irrelevant lijkt. De agenda van de bijeenkomst van de Wereldbank en de persconferentie die daarop volgde, werden zeer ingrijpend 'gekaapt'. De gebruikelijke praatjes over deregulering, privatisering en de noodzaak de derdewereldmarkten te 'disciplineren', werden vervangen door beloftes om voort te maken met schuldenverlichting van arme landen en 'ongelimiteerde' geldbedragen te spenderen aan de Afrikaanse aidscrisis.

Natuurlijk is dit nog maar het begin van een lang proces. Maar als er één les kan worden geleerd van de gebeurtenissen in Washington, dan is het dat barricades zowel met fysiek geweld als met mentale kracht, *spirit*, kunnen worden bestormd. Dat er maandag werd uitgeslapen, betekende dus niet dat we 'verloren' hadden: het was de welverdiende rust van de overwinnaars.

WAT VOLGT?

De beweging tegen de mondiale macht van het bedrijfsleven hoeft
geen tienpuntenplan te ondertekenen om effectief te kunnen zijn
Juli 2000

'Deze conferentie is anders dan andere conferenties.'
Dit kregen alle sprekers op de conferentie 'Politiek en maatschappij opnieuw verbeeld' te horen, voordat ze bij de Riverside Church in New York aankwamen. Toen we ons richtten tot de afgevaardigden (zo'n duizend waren het er, gedurende drie dagen in mei), stelden we ons voor een zeer specifiek probleem te gaan oplossen: het gebrek aan 'eenheid in visie en strategie' in de beweging tegen de mondiale macht van het bedrijfsleven.

Dit was een zeer ernstig probleem, werd ons verteld. De jonge activisten die naar Seattle kwamen om de Wereldhandelsorganisatie te sluiten, en naar Washington D.C. om te protesteren tegen de Wereldbank en het Internationaal Monetair Fonds, waren in de pers aangevallen als in boom- en lammerenoutfits verklede, op trommels roffelende leeghoofden. Onze missie, volgens de organisatoren van de conferentie van de Foundation for Ethics and Meaning ('Stichting voor Ethiek en Betekenis'), was de chaos in de straten in een enigszins gestructureerde, mediagenieke vorm te gieten. Dit was niet de zoveelste praatsessie. We zouden 'een eenvormige beweging baren voor holistische sociale, economische en politieke verandering'.

Terwijl ik de zalen waar de lezingen werden gehouden in- en uitglipte en de ideeën van Arianna Huffington, Michael Lerner, David Korten, Cornel West en vele anderen opslurpte, zag ik opeens in hoe nutteloos deze goedbedoelde onderneming was. Zelfs als we erin zouden slagen met een tien-puntenplan te komen – geniaal in zijn helderheid, mooi coherent, eenvormig van visie —, aan wie precies zouden we dan deze 'tien geboden' aanbieden? De protestbeweging tegen de macht van het bedrijfsleven die afgelopen november in de straten van Seattle de aandacht van de hele wereld trok, wordt niet bijeengehouden door een politieke partij of een nationaal netwerk met een hoofdkantoor, jaarlijkse verkiezingen en ondergeschikte cellen en lokale afdelingen. Ze wordt gevormd door de ideeën van individuele organisatoren en intellectuelen, maar beschouwt geen van hen als leiders. De ideeën en plannen waarop in de Riverside Church werd gebroed, waren in deze amorfe context gezien niet zozeer irrelevant, maar simpelweg niet belangrijk op de manier waarop men duidelijk hoopte. In plaats van als activistische strategie aangenomen te worden, waren deze ideeën voorbestemd te worden opgepikt en opgenomen in de grote stroom informatie – webdagboeken, manifesten van niet-gouvernementele organisaties, academische papers, homemade video's, hartenkreten – die het netwerk van de mondiale protestbeweging dag in, dag uit produceert en consumeert.

Er is dan wel continu de kritiek dat de kinderen op straat een duidelijk leiderschap missen, maar dit is de andere kant: er zijn ook geen echte volgelingen. Door dit gemis maakt de protestbeweging op hen die een replica van de jaren zestig verwachten een irritant apathische indruk: blijkbaar zijn deze mensen zo ongeorganiseerd dat ze niet eens in staat zijn te reageren op zeer goed georganiseerde pogingen hen te organiseren. Dit zijn MTV-activisten, je hoort het de oude garde bijna zeggen: diffuus, non-lineair, met een gebrek aan focus.

Het is niet moeilijk in deze kritiek mee te gaan. Als er één ding is waar rechts en links het over eens zijn, dan is dat het nut van een helder, goed gestructureerd ideologisch debat. Maar misschien is het zo simpel niet. Misschien lijken de demonstraties in Seattle en Washington D.C. zo ongefocust omdat het niet demonstraties van één beweging waren, maar eerder samenkomsten van vele kleine bewegingen, elk de blik gericht op een specifiek bedrijf (zoals Nike), een bepaalde industrie (zoals landbouw) of een nieuw handelsinitiatief (zoals de Free Trade Area of the Americas ('Vrijhandelszone van Amerikaanse Landen'). Deze kleinere, doelgerichte bewegingen maken overduidelijk deel uit van een gemeenschappelijk streven: ze delen de overtuiging dat de uiteenlopende problemen waar ze mee worstelen allemaal het gevolg zijn van de door grote bedrijven aangestuurde globalisering, een beleid waardoor macht en rijkdom zich concentreren in de handen van steeds minder mensen. Natuurlijk zijn er meningsverschillen – over de rol van de natiestaat, over de vraag of het kapitalisme nog te redden is, over de snelheid waarmee veranderingen zouden moeten worden doorgevoerd. Maar binnen elk van deze miniatuurbewegingen begint men het erover eens te worden dat het decentraliseren van de macht en het bouwen aan een in de gemeenschap geworteld beslissingspotentieel – of dat nu via vakbonden, buurten, boerderijen, dorpen, anarchistische collectieven of zelfbestuur van de aboriginals is – essentieel is om de macht van multinationals te bestrijden.

DAGBOEK VAN EEN ACTIVISTE

Ondanks deze gemeenschappelijke uitgangspunten zijn deze initiatieven niet vergroeid tot één enkele beweging. Eerder zijn ze op een ingewikkelde manier, en hecht, met elkaar verbonden, wat erg lijkt op hoe 'hotlinks' hun websites op het internet met elkaar verbinden. Deze analogie is meer dan toevallig gekozen en is in feite de sleutel om de veranderende aard van deze politieke organisatie te begrijpen. Hoewel veel mensen hebben opgemerkt dat de recente massaprotesten onmogelijk zouden zijn geweest zonder internet, wordt over het hoofd gezien hoe de communicatietechnologie die deze initiatieven vergemakkelijkt de beweging vormt naar haar eigen webachtige beeld en gelijkenis. Dankzij internet is het mogelijk breed mensen te mobiliseren met weinig bureaucratie en minimale hiërarchie. Gedwongen consensus en gefabriceerde manifesten verdwijnen naar de achtergrond, worden vervangen door een cultuur van constante, losjes gestructureerde en soms dwangmatige informatie-uitwisseling.

Wat zich liet zien in de straten van Seattle en Washington was een activistisch model dat de organische, gedecentraliseerde, verweven structuur van het internet weerspiegelde – alsof het internet tot leven was gekomen.

Het in Washington gestationeerde onderzoekscentrum TeleGeography heeft de taak op zich genomen de architectuur van het internet in kaart te brengen, alsof het gaat om het zonnestelsel. Kort geleden meldde TeleGeography dat het internet niet één gigantisch web is, maar een netwerk van *hubs and spokes* ('assen en spaken'). De assen zijn de middelpunten van alle activiteiten, de spaken zijn de links naar andere centra, die autonoom zijn, maar met elkaar verbonden.

Het lijkt een perfecte omschrijving van de protesten in Seattle en Washington D.C. Deze massabijeenkomsten waren activistische assen waarin honderden, mogelijk duizenden autonome spaken samenkwamen. Tijdens de demonstraties namen de spaken de vorm aan van 'affiniteitsgroepen' van tussen de vijf en twintig demonstranten, die elk een woordvoerder kozen om hen te vertegenwoordigen tijdens regelmatig belegde vergaderingen van de *spokescouncil* ('spakenraad'). Ook al kwamen de affiniteitsgroepen overeen dat ze zich zouden houden aan enkele geen-geweldprincipes, toch functioneerden ze ook als aparte units, met de macht hun eigen strategische beslissingen te nemen. Op sommige bijeenkomsten dragen activisten werkelijk webben van stof om hun beweging te symboliseren. Als het tijd is voor een vergadering, leggen ze het web op de grond en roepen 'Alle spaken op het web', en de structuur wordt een directiekamer op straatniveau.

VENSTERS VAN ONVREDE

In de vier jaar voorafgaand aan de protesten in Seattle en Washington hadden soortgelijke 'assen-manifestaties' plaatsgevonden op bijeenkomsten van de Wereldhandelsorganisatie, de G-7 en de Asia Pacific Economic Cooperation in Auckland, Vancouver, Manila, Birmingham, Londen, Genève, Kuala Lumpur en Keulen. Elk van deze massademonstraties werd georganiseerd volgens de principes van gecoördineerde decentralisatie. In plaats van als één front op te treden, omcirkelden kleine eenheden van activisten hun doelwit van alle kanten. En in plaats van te bouwen aan uitgebreide nationale of internationale bureaucratieën, werkten ze met tijdelijke structuren: lege gebouwen werden omgetoverd in 'centra van samenkomst' en onafhankelijke mediaproducenten monteerden ter plekke activistische nieuwscentra. De ad-hoc-coalities achter deze demonstraties noemden zich vaak naar de datum van het geplande evenement: J18, N30, A16 en, voor de IMF-bijeenkomst in Praag op 26 september, S26. Als deze evenementen voorbij zijn, laten ze praktisch geen sporen na, afgezien van een gearchiveerde website.

Natuurlijk gaat achter al dit gepraat over radicale decentralisatie een zeer reële hiërarchie schuil, gebaseerd op wie de computernetwerken bezit, begrijpt en beheerst die de activisten met elkaar verbinden – dit is wat Jesse Hirsh, een van de oprichters van het anarchistische computernetwerk Tao Communications, 'een gedegenereerde adhocratie' noemt.

Het assen-en-spakenmodel is meer dan alleen een tactiek die wordt gebruikt bij demonstraties; de demonstraties zelf zijn opgebouwd uit 'coalities van coalities', om een uitdrukking te gebruiken van Kevin Danaher van Global Exchange. Elke campagne tegen de macht van bedrijven bestaat uit heel veel groeperingen, meestal niet-gouvernementele organisaties, vakbonden, studenten en anarchisten. Ze gebruiken het internet, maar ook meer traditionele organisatorische hulpmiddelen, om van alles te doen: van het catalogiseren van de meest recente bemoeienissen van de Wereldbank tot het bestoken van Shell met faxen en e-mails, tot het verspreiden van antisweatshoppamfletten die zo gedownload kunnen worden voor demonstraties in Nike Town. De groepen blijven autonoom, maar hun internationale coördinatie is geraffineerd en vaak verwoestend voor hun doelwitten.

De beschuldiging dat het de protestbeweging ontbreekt aan 'visie', gaat in de context van deze campagnes niet langer op. Het is waar dat de massademonstraties in Seattle en D.C. een ratjetoe van slogans en motieven waren, op zo'n manier dat het voor de gewone toeschouwer moeilijk was het verband te ontcijferen tussen Mumia Abu-Jamals gevangenneming en het lot van de zeeschildpadden. Maar in hun poging enige samenhang te ontdekken in deze grote demonstraties van kracht, verwarren critici de uiterlijke demonstraties van de beweging met de beweging zelf – en zo zien ze door de als bomen verklede mensen het bos niet meer. Deze beweging *is* haar spaken, en in die spaken bestaat er geen gebrek aan visie.

De antisweatshopbeweging van studenten bijvoorbeeld heeft zich snel ontwikkeld van het eenvoudig bekritiseren van bedrijven en campusbeheerders tot het opstellen van alternatieve gedragsregels en het opzetten van een eigen quasiregulerende instantie, het Worker Rights Consortium. De beweging tegen genetisch geconstrueerd en gemanipuleerd voedsel heeft de ene beleidsoverwinning na de andere geboekt, door eerst veel genetisch gemanipuleerd voedsel uit de schappen van Britse supermarkten verwijderd te krijgen en vervolgens de etikettenwetten erdoor te krijgen in Europa, om ten slotte enorme stappen voorwaarts te zetten met het Montreal Protocol over bioveiligheid. Ondertussen hebben tegenstanders van de exportgerichte ontwikkelingsmodellen van de Wereldbank en het IMF boekenkasten vol geschreven met achtergrondinformatie over op de gemeenschap gebaseerde ontwikkelingsmodellen, kwijtschelding van schulden en principes van zelfbestuur. Critici van de olie- en mijnindustrie zitten op eenzelfde manier vol ideeën over duurzame energie en een verantwoorde manier van grondstoffenwinning – al hebben ze zelden de kans hun ideeën in praktijk te brengen.

Het feit dat deze campagnes zo gedecentraliseerd zijn, is geen teken van incoherentie en fragmentatie. Eerder is het een redelijke, zelfs ingenieuze toepassing van zowel de bestaande fragmentatie in progressieve netwerken als de veranderingen die gaande zijn in de cultuur in het algemeen. Het is een bijeffect van de groeiende aanwezigheid van niet-gouvernementele organisaties die, sinds de Rio-bijeenkomst in 1992, meer en meer macht en aanzien hebben verkregen. Er zijn zoveel niet-gouvernementele organisaties betrokken bij de protestcampagnes dat alleen in het assen-en-spakenmodel al deze verschillende stijlen, tactieken en doelwitten kunnen worden ondergebracht. Net als het internet zelf zijn zowel de netwerken van niet-gouvernementele organisaties als die van 'affiniteitsgroepen' eindeloos uitdijende systemen. Als iemand het gevoel heeft dat hij niet thuishoort bij één van de ongeveer dertigduizend niet-gouvernementele organisaties of duizenden affiniteitsgroepen die er zijn, dan kan hij gewoon voor zichzelf beginnen en zijn organisatie linken aan de rest. Meedoen betekent dus niet dat iemand zijn eigen individualiteit hoeft op te geven voor het grotere verband; zoals met alle online-zaken staat het ons vrij ons erin en eruit te bewegen, ervan mee te nemen wat we kunnen gebruiken en te deleten wat niet. Het lijkt soms een surfersbenadering van activisme die de paradoxale cultuur van het internet weerspiegelt: extreem narcisme gekoppeld aan een intens verlangen naar gemeenschappelijkheid en contact.

Maar terwijl de webachtige structuur van de beweging voor een deel een reflectie is van een op internet gebaseerde manier van organiseren, is het ook een reactie op precies die politieke gang van zaken die in eerste instantie de protesten heeft aangewakkerd: het totale falen van de traditionele partijpolitiek. Over de hele wereld hebben burgers moeite gedaan om sociaal-democratische partijen en arbeiderspartijen te kiezen, die vervolgens, geconfronteerd met marktkrachten en IMF-voorschriften, onvermogen voorwendden. Onder deze omstandigheden zijn moderne activisten niet zo naïef om nog te geloven dat verandering via electorale politiek tot stand zal komen. Daarom zijn ze meer geïnteresseerd in het aanpakken van de structuren die de democratie tandeloos maken, zoals de structurele aanpassingspolitiek van het IMF, de macht van de Wereldhandelsorganisatie om nationale soevereiniteit te overrulen, of de financiering van verkiezingscampagnes door bedrijven.

Een van de grote krachten van dit laissez-fairemodel van organiseren is dat het heeft bewezen extreem moeilijk bedwingbaar te zijn, met name omdat het zo anders is dan de organisatieprincipes van de instellingen en bedrijven die het als doelwit heeft. Op kartelvorming reageert het met een doolhof van fragmentatie, op globalisering met een eigen manier van lokalisering, op machtsconsolidering met radicale verstrooiing van de macht.

Joshua Karliner van het Transnational Resource and Action Center ('Transnationaal Centrum voor Achtergrondinformatie en Actie') noemt dit systeem 'een onbedoeld briljante reactie op globalisering'. En omdat het onbedoeld was, hebben we nog steeds niet het idioom om het te beschrijven, wat misschien de reden is dat er een zeer vermakelijke metaforenmachine op gang is gekomen om in dit gat te springen. Ik draag hier mijn eigen steentje aan bij door het over 'assen en spaken' te hebben, maar Maude Barlow van de Council of Canadians ('Raad van Canadezen') zegt: 'We staan tegen een muur. We kunnen die niet verwijderen, dus proberen we eronderdoor, eromheen en eroverheen te kruipen.' De Britse John Jordan, een activist van Reclaim the Streets ('Eis de Straten Terug'), zegt dat transnationale bedrijven 'zich als gigantische tankers gedragen, en wij als een school vissen. Wij kunnen snel reageren; zij niet.'

DAGBOEK VAN EEN ACTIVISTE

De in de Verenigde Staten gestationeerde Free Burma Coalition ('Bevrijd Birma Coalitie') spreekt van een netwerk van 'spinnen' die een web spinnen dat sterk genoeg is om er de machtigste multinationals in te verstrikken. Zelfs een Amerikaans militair verslag van de opstanden van de Zapistas in Chiapas produceerde eigen metaforen. Volgens een onderzoek van Rand voerden de Zapatistas 'een oorlog als vlooien', die via internet en het mondiale netwerk van niet-gouvernementele organisaties veranderde in 'een oorlog van een bijenzwerm'. Het militaire probleem in een oorlog van zwermen, zo merkten de onderzoekers op, ligt daarin dat het geen 'centraal leiderschap of commandostructuur heeft; het is meerkoppig, onmogelijk te onthoofden'.

Uiteraard heeft dit meerkoppige systeem ook zo zijn zwakheden, en die werden goed zichtbaar in de straten van Washington D.C. tijdens de protesten tegen de Wereldbank en het IMF. Op 16 april, rond het middaguur, de dag waarop de grootste demonstratie plaatsvond, werd er een vergadering van de spakenwoordvoerdersraad belegd voor de affiniteitsgroepen die bezig waren alle kruispunten te blokkeren rond de hoofdkwartieren van de Wereldbank en het IMF. De kruispunten waren al geblokkeerd sinds zes uur in de ochtend, maar de afgevaardigden die elkaar zouden ontmoeten, zo hadden de demonstranten zojuist vernomen, waren al voor vijf uur tussen de politiebarricades door geglipt. Gezien deze nieuwe informatie vond een deel van de raad dat het tijd was de kruispunten op te geven en deel te nemen aan de officiële mars bij de Ellipse. Het probleem was dat niet iedereen het daarmee eens was: een handjevol van de affiniteitsgroepen wilde kijken of ze de afgevaardigden konden tegenhouden als ze uit hun bijeenkomst naar buiten zouden komen.

Het compromis waar de raad mee kwam, was veelzeggend. 'Oké, luister allemaal,' schreeuwde Kevin Danaher, een van de organisatoren van de demonstratie, door een megafoon. 'Ieder kruispunt heeft autonomie. Als het kruispunt wil vasthouden aan zijn plek, is dat oké. Als het naar de Ellipse wil, dan is dat ook oké. Het is aan jullie.'

Dit was eerlijk en democratisch, niks op aan te merken, maar er was één probleem: het sloeg helemaal nergens op. Het afsluiten van de toegangswegen was een gecoördineerde actie geweest. Als sommige kruispunten nu open zouden gaan en andere, rebelse kampementen op kruispunten bezet bleven, dan konden de afgevaardigden op hun weg naar buiten gewoon besluiten rechtsaf in plaats van linksaf te gaan, en ze zouden veilig thuiskomen. En natuurlijk was dat precies wat er gebeurde.

VENSTERS VAN ONVREDE

Toen ik groepjes demonstranten zag opstaan en wegwandelen terwijl anderen bleven zitten, op een uitdagende manier eigenlijk niets bewakend, trof dit me als een treffende metafoor voor de krachten en zwakheden van dit ontluikende activistische netwerk. We weten allemaal dat de communicatiecultuur die er op het internet heerst, beter is in snelheid en volume dan in synthese. Deze is in staat om duizenden mensen op dezelfde straathoek te laten samenkomen, met posters in de hand, maar veel minder geschikt om diezelfde mensen te helpen het eens te worden over wat ze nu echt eisen, voordat ze bij de barricades aankomen – of nadat ze daar zijn weggegaan.

Daarom begon er na elke demonstratie een vreemd soort onrust om zich heen te grijpen: was dat het nou? Wanneer is de volgende? Zal die net zo goed, net zo groot zijn? Om de vaart erin te houden, is er in korte tijd een cultuur van seriële protesten aan het ontstaan. Mijn inbox zit vol met smeekbedes om te komen naar wat wel eens 'het nieuwe Seattle' zou kunnen zijn. Zo was er Windsor en Detroit op 4 juni, om de Organization of American States 'te sluiten', en Calgary een week later, waar het World Petroleum Congress plaatsvond, en vervolgens de Republican Convention in Philadelphia in juli en de Democratic Convention in L.A. in augustus, de World Economic Forum's Asia Pacific Economic Summit op 11 september in Melbourne, kort daarop gevolgd door anti-IMF-demonstraties op 26 september in Praag – en dan op naar Quebec City voor de Summit of the Americas in april 2001. Iemand plaatste een bericht op de e-maillijst van de organisatie voor de Washington-demonstraties: 'Waar ze ook naartoe gaan, wij zullen er zijn! Volgende keer: zie je in Praag!' Maar is dit nu werkelijk wat we willen: een beweging van stalkers van bijeenkomsten, die de handelsbureaucraten achtervolgen als waren ze de Grateful Dead?

Dit vooruitzicht is gevaarlijk om verschillende redenen. Er wordt veel te veel verwacht van deze protesten: de organisatoren van de demonstratie in D.C., bijvoorbeeld, kondigden aan dat ze letterlijk twee transnationale instituties ter waarde van dertig miljard dollar zouden 'stopzetten', terwijl ze op hetzelfde moment probeerden complexe ideeën over de tekortkomingen van de neoliberale economie over te brengen aan het publiek, dat tevreden is met zijn aandelen. Het lukte ze gewoon niet – geen enkele afzonderlijke demonstratie lukte het, en het wordt alleen maar moeilijker. De tactieken van directe actie in Seattle werkten omdat ze de politie verrasten. Dat gebeurt niet nog een keer. De politie heeft zich aangemeld voor alle e-maillijsten. L.A. heeft een aanvraag ingediend van vier miljoen dollar voor een nieuwe veiligheidsuitrus-

37

ting en personeelskosten om de stad te beschermen tegen de activistische zwerm.

In een poging een stabiele politieke structuur te bouwen om de beweging tussen de demonstraties door vooruitgang te doen boeken, is Danaher begonnen geld in te zamelen voor een 'permanent samenkomstcentrum' in Washington. Het International Forum on Globalization (IFG, 'Internationaal Forum over Globalisering') komt ondertussen sinds maart bijeen, in de hoop voor het eind van het jaar een tweehonderd pagina's tellende beleidsnota uit te brengen. Volgens IFG-directeur Jerry Mander zal het geen manifest worden maar een verzameling principes en prioriteiten, een vroege poging, zoals hij het stelt, om 'een nieuwe architectuur voor te stellen' voor de mondiale economie.*

Net als de organisatoren van de conferentie in de Riverside Church zullen deze initiatieven de wind mee krijgen. De meeste activisten zijn het erover eens dat de tijd is gekomen om eens rustig te beginnen met discussiëren over een positieve agenda – maar aan wiens tafel, en wie mag er beslissen?

Deze vragen werden uiterst relevant toen eind mei de Tsjechische president Vaclav Havel aanbood te 'bemiddelen' in gesprekken tussen James Wolfensohn, president van de Wereldbank, en de demonstranten die plannen hadden om de bijeenkomst van de bank van 26 tot 28 september in Praag te verstoren. Er was geen consensus onder de organisatoren van de demonstraties over deelname aan de onderhandelingen in de Praagse burcht en, meer precies, er was geen procedure om de beslissing te nemen: geen mechanisme om acceptabele leden van een activistische afvaardiging te selecteren (sommigen stelden een stemming via het internet voor) en geen van tevoren overeengekomen setje doelen aan de hand waarvan men de voordelen van deelname kon afwegen tegen de valkuilen. Als Havel de hand had gereikt naar de groeperingen die zich specifiek bezighouden met schulden en structurele aanpassingen, zoals Jubilee 2000 of Fifty Years Is Enough, dan zou het voorstel op een directe manier zijn behandeld. Maar omdat hij de gehele beweging benaderde alsof het één enkele eenheid was, zette hij de organisatoren van de demonstraties aan tot een interne strijd die weken duurde.

Een deel van het probleem is structureel. Voor de meeste anarchisten die een groot deel van de organisatie van de 'basis', de gewone mensen, op zich nemen (en die veel eerder online waren dan meer gevestigde links), zijn

---

* De nota werd vele malen uitgesteld en is nog steeds niet beschikbaar op het moment dat dit boek ter perse gaat. (Noot van de auteur.)

directe democratie, transparantie en zelfbeslissing door de gemeenschap geen verheven politieke doelstellingen; het zijn fundamentele principes waarop ze hun eigen organisaties hebben gebouwd. Maar veel van de belangrijkste niet-gouvernementele organisaties, ook al zijn ze het in theorie eens met de meeste opvattingen van de anarchisten over democratie, zijn zelf georganiseerd als traditionele hiërarchieën. Ze worden geleid door charismatische leiders en leidinggevende commissies, terwijl hun leden hun geld sturen en juichen vanaf de zijlijn.

Dus hoe kun je coherentie bewerkstelligen binnen een beweging die vol anarchisten zit, wier grootste tactische kracht tot nu toe haar gelijkenis met een zwerm muggen is geweest? Misschien, als met het internet zelf, doe je dat niet door een van tevoren vastgestelde structuur op te dringen, maar eerder door behendig te surfen via de structuren die er al zijn. Misschien is datgene wat nodig is niet één politieke partij, maar betere links tussen de affiniteitsgroepen; misschien is het nodig verder radicaal te decentraliseren, in plaats van aan te sturen op meer centralisatie.

Als critici zeggen dat het de demonstranten ontbreekt aan visie, dan zeggen ze in feite dat het de demonstranten ontbreekt aan een overkoepelende revolutionaire filosofie – zoals marxisme, democratisch socialisme, diepgewortelde ecologie of sociale anarchie – waarover ze het allemaal eens zijn. Dat is absoluut waar, en hier zouden we buitengewoon dankbaar voor moeten zijn. Op dit moment worden de straatactivisten tegen de macht van bedrijven omringd door *would-be* leiders, die staan te trappelen om hen te werven als infanteristen voor hun eigen zaak. Aan de ene kant heb je Michael Lerner en zijn conferentie in de Riverside Church, die graag al die rudimentaire energie van Seattle en Washington verwelkomt binnen het kader van zijn 'Politics of Meaning' ('Politiek van Betekenis'). Aan de andere kant heb je John Zerzan in Eugene, Oregon, die niet geïnteresseerd is in Lerners roep om 'genezing', maar de rellen en de vernieling van eigendommen ziet als de eerste stap naar de ineenstorting van industrialisering en een terugkeer naar 'anarcho-primitivisme' – een pre-agrarisch Utopia van jagers en verzamelaars. Daartussenin heb je vele andere visionairs: van de discipelen van Murray Bookchin en zijn theorie van sociale ecologie tot bepaalde sektarische marxisten die ervan overtuigd zijn dat de revolutie morgen al zal beginnen, tot bewonderaars van Kalle Lasn, redacteur van *Adbusters*, en zijn verwaterde versie van revolutie door *culture jamming*.* En dan is daar nog het fantasieloze pragmatisme van sommige vakbondsleiders die, vóór

DAGBOEK VAN EEN ACTIVISTE

Seattle, bereid waren sociale clausules toe te voegen aan bestaande handelsovereenkomsten en verder de boel de boel lieten.

Het is de verdienste van deze jonge beweging dat ze tot nog toe steeds dit soort agenda's heeft afgehouden en elk genereus aangeboden manifest afgewezen, rustig afwachtend totdat een acceptabel democratisch, representatief proces het verzet naar een volgend niveau tilt. Misschien is de ware uitdaging niet het vinden van een visie, maar vooral het weerstaan van de drang om te snel met een visie genoegen te nemen. Als de beweging erin slaagt de teams van wachtende visionairs op afstand te houden, dan zullen er op korte termijn wat pr-problemen zijn. Door opeenvolgende demonstraties zullen sommige mensen opgebrand raken. Kruispunten zullen zichzelf autonoom verklaren. En ja, jonge activisten zullen zichzelf opofferen en als lammeren – vaak genoeg in echte lammerenoutfits gekleed – belachelijk worden gemaakt op de opiniepagina van *The New York Times*.

Maar wat dan nog? Nu al is deze gedecentraliseerde, meerkoppige zwerm van een beweging erin geslaagd een generatie van activisten over de hele wereld op te voeden en te radicaliseren. Voordat ze tekent voor iemands tien-puntenplan, verdient ze een kans om te kijken of er vanuit het chaotische netwerk van 'assen en spaken' iets nieuws, iets geheel eigens kan ontstaan.

---

* Zie Kalle Lasn, *Cultuurkrakers*, Rotterdam 2002. (Noot van de vertalers.)

LOS ANGELES

Een doorlichting van het huwelijk tussen geld en politiek
Augustus 2000

Deze speech werd gehouden in Los Angeles op de Shadow Convention ('Schaduwconventie'), slechts een paar straten van het Staples Center, waar de Democratic National Convention ('Democratische Nationale Conventie') plaatsvond. Op de Shadow Convention werd een week lang gesproken over belangrijke onderwerpen, zoals de hervorming van de financiering van verkiezingscampagnes en de War on Drugs ('Oorlog tegen Drugs') – kwesties die werden genegeerd door de grote Amerikaanse politieke partijen op hún congressen. De speech maakte deel uit van een themaronde waar men zich concentreerde op de vraag: 'Hoe veranderen we de geldcultuur?'

Cultuurcritici en academici zijn niet meer de enigen die ruchtbaarheid willen geven aan datgene waar grote bedrijven zich allemaal mee bezighouden – de manier waarop ze onze publieke ruimte innemen en onze nieuwe ideeën misbruiken, of politici omkopen. In een paar jaar tijd lijkt het wel een internationale sport te zijn geworden. Overal in de wereld zijn er activisten die zeggen: 'Ja, we weten hoe het zit. We hebben de boeken gelezen. We zijn naar de toespraken geweest. We hebben de grafieken gezien in *The Nation* die tonen dat Rupert Murdoch zo ongeveer alles in bezit heeft. En weet je wat? We gaan niet bij de pakken neerzitten. We gaan er iets aan doen.'

Heeft dit activisme tegen de macht van bedrijven het Amerikaanse bedrijfsleven op de knieën gekregen? Nee. Maar invloed heeft het wel. Vraag maar aan Nike. Of Microsoft. Of Shell Oil. Of Monsanto. Of Occidental Petroleum. Of Gap. Vraag maar aan Philip Morris. Zij zullen het je kunnen vertellen. Of beter gezegd, zij zullen het je vertellen bij monde van de nieuw aangestelde vice-president 'bedrijfsverantwoordelijkheden'.

We leven in een tijdperk waarin sprake is van productfetisjisme, om een term van Karl Marx te gebruiken. Frisdrank- en computermerken zijn de nieuwe afgoden in onze cultuur. Deze merken creëren de meest krachtige beelden en utopische monumenten voor ons, en zij zijn het die onze ervaringen naar ons terugvertalen – niet langer de religies, niet langer de intellectuelen, niet langer de dichters, niet langer de politici. Die staan nu allemaal op de loonlijst bij Nike.

We zitten nu, als reactie daarop, midden in de eerste fase van een georganiseerde politieke campagne die erop gericht is producten te de-fetisjeren. Te zeggen dat die sportschoen niet het symbool van rebellie en superkracht is. Het is niet meer dan wat rubber en leer; en iemand heeft die twee dingen aan elkaar genaaid, en ik zal je zeggen hoe, en hoeveel ze betaald kreeg voor dat werk, en hoeveel vakbondsleiders ontslagen moesten worden om de prijs zo laag te houden. De-fetisjering van producten houdt in: zeggen dat een Mac-computer niets met Martin Luther King Jr. te maken heeft, maar met een industrie die ernaar streeft informatiekartels te bouwen.

Het gaat om het inzicht dat elk onderdeeltje van onze glossy consumentencultuur érgens vandaan komt. Het gaat om het volgen van het netwerk van gecontracteerde fabrieken, verborgen subsidiëring en uitbestede arbeid om uit te zoeken waar alle onderdelen gemaakt worden, onder welke voorwaarden, welke lobbygroepen de regels dicteren en welke politici daarvoor afgekocht zijn. Met andere woorden: het gaat om het doorlichten van de cultuur waarin alles handel is, om het deconstrueren van de iconen van ons winkeltijdperk en het opbouwen van reële mondiale netwerken – van arbeiders, studenten, milieuactivisten. We zijn getuige van een nieuwe golf van activisme dat zeer gedegen onderzoek verricht en de dingen bij de naam noemt: deels Black Panther, deels Black Bloc, deels situationistisch, deels slapstick, deels marxistisch, deels marketing.

Ook in Los Angeles zien we het deze week overal gebeuren. Op zondag was er een demonstratie bij het Loews Hotel, de plek waar een bitter arbeidsconflict plaatsvond tussen laagbetaalde arbeiders en het management. De stakers hebben speciaal deze week gekozen voor hun bijeenkomst, omdat ze de aandacht wilden vestigen op het feit dat de directeur van Loews een grote bijdrage levert aan Al Gores verkiezingscampagne. Ze wilden twee dingen duidelijk maken: dat economische voorspoed over de ruggen van de laagbetaalde arbeiders gaat, en dat onze politici de andere kant op kijken omdat het conservatieve mannen en vrouwen zijn. Later die dag was er een bijeenkomst bij Gap. Deze bijeenkomst had ook twee doelen. Het eerste doel was om aandacht te vragen voor de manier waarop het bedrijf al die hippe broekencommercials heeft bekostigd – door scherpe deals te maken over de productie met *sweatshop factories* ('slavenfabrieken'). Het tweede was om de link te leggen tussen campagnedonaties en de lobby van bedrijven. 'Wat doet Donald Fisher, de baas van Gap, het liefst?' stond er op de flyers. En het antwoord luidde: 'Politici opkopen', waarmee werd gedoeld op de genereuze donatie aan zowel George Bush als Bill Bradley. Op maandag werd de aandacht gevestigd op Gores privé-aandelenbezit in Occidental Petroleum, een oliebedrijf dat is verwikkeld in een dispuut over mensenrechten in Colombia, waar het van plan is op U'wa-land te boren, ondanks het dreigement van de stammen dat ze massaal zelfmoord zullen plegen als hun land ontheiligd wordt.*

Ik geloof dat deze conventie herinnerd zal worden als het moment waarop voor altijd duidelijk werd gemaakt hoezeer de politiek door dit soort geldzaken wordt beïnvloed – dat kwam aan het licht hier, op de Shadow Convention, en op straat met de Billionaires for Bush (en Gore) die zichzelf symbolisch volproppen met nep-biljetten van een miljoen dollar. Zaken waar vroeger alleen een paar politieke fanatiekelingen zich druk over maakten – de hervorming van de financiering van verkiezingscampagnes, het samenklitten van de media – zijn een eigen leven gaan leiden. Nu zijn ze te zien als parodieën in het straattheater op Figueroa Street en in de verbazingwekkend succesvolle participatieve medianetwerken, zoals Indymedia dat de vijfde verdieping van dit gebouw heeft ingenomen, de Patriotic Hall.

Nu er al zoveel is veranderd in de afgelopen paar jaar, hoe durven we dan nog pessimistisch te zijn over de mogelijkheid dat er ook in de toekomst dingen kunnen veranderen? Even ter herinnering: de jonge mensen die zich vandaag de dag in straatprotesten uitspreken tegen de macht van grote bedrijven, zijn dezelfde jonge mensen die eerder al waren afgeschreven als hopeloze gevallen. Zij zijn van de generatie die volledig onder een marketingmicroscoop is opgegroeid. De reclame was doorgedrongen in hun klaslokalen; op internet werden ze gestalkt door gretige marktonderzoekers; jeugdculturen werden gewoon gekocht en verkocht; hun werd verteld dat op je achttiende dot.com-miljonair zijn het hoogste was dat je kon bereiken; en ze kregen te horen dat ze moesten leren om, in plaats van staatsburger, 'directeur te worden van het Ik-Imperium'. Of, om de nieuwste term te gebruiken, 'een Merk Genaamd Jij'. Men deed alsof deze jonge mensen dure frisdrank in hun aderen hadden en een Palm Pilot gebruikten als hersenen.

---

* Het bedrijf heeft zich sindsdien teruggetrokken uit het project. (Noot van de auteur.)

DAGBOEK VAN EEN ACTIVISTE

En sommigen zijn inderdaad zo. Maar velen ontwikkelen zich precies in tegengestelde richting. Daarom hebben we, als we een brede beweging willen opbouwen die de geldcultuur aanklaagt, een manier van actievoeren nodig die functioneert op concrete politieke niveaus. Maar het moet ook dieper gaan dan dat, om culturele en menselijke behoeften aan te spreken die het gevolg zijn van het tot product maken van onze identiteit. We moeten de behoefte aan echte ervaringen, die niet te koop zijn, erkennen en ook ons verlangen naar werkelijk publieke, collectieve ruimte. Misschien kunnen we de gratis-software-beweging en Napster zien als een onderdeel van dit nieuwe fenomeen. Misschien moeten we meer geprivatiseerde ruimtes bevrijden, net als de reizende karavaan van de *Reclaim the Streets*-beweging die wilde feesten organiseert op drukke kruispunten, alleen om mensen eraan te herinneren dat de straat ooit ook een openbare en niet alleen een commerciële ruimte was.

Over de hele wereld worden, op verschillende fronten, op dit moment al publieke ruimtes teruggevorderd: door media-activisten, door landloze boeren die ongebruikte grond bezetten, door boeren die de patentering van gewassen en levensvormen niet accepteren. Het blijkt dat, ondanks de snelheid waarmee de laatste twee decennia zaken en ruimtes geprivatiseerd zijn, sommige dingen nooit eigendom willen worden. Ideeën, muziek, plantenzaden en mensen zullen altijd ontsnappen uit welke kunstmatige bezetting dan ook.

Ook de democratie laat zich niet inperken. Niet in het Staples Center, niet door de failliete politiek van de twee door het bedrijfsleven gesponsorde partijen in Amerika. En hier in Los Angeles barstte het protest dat in Seattle voor het eerst internationaal onder de aandacht kwam, uit zijn eigen voegen – van een beweging die zich verzet tegen de macht van grote bedrijven groeide het uit tot een beweging die vecht voor de bevrijding van de democratie zelf.

PRAAG

*Het alternatief voor het kapitalisme is niet het communisme,
maar gedecentraliseerde macht*
September 2000

Waarover de afgevaardigden op de bijeenkomst van de Wereldbank en het Internationaal Monetair Fonds zich deze week in Praag het meest hebben opgewonden, is het feit dat zelfs de meest basale voordelen van de vrijemarktglobalisering weer ter discussie staan. Deze discussie was toch overbodig geworden sinds 1989, de val van de Berlijnse Muur en het einde van de geschiedenis? Maar toch: hier zijn we dan met z'n allen – oud en jong, duizenden mensen – en we bestormen letterlijk de barricades van hun o zo belangrijke bijeenkomst.

En de afgevaardigden gluren verward over de hekken van hun slecht beveiligde fort naar de menigte beneden, waar met protestborden wordt gezwaaid waarop staat geschreven: 'Het kapitalisme is dodelijk.' Je ziet ze denken: hebben ze het dan niet begrepen? Begrijpen ze niet dat we allemaal allang besloten hebben dat het kapitalisme, de vrije markt, het laatst overgebleven en beste systeem is? Natuurlijk, het is niet perfect, en iedereen op deze bijeenkomst is natuurlijk zeer bezorgd om al die arme mensen en de toestand van het milieu, maar we hebben nu eenmaal geen keus meer – of wel soms?

Bijna zolang we ons kunnen herinneren, waren er maar twee politieke modellen: het westerse kapitalisme en het sovjetcommunisme. Toen de Sovjet-Unie instortte, bleef er maar één alternatief over, althans zo leek het. Instituties als de Wereldbank en het IMF zijn sinds die tijd bezig geweest de economieën van Oost-Europa en Azië 'aan te passen', ze te helpen mee te draaien met het verplichte programma: privatisering van diensten, versoepeling van regels voor buitenlandse bedrijven, het uit de grond stampen van grote exportindustrieën.

En daarom is het zo interessant dat de ideologie van waaruit de Wereldbank en het IMF opereren juist hier, in de Tsjechische republiek, zo frontaal wordt aangevallen. Dit is een land dat beide economische orthodoxieën heeft gekend, waar de bustes van Lenin zijn vervangen door Pepsi-logo's en McDonald's-bogen.

DAGBOEK VAN EEN ACTIVISTE

Veel van de jonge Tsjechen die ik deze week heb ontmoet, zeggen dat hun eigen ervaring met zowel het communisme als het kapitalisme ze heeft geleerd dat de twee systemen iets gemeenschappelijks hebben. In beide systemen wordt de macht gecentraliseerd, in handen gelegd van slechts een kleine groep, en in beide systemen worden mensen niet als volwaardig beschouwd: waar het communisme mensen alleen ziet als potentiële producenten, daar ziet het kapitalisme ze alleen als potentiële consumenten. En waar het communisme het prachtige erfgoed van Tsjechië heeft doen verschralen, daar is het kapitalisme weer te ver doorgeschoten door Praag om te toveren in een themapark van de Fluwelen Revolutie.

De ervaring op te groeien met een desillusie over beide systemen verklaart waarom zo veel van de activisten die verantwoordelijk zijn voor de evenementen deze week zichzelf anarchisten noemen, en waarom ze zich intuïtief verwant voelen met kleine boeren of de armen in de stedelijke gebieden van ontwikkelingslanden, in hun strijd tegen grote instituties en ongrijpbare bureaucratieën als het IMF en de Wereldbank.

Wat deze kwesties met elkaar verbindt, is niet een kritiek op wie de macht heeft – de staat versus de multinationals – maar een kritiek op hoe de macht is verdeeld, en de vaste overtuiging dat het besluitvormingsproces beter te controleren en eerlijker is als het dichter bij de mensen staat die met de uitkomsten van dat proces moeten leven. In beginsel is het een afwijzing van de 'vertrouw-maar-op-ons'-cultuur, ongeacht wie de deskundige van het moment is. Tijdens de Fluwelen Revolutie hebben de ouders van veel van de jonge activisten in Praag met succes gestreden voor een verandering van wie de macht had in hun land. Hun kinderen, die wel aanvoelen dat dat nog steeds niet de Tsjechische bevolking zelf is, zijn nu deel van een mondiale beweging die de achterliggende mechanismen van het centraliseren van de macht aanvecht.

Op de globaliseringsbijeenkomst voorafgaand aan de bijeenkomst in Praag legde de Indiase natuurkundige Vandana Shiva de massale verwerping van de projecten van de Wereldbank niet zozeer uit als een dispuut over een specifieke dam of een bepaald sociaal programma, als wel als een gevecht voor lokale democratie en zelfbestuur. 'De geschiedenis van de Wereldbank,' zei ze, 'leert ons dat macht wordt weggehaald bij de gemeenschappen, overgeheveld naar een centrale overheid en vervolgens door privatisering geschonken aan grote bedrijven.'

De jonge anarchisten in het publiek knikten. Ze klonk net als zijzelf.

TORONTO

Het anti-armoedeprotest en het debat over geweld
Juni 2000

Hoe organiseer je een rel? Dat is voor John Clarke, het meest uitgesproken lid van de Ontario Coalition Against Poverty (OCAP, 'Coalitie tegen Armoede in Ontario'), op dit moment een zeer relevante vraag. Vorige week hield de OCAP een bijeenkomst om te protesteren tegen de toenemende dakloosheid die heeft geleid tot 29 sterfgevallen op straat in zeven maanden. Toen de demonstratie eindigde in een vechtpartij tussen demonstranten, aanstormende paarden en oproerpolitie die werd geconfronteerd met stenen en planken, werd Clarke direct aangewezen als de machiavellistische poppenspeler die de touwtjes strak in handen had van een manke, humorloze, in te huren menigte.

Verschillende vakbonden dreigden de financiering van de anti-armoedegroep stop te zetten, en Clarke zelf wordt ervan beschuldigd de aanstichter van de rellen te zijn.* De meeste commentatoren gingen simpelweg ervan uit dat de demonstranten nooit zelf hadden kunnen besluiten om terug te vechten toen de politie met knuppels en paarden op de menigte in stormde. De demonstranten waren immers gewapend met zwembrillen en met azijn doordrenkte bandana's, dus waren ze overduidelijk voorbereid op een veldslag. (Het doet er niet toe dat deze uitrusting bedoeld was ter bescherming tegen het onvermijdelijke traangas en de pepperspray, die zelfs de meest vredelievende demonstranten jammer genoeg al verwachten van de politie.) Iemand moet het geweld hebben georkestreerd, zo werd verondersteld. Waarom zou iemand dat doen? Klaarblijkelijk, als we de verhalen in de pers mogen geloven, om rijk en beroemd te worden.

In verschillende krantenartikelen werd erop gewezen dat John Clarke zelf niet dakloos is, dat hij – wat een schok! – gewoon in een gehuurde bungalow in Scarborough woont. Schandaliger nog: er waren nog veel meer deelnemers aan de demonstratie die ook niet dakloos waren. Waar gaat men hier van uit? Dat activisten altijd zelfzuchtig zijn en alleen hun eigen zaakjes beschermen,

---

* De aanklacht is nog steeds in behandeling. (Noot van de auteur.)

minder collegegeld willen betalen of een hoger salaris willen afdwingen? In deze context schijnt het verdacht, zelfs onfris te zijn om je eigen hachje te riskeren voor je overtuigingen, voor een visie op hoe de maatschappij zou moeten functioneren. De jonge radicalen worden geacht hun mond te houden en gewoon een baan te zoeken.

Een aantal 'beroepsactivisten' van de OCAP ken ik al jaren. Sommigen raakten in hun late tienerjaren al betrokken bij het anti-armoedewerk, via Food Not Bombs, een groep die gelooft dat voedsel een basisrecht is voor alle mensen en dat je geen toestemming van de gemeente nodig hebt om eten te koken en het te delen met mensen die honger hebben.

Sommige van deze jonge activisten zouden inderdaad lucratieve baantjes kunnen krijgen en uit hun benauwde, gedeelde appartementen verhuizen, als ze zouden willen. Ze zijn verbazingwekkend inventief en goed opgeleid, en sommigen zijn zo behendig met een Linux-besturingssysteem dat ze gemakkelijk zouden kunnen behoren tot die tiener-dot.com-miljonairs.

Maar dat is niet waar ze voor hebben gekozen. Ze weigeren een waardensysteem te aanvaarden waarin de enige geaccepteerde manier om onze vaardigheden en talenten te gebruiken is deze om te zetten in geld en macht. In plaats daarvan gebruiken ze die vaardigheden die goed in de markt liggen om te werken aan het verdelen van de macht: om de minst vermogende leden van de gemeenschap van Ontario ervan te overtuigen dat ze ook mogelijkheden en macht hebben – om zich collectief te organiseren bijvoorbeeld, en om zichzelf te verdedigen tegen wreedheden en misbruik; mogelijkheden die tot nog toe ongebruikt bleven.

De Ontario Coalition Against Poverty heeft maar één doel: de armen en de daklozen sterker en weerbaarder maken. En daarom is het zo onrechtvaardig dat de demonstratie vorige week werd aangezien voor het sluwe handwerk van één man die de armen zou gebruiken als excuus om zichzelf belangrijk te maken. De Coalition is een van de zeer weinige anti-armoedgroeperingen die de nadruk leggen op organisatie, en niet slechts bezig zijn met liefdadigheid en diplomatie. In de visie van de OCAP zijn de armen niet alleen maar monden die gevoed moeten worden of lichamen die slaapzakken nodig hebben. Ze zijn iets geheel anders: een enorm kiezerspotentieel, met het recht gehoord te worden. Het is extreem moeilijk voor elkaar te krijgen dat daklozen hun politieke rechten erkennen en ten strijde trekken tegen hun opponenten; daarom wordt de OCAP door activisten over de hele wereld zo vaak aangehaald als succesverhaal.

Hoe organiseer je de daklozen, mensen in de marge, de armen?

Arbeiders komen samen in fabrieken, huizenbezitters organiseren zich in hun buurten, studenten in hun universiteitsgebouwen. Maar de achterban van de OCAP is, logischerwijs, verspreid en altijd onderweg. En terwijl arbeiders en studenten politieke lobbygroepen kunnen worden door vakbonden te vormen en te staken, zijn de daklozen al lang geleden afgedankt door elke institutie die ze mogelijkerwijs zouden kunnen verstoren.

Het zijn zulke obstakels die de meeste anti-armoedegroeperingen hebben gebracht tot de conclusie dat er moet worden gesproken in naam van de armen en gehandeld in hun plaats. Zo niet de OCAP: die probeert ruimte te creëren voor de armen om zich echt zelf uit te spreken en voor zichzelf op te komen. En dat is waar het werkelijke probleem zit: de meesten van ons willen dat helemaal niet horen en zien – de woede die doorklinkt in hun stem, de razernij die tot uiting komt in hun daden.

Daarom heeft John Clarke ook zoveel kwaad bloed gezet. Zijn 'misdaad' is niet het organiseren van rellen. Het is dat hij weigert armoede mooier te maken ten behoeve van camera's en politici. De Coalition vraagt van haar leden niet dat ze 'fatsoenlijk' protesteren. En ze vraagt woedende mensen niet om hun woede in te slikken, vooral niet wanneer men oog in oog komt te staan met dezelfde politieagenten die hen in achterafsteegjes in elkaar hebben geslagen, of met politici die de wetten hebben opgesteld die ervoor zorgden dat ze hun huis kwijtraakten.

John Clarke heeft de rellen niet georganiseerd, en ook de OCAP niet. Ze hebben ze alleen niet tegengehouden.

II
HET INPERKEN VAN DE DEMOCRATIE
HANDEL EN RUILHANDEL

[Waarin burgers de ware prijs van 'vrije handel' ontdekken: de macht om zichzelf te besturen]

DEMOCRATIE IN DE BOEIEN

Wie heeft er baat bij vrije handel?
Juni 2001

Tijdens de Summit of the Americas in april 2001 in Quebec City verklaarde de Amerikaanse president George Bush dat de voorgestelde Free Trade Area of the Americas (FTAA) zou helpen een 'hemisfeer van vrijheid' te scheppen. Bush koppelde expliciet globalisering en democratie aan elkaar en stelde dat 'mensen die opereren in open economieën uiteindelijk meer open samenlevingen eisen'.

Voedt globalisering democratie? Dat hangt af van het soort globalisering dat we creëren. Het huidige systeem besteedt besluitvorming uit aan ondoorzichtige en niet-representatieve instellingen. Er zijn andere keuzes voorhanden. Thuis en op het wereldtoneel is democratie een keuze die constante waakzaamheid en vernieuwing vereist.

President Bush lijkt een andere opvatting te hebben. Net als zoveel pleitbezorgers van het huidige mondiale economische model stelt hij dat democratie niet zozeer een actieve keuze is als wel een *trickle-down*-effect van economische groei: vrije markten creëren vrije volkeren. Was democratie werkelijk maar zo'n zaak van *laissez-faire*! Jammer genoeg hebben investeerders laten zien dat ze maar al te bereid zijn om autoritaire monarchieën als Saoedi-Arabië of communistisch autoritarisme in China te steunen, zolang die regimes markten openbreken. In de wedloop om goedkope arbeid en kostbare grondstoffen worden prodemocratiebewegingen vaak onder de voet gelopen.

Natuurlijk, kapitalisme gedijt in representatieve democratieën die kiezen voor pro-marktstrategieën zoals privatisering en deregulering. Maar wat als burgers democratische keuzes maken die niet zo goed liggen bij buitenlandse investeerders? Toen generaal Soeharto zijn bloederige coup pleegde in Indonesië in 1965, deed hij dat met medewerking van de Verenigde Staten en Europa. Roland Challis, de BBC-correspondent in Zuidoost-Azië op dat moment, houdt vol dat 'het daar binnenhalen van Britse bedrijven en de Wereldbank deel van de overeenkomst was'. Op een vergelijkbare manier waren het 'vrije-markt'-krachten in de Verenigde Staten die het mogelijk maakten dat de democra-

HET INPERKEN VAN DE DEMOCRATIE

tisch gekozen Chileense president Salvador Allende in 1973 door het leger werd afgezet, wat uiteindelijk zou leiden tot zijn dood. (In die tijd maakte Henry Kissinger zijn beroemde opmerking dat het niet zou moeten worden toegestaan dat een land 'communistisch wordt als gevolg van de onverantwoordelijkheid van zijn eigen mensen'.)

In deze tijd neemt de inmenging van de vrije markt in de democratie subtielere vormen aan: een richtlijn van het Internationaal Monetair Fonds dat van regeringen eist dat ze eigen bijdragen in de gezondheidszorg invoeren, of miljarden bezuinigen op publieke voorzieningen, of een waterstelsel privatiseren. Het is een door de Wereldbank uitgedokterd plan om een enorme dam neer te zetten, gebouwd zonder raadpleging van de gemeenschappen die door het project worden ontheemd en wier *way of life* verdwijnt. Het is een rapport van de Wereldbank dat oproept tot meer 'flexibiliteit' in de arbeidsmarkt van een land met een zware schuldenlast – waaronder beperkingen op CAO-onderhandelingen – om buitenlandse investeerders aan te trekken. (Als ze zich verzetten en zichzelf verdedigen, zouden ze best wel eens kunnen worden bestempeld als terroristen, waarna alle middelen om ze onder de duim te houden zullen worden toegestaan.)

En soms is de inmenging een klacht bij de Wereldhandelsorganisatie dat staatseigendom van een nationale postdienst 'discrimineert' tegen een buitenlands koeriersbedrijf. Het is een handelsoorlog tegen landen die besluiten, op democratische wijze, om met hormonen behandeld rundvlees te verbieden, of om gratis medicijnen tegen aids te verstrekken aan hun burgers. Het is de niet-aflatende roep om belastingverlaging van zakenlobby's in elk land, gebaseerd op de immer aanwezige dreiging van kapitaalvlucht als we het wensenlijstje van bedrijven niet vervullen. Wat de methodes ook zijn die worden toegepast, 'vrije markten' steunen en verdragen vrijwel nooit werkelijk vrije volken.

Als we het hebben over de verhouding tussen globalisering en democratie, moeten we niet alleen kijken of landen het recht hebben verkregen om elke vier of vijf jaar stemmen te laten uitbrengen, maar ook of burgers die stem nog steeds betekenisvol vinden. We moeten niet alleen de aanwezigheid van electorale democratie nagaan, maar ook de dagelijkse kwaliteit en diepgang van onze vrijheden onderzoeken. Honderdduizenden mensen gaan de straat op bij handelsbijeenkomsten, niet omdat ze protesteren tegen de handel zelf, maar omdat de uiterst reële behoefte aan banen en investeringen systematisch wordt gebruikt om al onze democratieën te ondermijnen. De kwestie waar het om gaat is niet de handel, maar deze onacceptabele ruilhandel: buitenlandse investeringen in ruil voor de uitholling van soevereine rechten. Regeer op onze manier – want anders...

Wat mij het meest tegenstaat aan dit argument van de *trickle-down*-democratie is het gebrek aan respect voor alle mensen die vochten, en nog steeds vechten, voor werkelijk democratische hervormingen in hun landen, hetzij voor het recht om te stemmen, hetzij om toegang te krijgen tot land, hetzij om vakbonden op te richten. Democratie is niet het werk van de onzichtbare hand van de markt, maar het werk van echte handen. Er wordt bijvoorbeeld vaak beweerd dat het North American Free Trade Agreement (het NAFTA-akkoord) Mexico democratie zou brengen. In werkelijkheid zijn arbeiders, studenten, inheemse groepen en radicale intellectuelen degenen die langzaam maar zeker democratische hervormingen opdringen aan de onverzettelijke elite van Mexico. Het NAFTA-akkoord heeft, door de kloof tussen rijk en arm te vergroten, hun strijd alleen maar militanter gemaakt, en moeilijker.

Tegenover zulke rommelige, ontwrichtende, reële democratische bewegingen heeft president Bush een kalm, sussend slaapliedje te bieden: maak je niet druk en wacht totdat je rechten naar je toe komen. Maar in contrast met die lethargische opvatting van *trickle-down*-democratie brengt globalisering in haar huidige vorm geen vrijheid. En de vrije markt doet dat ook niet, net zo min als de parate verkrijgbaarheid van Big Macs. Ware democratie – ware besluitvormingsmacht in de handen van het volk – wordt altijd geëist, nooit toegestaan.

DE FREE TRADE AREA OF THE AMERICAS

> De leiders zijn het misschien wel eens, maar in de straten van
> Latijns-Amerikaanse steden woedt de discussie
> *Maart 2001*

Volgende week vrijdag komen handelsministers van de vierendertig landen die onderhandelen over de FTAA, de Free Trade Area of the Americas ('Vrijhandelszone van Amerikaanse Landen'), bijeen in Buenos Aires. Veel mensen in Latijns-Amerika voorspellen dat de ministers zullen worden verwelkomd met protesten op veel grotere schaal dan de demonstraties die tot uitbarsting kwamen in Seattle in 1999.

De supporters van de FTAA doen graag alsof hun enige critici blanke studenten van Harvard en McGill zijn, die maar niet willen begrijpen hoezeer 'de armen' 'schreeuwen' om de FTAA. Zal de publieke uiting van Latijns-Amerikaanse oppositie tegen de handelsovereenkomst dat alles veranderen? Doe toch niet zo dom.

Massademonstraties in de zich ontwikkelende wereld worden niet meegenomen in onze debatten over handel in het Westen. Hoeveel mensen ook de straat op gaan in Buenos Aires, Mexico City of São Paulo, pleitbezorgers van een door bedrijfsbelangen gedreven globalisering blijven volhouden dat elk mogelijk bezwaar dat in hun richting wordt geslingerd, werd verzonnen in Seattle door iemand met vers geperste dreadlocks die koffie verkeerd slurpte.

Als we het hebben over handel, dan concentreren we ons vaak – en terecht – op wie rijker wordt en wie armer. Maar er staat nog een andere kloof op het spel: welke landen worden gepresenteerd als veelzijdige, gecompliceerde politieke culturen waar burgers een scala aan uiteenlopende ideeën hebben, en welke landen op het wereldtoneel lijken te spreken in een ideologische monotonie?

In Noord-Amerika horen we eindelijk de discussies over de vraag of meer van hetzelfde model van deregulering, privatisering en liberalisering bescherming zal bieden voor onze gezondheids-, onderwijs- en watervoorzieningen. In West-Europa zet het mond-en-klauwzeerinferno het hele model van exportgerichte industriële landbouw in de beklaagdenbank.

Maar zo'n verscheidenheid van publieke opinies wordt zelden toegeschreven aan burgers van derdewereldlanden. Integendeel, zij worden samengevoegd tot één homogeen geheel, voor wie het woord wordt gevoerd door op dubieuze wijze gekozen politici of, beter nog, in diskrediet geraakte mensen als Ernesto Zedillo van Mexico, die nu oproept tot een mondiale campagne tegen 'globofoben'.

De waarheid is dat niemand kan spreken namens de vijfhonderd miljoen inwoners van Latijns-Amerika, en nog het minst van allen Zedillo; de nederlaag van zijn partij was voor een deel een verwerping van het NAFTA-akkoord. Overal in Amerika is liberalisering van de markt onderwerp van hevige discussie. Het debat gaat niet over de vraag of buitenlandse investeringen en handel wenselijk zijn – Latijns-Amerika en het Caraïbisch gebied zijn al georganiseerd in regionale blokken, zoals Mercosur. Het debat gaat over democratie: aan welke voorwaarden en condities zullen arme landen moeten voldoen om zich te kwalificeren voor toelating tot de mondiale handelsclub?

Argentinië, gastheer van de FTAA-bijeenkomst van volgende week, beleeft op dit moment een openlijke opstand tegen enorme bezuinigingen op sociale uitgaven – bijna acht miljard dollar in drie jaar – die zijn ingevoerd om in aanmerking te kunnen komen voor een lening van het IMF. Vorige week traden drie ministers af, riepen vakbonden een algehele staking uit en verplaatsten universitaire docenten hun colleges naar de straat.

Hoewel de woede over ontwrichtende bezuinigingsmaatregelen zich vooral heeft geconcentreerd op het IMF, is ze zich razendsnel aan het uitbreiden om ook handelsovereenkomsten zoals de voorgestelde FTAA te kunnen omvatten. Het North American Free Trade Agreement werd van kracht op 1 januari 1994, en zeven jaar later leeft driekwart van de bevolking van Mexico in armoede, zijn de reële lonen lager dan ze waren in 1994 en groeit de werkloosheid.

En ondanks de beweringen dat de rest van Latijns-Amerika een NAFTA-akkoord van zichzelf wil, hebben de centrale werknemersbonden van Brazilië, Argentinië, Paraguay en Uruguay – die twintig miljoen arbeiders vertegenwoordigen – zich tegen het plan uitgesproken. Ze vragen nu om landelijke referenda over het lidmaatschap van de FTAA.*

Brazilië heeft ondertussen gedreigd de top in zijn geheel te boycotten, woedend als het is over de vuile handelsoorlog van Canada waarin Ottawa

---

* Zo ook Lula da Silva, die ten tijde van het ter perse gaan van dit boek een belangrijke kandidaat is voor de presidentsverkiezingen in oktober 2002. (Noot van de auteur.)

HET INPERKEN VAN DE DEMOCRATIE

Braziliaans rundvlees verbood. (Het baseerde zich op veiligheidsbelangen, maar de Brazilianen denken dat het meer te maken had met Canadees ressentiment over de gesubsidieerde vliegtuigproductie van Brazilië.) De Braziliaanse regering is er ook beducht voor dat de FTAA bescherming zal omvatten voor medicijnenbedrijven die een bedreiging zullen vormen voor de visionaire gezondheidspolitiek om gratis aidsmedicijnen te verstrekken aan iedereen die ze nodig heeft.

Pleitbezorgers van vrije handel willen ons doen geloven in een eenvoudige vergelijking: handel = democratie. De mensen die onze handelsministers volgende week zullen ontvangen in de straten van Buenos Aires, leggen een complexere en veel problematischere berekening voor: hoeveel democratie zouden zij moeten opgeven in ruil voor handel?

IMF LOOP NAAR DE HEL

Het volk van Argentinië heeft de IMF-benadering geprobeerd;
nu willen ze een kans krijgen om het land te besturen
Maart 2002

Op dezelfde dag dat de Argentijnse president Eduardo Duhalde verwikkeld was in de zoveelste vruchteloze onderhandelingen met het Internationaal Monetair Fonds, voerde een groep inwoners van Buenos Aires een ander soort onderhandelingen. Op een zonnige dinsdag eerder deze maand probeerden ze te voorkomen dat ze uit hun huis werden gezet. De bewoners van 335 Ayacucho, waaronder negentien kinderen, sloten zichzelf op in huis, slechts een paar straten van het nationaal congres vandaan, en weigerden weg te gaan. Op de betonnen gevel van het huis hing een handgeschreven spandoek met de tekst: 'IMF loop naar de hel.'

Het lijkt misschien vreemd dat een instituut dat zo overtuigd *macro* is als het IMF, te maken heeft met zo'n micro-kwestie als de Ayacucho-uitzetting. Maar hier, in een land waar de helft van de bevolking op dit moment onder de armoedegrens leeft, is nauwelijks één enkele sector van de maatschappij te vinden waarvan het lot niet op een of andere manier afhangt van de beslissingen van de internationale geldschieter.

Bibliothecarissen, leraren en andere werknemers in de publieke sector die zijn betaald in haastig gedrukte provinciale valuta, zullen in het geheel niet worden betaald als de provincies bereid zijn te stoppen met het drukken van dit geld, zoals het IMF eist. En als er verder wordt bezuinigd in de publieke sector, waarop de kapitaalverschaffer eveneens aandringt, dan zullen werkloze arbeiders, tegen de dertig procent van de bevolking, zelfs nog slechter beschermd zijn tegen de dakloosheid en honger die tienduizenden mensen ertoe hebben gebracht supermarkten te bestormen om voedsel te eisen.

En als er geen oplossing wordt gevonden voor de onlangs uitgeroepen medische noodtoestand, dan zal dat ongetwijfeld gevolgen hebben voor een oudere vrouw die ik ontmoette in een buitenwijk van Buenos Aires. In een vlaag van schaamte en vertwijfeling trok ze haar bloes omhoog en toonde me de open wond en bungelende slangetjes die haar arts na een maagoperatie niet had kunnen hechten of verzorgen als gevolg van het gebrek aan medische voorzieningen.

Het lijkt misschien een beetje bot om het hier over zulke dingen te hebben. Een economische analyse wordt geacht te gaan over de dollar, 'peso-ificatie', en de gevaren van 'stagflatie' – niet over gezinnen die hun huis kwijtraken en gapende wonden. Maar het roekeloze advies dat de Argentijnse regering krijgt toegeslingerd van buiten haar landsgrenzen, vereist wellicht enige personalisatie.

Internationaal is men het erover eens dat het IMF de crisis in Argentinië niet zou moeten zien als een obstakel, maar als een mogelijkheid: het land heeft zo wanhopig geld nodig, redeneert men, dat het alles zal doen wat het IMF wil. 'Tijdens een crisis moet je handelen, dan is het Congres het meest ontvankelijk,' verklaart Winston Fritsch, voorzitter van de Braziliaanse afdeling van Dresdner Bank AG.

Het meest draconische voorstel komt van Rocardo Cabellero en Rudiger Dornbusch, twee MIT-economen die schrijven voor *The Financial Times*. 'Het is tijd voor radicalisme,' zeggen zij. Argentinië 'moet tijdelijk afstand doen van zijn soevereiniteit over alle financiële kwesties [...] en een groot deel van zijn soevereiniteit opgeven op het gebied van monetair, fiscaal, regulatief beheer en vermogensbeheer, voor een periode van zo'n vijf jaar.' De economie van het land – 'de uitgaven, het drukken van geld en de belasting' – zou moeten worden geleid door 'buitenlandse agenten', waaronder 'een bestuur van ervaren buitenlandse centrale bankiers'.

In een land dat nog steeds wordt getekend door de verdwijning van dertigduizend mensen tijdens de militaire dictatuur van 1976-1983, kan alleen een 'buitenlandse agent' het lef hebben om te zeggen, zoals het MIT-team doet, dat 'iemand het land moet leiden met harde hand'. Maar het lijkt erop dat repressie de noodzakelijke voorwaarde is voor het echte werk om het land te redden, wat volgens Cabellero en Dornbusch inhoudt: markten openbreken, verder bezuinigen op uitgaven en, natuurlijk, een 'breed privatiseringsprogramma'.

Alleen is er een kleine kink in de kabel: Argentinië heeft het allemaal al gedaan. Als de ideale leerling van het IMF in de jaren negentig gooide het land zijn economie open (dat is de reden waarom het kapitaal zo gemakkelijk heeft kunnen vluchten sinds het begin van de crisis). Wat de zogenaamd ongecontroleerde overheidsuitgaven van Argentinië betreft, gaat een vol derde deel direct naar de aflossing van buitenlandse schulden. Een ander derde deel gaat naar pensioenfondsen die al zijn geprivatiseerd. Het resterende derde deel – waarvan iets daadwerkelijk gaat naar gezondheidszorg, onderwijs en sociale bijstand – is ver achteropgeraakt bij de bevolkingsgroei, wat de reden is waarom scheepsladingen met voedsel- en medicijnendonaties per boot arriveren vanuit Spanje.

Wat de 'brede privatisering' betreft: Argentinië heeft heel plichtsgetrouw zoveel van zijn diensten verkocht, van treinen tot telefoons, dat de enige activa die Cabellero en Dornbusch nog kunnen bedenken om te privatiseren de havens en douanekantoren van het land zijn.

Geen wonder dat veel mensen die in het verleden de lof van Argentinië zongen, nu met zoveel gretigheid de economische ineenstorting exclusief wijten aan nationale hebzucht en corruptie. 'Als een land denkt dat het hulp van de Verenigde Staten zal krijgen en het steelt geld, dan zal het die heus niet krijgen,' zei George W. Bush vorige week in Mexico. Argentinië 'zal een paar zware klussen moeten opknappen'.

De bevolking van Argentinië, die al maandenlang openlijk in opstand is tegen de politieke, financiële en justitiële elite, hoeft nauwelijks te worden verteld dat er behoefte is aan goed bestuur. Bij de laatste landelijke verkiezingen bleven er meer mensen thuis dan er stemden op welke politicus dan ook. De populairste niet-kandidaat was een stripfiguur met de naam Clemente, gekozen omdat hij geen handen heeft en dus niet kan stelen.

Maar het is moeilijk te geloven dat het IMF de partij zal zijn die de Argentijnse cultuur van steekpenningen en straffeloosheid zal opschonen, vooral omdat een van de voorwaarden die de geldschieter heeft gesteld aan nieuwe financiële injecties is dat de Argentijnse gerechtshoven stoppen met het vervolgen van bankiers die illegaal hun geld het land uit sluisden, waarmee ze de crisis ingrijpend verergerden. En zolang de verwoesting van het land wordt gepresenteerd als een op zichzelf staande nationale ziektegeschiedenis, zal dit het IMF zelf, heel comfortabel, buiten de spotlights houden.

In het vertrouwde verhaal van een verarmd land dat de wereld smeekt om een 'geldinjectie', wordt een cruciale ontwikkeling over het hoofd gezien: veel mensen hier hebben weinig belang bij het geld van het IMF, vooral wanneer het ze duidelijk veel zal gaan kosten. In plaats daarvan zijn ze druk bezig nieuwe politieke tegenkrachten op te bouwen tegen zowel hun eigen politieke structuren als het IMF.

Tienduizenden bewoners hebben zich georganiseerd tot buurtraden, die onderling zijn verbonden op gemeentelijk en landelijk niveau. Op dorpspleinen, in parken en op straathoeken discussiëren buren over manieren om hun democratieën meer verantwoordelijkheid te laten nemen en in te grijpen waar de overheid heeft gefaald. Ze praten over het oprichten van een 'burgercongres' om transparantie en verantwoordelijkheid van politici te eisen. Ze hebben het over participatiebudgetten en kortere politieke termijnen, en richten ondertussen gemeenschappelijke keukens voor de werklozen op en organiseren filmfestivals op straat. De president, die niet eens werd gekozen, heeft zoveel angst voor deze groeiende politieke factor dat hij de *asambleas* antidemocratisch noemt.

Er is genoeg reden om op te letten. De asambleas praten ook over hoe ze lokale bedrijven kunnen stimuleren en bezittingen renationaliseren. En ze zouden zelfs nog verder kunnen gaan. Argentinië, als de gehoorzame leerling gedurende tientallen jaren die door zijn IMF-docenten in de steek is gelaten, zou niet moeten smeken om leningen; het zou herstelbetalingen moeten eisen.

Het IMF heeft de kans gehad om Argentinië te leiden. Nu is het de beurt aan het volk.

GEEN PLAATS VOOR LOKALE DEMOCRATIE

Als een stad een lucratieve handelsovereenkomst
in de weg staat, kunnen multinationals naar
internationale rechters stappen
Februari 2001

Iedereen die nog steeds niet weet waarom de politie een modern Bastille bouwt rond Quebec City in voorbereiding op de onthulling van de Free Trade Area of the Americas, de FTAA, zou eens een blik moeten werpen op een zaak die diende voor het Hooggerechtshof van British Columbia. In 1991 kocht Metalclad, een Amerikaans afvalverwerkingsbedrijf, een gesloten gifbewerkingsvoorziening in Guadalcazar, Mexico. Het bedrijf wilde een enorme stortplaats voor gevaarlijk afval bouwen en beloofde de rotzooi te zullen opruimen die was achtergelaten door de vorige eigenaars. Maar in de jaren die volgden, breidden ze hun werkzaamheden uit zonder de goedkeuring van de lokale bevolking te vragen, wat ze weinig goodwill in Guadalcazar opleverde.

De inwoners verloren hun vertrouwen dat Metalclad serieus wilde opruimen, vreesden voor verdere grondwaterverontreiniging en besloten uiteindelijk dat het buitenlandse bedrijf niet welkom was.

In 1995, toen het stortterrein op het punt stond geopend te worden, kwamen de stad en de staat tussenbeide met alle juridische macht die ze tot hun beschikking hadden: de stad onthield Metalclad een bouwvergunning en de staat verklaarde dat het gebied rond het stortterrein deel uitmaakte van een ecologisch reservaat.

Inmiddels was het North American Free Trade Agreement – inclusief de controversiële 'chapter 11'-clausule die het investeerders mogelijk maakt regeringen aan te klagen – volop van kracht. Dus begon Metalclad een 'chapter 11'-aanklacht en beweerde dat Mexico zijn investering 'onteigende'. De aanklacht werd afgelopen augustus behandeld in Washington D.C. door een driekoppige arbitragecommissie. Metalclad vroeg negentig miljoen dollar, en kreeg 16,7 miljoen toegekend. Door gebruik te maken van een zeldzame beroepsprocedure van aansprakelijkheid besloot Mexico de uitspraak aan te vechten voor het Hooggerechtshof van British Columbia.

HET INPERKEN VAN DE DEMOCRATIE

De Metalclad-zaak is een levendige illustratie van wat critici bedoelen wanneer ze stellen dat vrijhandelsovereenkomsten neerkomen op een 'verklaring van de rechten van multinationals'. Metalclad heeft met succes het slachtoffer gespeeld, onderdrukt door wat het NAFTA-akkoord 'interventie' noemt en wat vroeger nog gewoon 'democratie' werd genoemd.

Zoals de zaak-Metalclad laat zien, steekt de democratie soms de kop op wanneer je haar het minst verwacht. Misschien gebeurt het in een slaperig stadje of een zelfvoldane stad waar de bewoners plotseling besluiten dat hun politici hun werk niet hebben gedaan en dat het tijd is dat de burgers ingrijpen. Er ontstaan lokale groepen, raadsvergaderingen worden bestormd. En soms wordt er een overwinning behaald: een gevaarlijke mijn wordt nooit gebouwd, een plan om de lokale watervoorziening te privatiseren wordt afgeblazen, een vuilstortplaats tegengehouden.

Vaak gebeurt dit lokale ingrijpen pas laat in het hele traject en worden eerder genomen beslissingen herzien. Die uitbarstingen van publieke interventie zijn rommelig, komen ongelegen en zijn moeilijk te voorspellen – maar democratie, ondanks de mooiste voornemens, barst soms te voorschijn vanuit raadsvergaderingen en besloten comités.

Het is precies dat soort democratie dat het Metalclad-panel als 'arbitrair' bestempelde, en het is de reden waarom we allemaal goed moeten opletten. Onder zogenaamde vrije handel verliezen regeringen de mogelijkheid open te staan voor burgers, te leren van fouten en deze te herstellen voordat het te laat is. Metalclads standpunt is dat de federale overheid de lokale bezwaren gewoon had moeten negeren. En het lijdt geen twijfel dat vanuit het perspectief van de investeerder het altijd makkelijker is om te onderhandelen met één niveau van een regering dan met drie.

De adder onder het gras is dat onze democratieën niet op die manier werken: kwesties als afvalverwerking snijden dwars door verschillende niveaus van een overheid, en ze beïnvloeden niet alleen handel maar ook drinkwater, gezondheid, ecologie en toerisme. Daar komt bij dat de werkelijke gevolgen van het vrijhandelsbeleid het hevigst worden gevoeld in lokale gemeenschappen.

Aan steden wordt gevraagd de mensen op te nemen die door industriële landbouw van hun grond verdreven zijn, of gedwongen zijn hun gebied te verlaten als gevolg van bezuinigingen op landelijke werkgelegenheidprogramma's. Steden en dorpen moeten onderdak vinden voor degenen die dakloos zijn gemaakt door gedereguleerde huurmarkten, en gemeenten moeten de rotzooi van mislukte privatiseringsexperimenten opruimen – allemaal met een uitgeholde belastingbasis. De handelsovereenkomsten mogen dan internationaal worden gesloten, het zijn de lokale bewoners die het water moeten drinken.

Er is een tendens onder veel lokale politici om uitbreiding van hun macht te eisen als reactie op dat ontladen. Zo nam de gemeenteraad van Vancouver vorige maand, onder verwijzing naar de Metalclad-uitspraak, een resolutie aan met het verzoek aan 'de federale overheid om te weigeren nieuwe handels- en investeringsovereenkomsten te sluiten, zoals [...] de Free Trade Area of the Americas, die voorwaarden voor investeerders en staat bevatten die vergelijkbaar zijn met die in het NAFTA-akkoord'. En maandag startten de burgemeesters van Canada's grootste steden een campagne voor meer constitutionele macht. '[Steden] worden in de grondwet van de late jaren 1800 ergens tussen saloons en toevluchtsoorden in geplaatst, en daar halen we onze macht vandaan, dus we kunnen worden uitgekleed [en] nieuwe taken toegewezen krijgen,' verklaarde Joanna Monaghan, voorzitter van de Bond van Canadese Gemeenten.

Steden en gemeenten hebben een beslissingsmacht nodig die in overeenstemming is met hun toegenomen verantwoordelijkheden, want anders worden ze simpelweg omgeturnd tot passieve stortplaatsen voor het giftige afval van de vrije handel. Soms, zoals in Guadalcazar, gebeurt het dumpen open en bloot.

Meestal wordt het beter verborgen.*

---

* In mei 2001 bevestigde het Hooggerechtshof van British Columbia de bevindingen van het nafta-tribunaal, en Mexico betaalde Metalclad meer dan zestien miljoen dollar in oktober 2001. (Noot van de auteur.)

DE OORLOG TEGEN VAKBONDEN

In Mexico eisen fabrieksarbeiders dat
Nike zich aan zijn belofte houdt
Januari 2001

Marion Traub-Werner was in Toronto op bezoek bij haar familie toen het telefoontje kwam: achthonderd kledingarbeiders hadden het werk neergelegd in een fabriek in Mexico. Ze nam het eerste vliegtuig naar Mexico City en had binnen enkele uren al een onderhoud met arbeiders.

Voor mevrouw Traub-Werner was dit niet een gewone staking. 'Het was de staking waar we op hebben gewacht,' zegt ze. Deze fabriek produceerde truien met de beeldmerken van de universiteiten van Michigan, Oregon, Arizona, Indiana en North Carolina. De grootste klant van de fabriek is Nike, dat contracten voor sportkleding heeft met die scholen en vele andere.

De afgelopen vijf jaar is Marion Traub-Werner een van de belangrijkste organisatoren van de groeiende antisweatshopbeweging van studenten in Noord-Amerika geweest, en ze is medeoprichter van United Students Against Sweatshops, dat nu actief is op 175 campussen. De studenten zijn vastgelopen in een bitter meningsverschil met de bedrijven die kleding produceren voor hun scholen, en hun meest opvallende gevechten waren die met sportgigant Nike.

Op het spel staat wie het vertrouwen zou moeten krijgen om de fabrieken op de markt voor universiteitskleding (waar tweeënhalf miljard dollar rondgaat) te reguleren en controleren.

Nike heeft altijd beweerd dat het zelf het probleem kan oplossen: het zegt dat het een strenge gedragscode hanteert en deel uitmaakt van de Fair Labour Association (FLA, 'Vereniging voor Eerlijk Werk'), opgezet door de Amerikaanse president Bill Clinton. Daarbij neemt het controlebedrijven van buitenaf in dienst om zich ervan te verzekeren dat de zevenhonderd fabrieken die Nike-spullen produceren zich aan de regels houden.*

---

* Het argument dat boekhoudkundige firma's een onpartijdige relatie hebben met de bedrijven waarvan ze de boeken controleren, is opvallend minder populair geworden sinds het debacle met Enron/Andersen. (Noot van de auteur.)

DAGBOEK VAN EEN ACTIVISTE

De studenten hebben dit afgewezen, met het argument dat bedrijven niet zichzelf kunnen controleren. In plaats daarvan hebben ze hun scholen en universiteiten onder druk gezet om zich aan te sluiten bij het Worker's Rights Consortium (WRC, 'Consortium voor Rechten van Arbeiders'), een groep die pleit voor werkelijk onafhankelijk toezicht, vrij van bedrijfscontrole.

Voor buitenstaanders leek het een geheimzinnige oorlog tussen elkaar bestrijdende afkortingen: de FLA versus de WRC. Maar in de Kuk-Dong-kledingfabriek in Atlixco, Mexico, kreeg het conflict onlangs een menselijk gezicht. Kuk-Dong was een van de testfabrieken van Nike, die bij diverse gelegenheden bezoek kreeg van door Nike ingehuurde toezichthouders.

Vandaag zullen de studenten naar buiten treden met een belastend, op video vastgelegd interview met een werknemer van Kuk-Dong, beelden die volgens hen laten zien dat de gedragscode van Nike wordt geschonden.

Op de video, die ik gisteren heb gezien, praat een jonge Mexicaanse vrouw over schamele lonen, honger, ziek worden op het werk en geen vrij mogen nemen. Als er wordt gevraagd hoe oud ze is, antwoordt ze: 'Vijftien.'

Volgens de gedragscode van Nike neemt het bedrijf geen kledingarbeiders in dienst die jonger zijn dan zestien. Nike zegt dat de vrouw misschien papieren heeft vervalst om de baan te krijgen. Valsheid in geschrifte komt inderdaad veelvuldig voor in Mexico, maar minderjarige werknemers beweren vaak dat ze worden aangezet tot liegen door de lokale eigen mensen van het bedrijf die personeel werven.

Er zijn nog meer factoren in de zaak-Kuk-Dong die vraagtekens plaatsen bij de controlemethodes van Nike. Nike beweert dat de arbeiders die zijn goederen produceren, recht hebben op vrijheid van vereniging, en toen ik gisteren sprak met Vada Manager, Nike's directeur Global Issues Management, stelde hij nadrukkelijk: 'Wij zijn niet anti-vakbond.'

Maar arbeiders zeggen dat toen ze besloten de 'bedrijfsvakbond' eruit te zetten die hun belangen niet wist te vertegenwoordigen, vijf van hun meest mondige afgevaardigden werden ontslagen. (Zogenaamde bedrijfsvakbonden die op één kussen slapen met het management, zijn doodgewoon in Mexico, waar onafhankelijke bonden worden beschouwd als een obstakel voor buitenlandse investeringen.)

Afgelopen dinsdag gingen de arbeiders in staking om te protesteren tegen het ontslag van hun leiders: achthonderd mensen liepen weg van hun naaimachines en bezetten hun fabriek. Volgens Josephina Hernandez, een van de ontslagen organisatoren: 'Wat we vragen is een einde aan de corrupte vakbond en in plaats daarvan een onafhankelijke vakbond, gevormd door de werknemers zelf.'

De gevolgen waren, nogmaals, rampzalig. Op donderdag greep de oproerpolitie in, onder leiding van de leider van de bedrijfsbond, en maakte een eind aan de demonstratie, waarbij arbeiders werden geslagen en er vijftien in het ziekenhuis belandden. Het ingrijpen was zo hardhandig dat zo'n tweehonderd arbeiders hebben besloten niet terug te gaan naar hun werk op de fabriek, ook al is de staking voorbij, uit angst voor represailles van het management.

Vrijheid van vereniging, een grondrecht volgens de Mexicaanse wet en Nike's eigen gedragscode, is duidelijk geen realiteit in de Kuk-Dong-fabriek.

Vada Manager zegt dat de laatste order die Nike plaatste bij Kuk-Dong – voor schapenwollen truien – werd afgesloten in december. Hij zegt dat Nike een beslissing of er verdere orders worden geplaatst, laat afhangen van de aanbevelingen van haar 'bemiddelaar ter plaatse'.

De fabrieksarbeiders en universitaire studenten, die samenwerken in Mexico, willen iets anders. Ze willen niet dat Nike een vervelende toestand ontvlucht om het gezicht te redden, maar dat het blijft en bewijst dat zijn gedragscode meer is dan lege woorden. 'We willen dat Nike druk uitoefent op Kuk-Dong om rechtstreeks met de arbeiders te onderhandelen,' zegt Marion Traub-Werner. 'Het is een langetermijnbenadering, maar volgens ons heeft die een duurzamer effect.'*

---

* De Kuk-Dong-arbeiders gingen in hongerstaking en uiteindelijk dwong Nike de fabriek om de stakende werknemers te laten terugkeren naar hun werk. In september 2001 verkregen de arbeiders het recht om een onafhankelijke vakbond te vormen, wat volgens de Amerikaanse mensenrechtengroep Global Exchange neerkomt op 'een overwinning die een precedent schept' dat zou kunnen leiden tot verdere arbeidersorganisatie en onafhankelijke vakbonden in Mexicaanse fabrieken. (Noot van de auteur.)

DE PALMARES VAN HET NAFTA-AKKOORD

Na zeven jaar kloppen de cijfers die de deugden
van de overeenkomst ophemelen gewoon niet
April 2001

Dit artikel was een reactie op een stuk dat werd geschreven door de voormalige minister-president van Canada Brian Mulroney, de man die niet alleen het Free Trade Agreement tussen Canada en de Verenigde Staten sloot, maar ook het North American Free Trade Agreement, waardoor Mexico bij het akkoord werd betrokken. In dat artikel pleitte hij voor een verdere uitbreiding van het NAFTA-akkoord tot uiteindelijk het hele halfrond (de voorgestelde Free Trade Area of the Americas, FTAA). Mulroneys standpunt is gebaseerd op zijn geloof dat het NAFTA-akkoord een ongeëvenaard succes is geweest voor alledrie de landen. Op het moment dat de discussie werd gepubliceerd, bereidde Quebec City zich voor op het gastheerschap van de Summit of the Americas, een bijeenkomst van vierendertig staatshoofden om te onderhandelen over de FTAA. Activisten uit Noord- en Zuid-Amerika planden enorme tegendemonstraties.

De voormalige Canadese premier Brian Mulroney denkt dat hij de cijfers aan zijn kant heeft. Trots wijst hij op het deel van Canada's Bruto Nationaal Product dat wordt gevormd door de export naar de Verenigde Staten: veertig procent! Het aantal banen gecreëerd door handel: vier op de vijf! En de status van Mexico als een belangrijke handelspartner van de Verenigde Staten: tweede achter Canada! Die cijfers zijn een rechtvaardiging, zo gelooft onze voormalige minister-president, voor de vrijhandelsakkoorden die hij sloot, eerst met de Verenigde Staten en vervolgens met Mexico.

Hij begrijpt het nog steeds niet: die cijfers spreken niet *voor* hem, het zijn zijn grootste tegenstanders. Het verzet tegen de vrije handel is gegroeid en hoorbaar geworden, precies omdat de private rijkdom is toegenomen zonder te worden vertaald in iets dat duidelijk kan worden onderscheiden als het publieke belang. Het gaat er niet om dat critici niet weten hoeveel geld er wordt verdiend onder de vrije handel – het gaat erom dat we dat maar al te goed weten.

HET INPERKEN VAN DE DEMOCRATIE

Terwijl er geen gebrek is aan cijfers die wijzen op een toename in export en investeringen, zijn de *trickle-down*-effecten die werden beloofd als de politieke drijfveer voor deregulering – strengere milieunormen, hogere lonen, betere arbeidsvoorwaarden, minder armoede – ofwel erbarmelijk marginaal, ofwel in het geheel niet-bestaand gebleken.

De arbeids- en milieuakkoorden die zijn toegevoegd aan het NAFTA-akkoord, hebben een opzienbarend slechte prestatielijst. Tegenwoordig leeft vijfenzeventig procent van de Mexicaanse bevolking in armoede, tegenover negenenveertig procent in 1981.

Handel mag dan banen scheppen in Canada, maar het zijn er niet genoeg om gelijke tred te houden met het aantal banen dat is verdwenen: in 1997 was er een nettoverlies van 276.000 banen, volgens het Canadese Centrum voor Alternatief Beleid.

De totale milieuverontreiniging door de industrie is in Mexico verdubbeld sinds de invoering van het NAFTA-akkoord, volgens een onderzoek van Tufts University. En de Verenigde Staten zijn wat betreft het broeikaseffect een verrader geworden die hun Kyoto-verplichtingen geheel aan de kant hebben gezet. Het blijkt dat opstandig unilateralisme het ultieme luxeproduct is in het tijdperk van vrije handel, voorbehouden aan de ultrarijken.

Er is altijd een excuus voorhanden waarom de rijkdom die wordt vrijgemaakt door zogenaamd vrije handel blijft hangen aan de top: een recessie, het begrotingstekort, de pesocrisis, politieke corruptie en nu weer een volgende naderende recessie. Er is altijd een reden waarom het moet worden besteed aan een nieuwe belastingverlaging en niet aan sociale maatregelen of milieumaatregelen.

Wat Mulroney niet begrijpt, is dat alleen economen de creatie van rijkdom aanbidden als een abstractie en dat alleen de zeer rijken er een fetisj van maken als een doel op zichzelf. De rest van ons is geïnteresseerd in die stijgende cijfers in het handelsgrootboek vanwege wat je ervoor kunt kopen: betekenen toegenomen handel en gestegen investeringen dat we het ons kunnen veroorloven onze gezondheidszorg te herzien? Kunnen we onze beloftes houden dat er een eind komt aan kinderarmoede? Kunnen we betere scholen financieren? Betaalbare woningen bouwen? Kunnen we het ons veroorloven om te investeren in schonere energiebronnen? Werken we minder, hebben we meer vrije tijd? Kortom, hebben we een betere, eerlijkere, stabielere maatschappij?

Het tegenovergestelde is het geval.

Mulroney was zo vriendelijk om maandag toe te geven: 'Vrije handel is deel van een geheel waar goederen- en dienstenbelasting, deregulering, privatisering en een gezamenlijke inspanning om tekorten, inflatie en rentetarieven omlaag te krijgen, ook bij horen.' Dat zijn de binnenlandse voorwaarden om te mogen meedoen aan het wereldhandelsspel – een pakket dat, bij elkaar genomen, garandeert dat de cijfers waar Mulroney zo trots mee zwaait weinig doen om stagnerende lonen, economische ongelijkheden en een groeiende milieucrisis aan te pakken.

En als economische groei wordt losgekoppeld van zinvolle maatregelen voor sociale vooruitgang, dan verliezen denkende mensen hun vertrouwen in het systeem. Ze gaan moeilijke vragen stellen, niet alleen over handel, maar ook over hoe economen vooruitgang en waarde meten. Waarom kunnen we ecologische tekorten niet meten, net als economische groei? Wat zijn de reële sociale kosten – in bezuinigingen op onderwijs, in toenemende dakloosheid – van het hele pakket van maatregelen waar Mulroney naar verwijst?

Dat is het soort vragen die deze week in Quebec City zullen worden gehoord. Ze zullen komen van mensen als José Bové, de Franse kaasboer wiens strijd niet is gericht tegen McDonald's maar tegen een landbouwmodel dat voedsel louter beschouwt als een industrieel handelsartikel en niet als het middelpunt van een nationale cultuur en het gezinsleven.* Ze zullen komen van werknemers in de gezondheidszorg die een handelsstelsel bekritiseren dat patenten op aidsmedicijnen vuriger verdedigt dan miljoenen mensenlevens. Ze zullen komen van universitaire studenten die elk jaar meer betalen voor hun 'openbare' onderwijs, terwijl hun scholen zijn overspoeld door advertenties en hun onderzoeksafdelingen worden geprivatiseerd, de ene commercieel gesponsorde studie na de andere.

De slogan 'Mensen vóór winst' wordt door verdedigers van de vrije handel afgedaan als vaag, maar hij verwoordt precies het sentiment dat als een rode draad loopt door de campagnes die in Quebec City samenkomen. Het argument om voort te denderen met de Free Trade Area of the Americas is gebaseerd op een onwrikbaar ideologisch geloof dat wat goed is voor de business, goed zal zijn voor iedereen – op den duur. Zelfs als dat dubieuze argument waar is, is het tijdpad onacceptabel. Volgens de president van de Bank of Mexico zal het met het huidige tempo van economische groei zestig jaar duren voordat

---

* Zie José Bové en François Dufour, De wereld is niet te koop, Rotterdam 2002. (Noot van de vertalers.)

HET INPERKEN VAN DE DEMOCRATIE

Mexico het inkomen per hoofd van de bevolking verdubbelt en een einde maakt aan de extreme armoede.

Wat de demonstranten zeggen, is dat menselijke waardigheid en duurzaamheid van het milieu te belangrijk zijn om er geduldig voor te bidden als voor regen tijdens een droogte. Ze moeten geen verlate bijeffecten zijn, maar de fundamenten van ons economisch beleid.

Gelukkig weerstaan de demonstranten de druk om te komen met een *one-size-fits-all*-alternatief voor vrije handel en verdedigen ze in plaats daarvan het recht op werkelijke wereldwijde diversiteit en zelfbeschikking. Er is niet één oplossing, er zijn er duizenden, die geleidelijk samenvloeien tot een alternatief economisch model. In Cochabamba, Bolivia, betekent het dat water niet een handelsartikel is maar een mensenrecht, ook al wil dat zeggen dat het internationale waterconcern Bechtel eruit wordt gegooid. In British Columbia betekent het dat First Nations en niet-inheemse plattelandsgemeenschappen het recht eisen op het onderhouden van 'gemeenschapsbossen' die selectief kappen, toerisme en lokale industrie combineren, in tegenstelling tot het aan houtkapmultinationals verstrekken van vergunningen voor gemechaniseerde bomenkwekerijen. In Mexico en Guatemala betekent het dat koffieplantcoöperaties een menswaardig loon en ecologische diversiteit garanderen.

Sommige pleitbezorgers van vrije handel zeggen dat als de demonstranten in Quebec City het serieus menen, ze aan de andere kant zouden staan van het hek van harmonicagaas dat is gebouwd om de afgevaardigden te 'beschermen' en dat nu fysiek de stad in tweeën deelt. Ze zeggen dat demonstranten beleefd zouden moeten onderhandelen over akkoorden over arbeid, democratie en milieunormen. Het bouwen van het hek, door meer dan vijfduizend Canadezen bestempeld als ongrondwettelijk, wordt voor de rechter gerechtvaardigd door de organisatoren van de top op grond van het feit dat een handvol 'vertegenwoordigers van de burgermaatschappij' persoonlijke uitnodigingen hebben gekregen om de omheinde stad binnen te komen.

Maar dertien jaar na het eerste vrijhandelsakkoord met de Verenigde Staten zijn het niet de details van de overeenkomst (die kennen we nog steeds niet), maar is het het economische model zelf dat onder vuur ligt – de cijfers kloppen gewoon niet.

Vorige week toonde minister-president Jean Chrétien zijn gebruikelijke tact en vertelde tegen de krant *Le Devoir* dat duizenden mensen naar Quebec City komen om 'te protesteren en bla bla bla'.

DAGBOEK VAN EEN ACTIVISTE

Integendeel. Ze komen naar Quebec om te protesteren omdat ze hun buik vol hebben van alle 'bla bla bla'.

Naschrift na 11 september
Na de aanslagen in New York en Washington D.C. werd de prijs die betaald moet worden voor toegenomen handel zelfs nog duidelijker. Uit naam van het bestrijden van het terrorisme eisen de Verenigde Staten dat Canada de veiligheid aan zijn grenzen ingrijpend versterkt en een groot deel van de controle erover overgeeft aan Amerikaanse veiligheidsagenten. Canada kon nauwelijks in een slechtere onderhandelingspositie zijn: dankzij de vrije handel gaat zevenentachtig procent van onze export naar de Verenigde Staten, en bijna de helft is nu rechtstreeks afhankelijk van een open grens.

Veel Canadezen zien enige grensintegratie als de onvermijdelijke prijs voor het beschermen van de handelsrelatie met de Verenigde Staten voor zevenhonderd miljard dollar per jaar. Maar aan Canadezen wordt gevraagd méér op te geven dan alleen grenscontrole. Ons wordt eveneens gevraagd een stuk van de economische dividenden van jaren van economische versobering af te staan. De 'veiligheidsbegroting' van de minister van Financiën Paul Martin, gepresenteerd op 10 december 2001, reserveert 1,2 miljard dollar direct voor de grens. Een deel ervan is bedoeld om Canadezen te beschermen tegen terroristen, maar het meeste moet worden gezien zoals het is: een nieuwe publieke subsidie voor multinationale ondernemingen.

Toen de Canadezen bezuinigingen op gezondheidszorg, werkloosheidsverzekeringen en andere sociale programma's accepteerden, werd ons verteld dat die versobering noodzakelijk was om buitenlandse investeerders aan te trekken. We ruilden onze sociale programma's niet in voor vrije handel, zeiden de voorstanders van uitbreiding – integendeel, alleen vrije handel zou het soort voorspoed genereren die we nodig hadden om onze sociale programma's te herzien.

Er is alleen één probleem. Net als Canadezen zich beginnen voor te stellen dat een deel van onze recente nationale welvaart wordt besteed aan nieuwe programma's, blijkt dat het begrotingsoverschot niet zal worden gebruikt om mensen meer zekerheid te geven. Het zal worden gebruikt om de handel meer zekerheid te geven, om 'onze grenzen open te houden', zoals Martin maandag zei.

De opbrengsten van grensoverschrijdende handel vloeien terug naar de grens zelf: om er een terrorismebestrijdende en vrijhandeldoorlatende supergrens van te maken. Wij zullen straks 'de modernste grens van de wereld' hebben, juichte Martin. Dat blijkt de erfenis te zijn van al die jaren van broekriem-aanhalen: niet een betere maatschappij, maar echt een fantastische grens.

Het plan is om grensovergangen met vele rijen te maken die tegelijkertijd open zijn voor zaken en gesloten voor 'ongewenste' mensen. Dat is geen eenvoudige opgave, aangezien de migratie van mensen en de handel in goederen nogal vaak nauw verbonden zijn.

Om die reden is Martins plan om de grens tegelijkertijd te openen en te sluiten zo kostbaar: 395 miljoen dollar om vluchtelingen en immigranten te screenen; 58 miljoen om het oversteken van de grens gemakkelijker te maken voor mensen die frequent op zakenreis gaan; 500 miljoen om illegale immigranten aan te pakken; 600 miljoen in zes jaar om de verkeersstroom te verbeteren, enzovoort.

De ironie daarvan moeten we even op ons laten inwerken. Vrije handel zou de kosten van goederenvervoer over grenzen verlagen, en daarmee nieuwe investeringen stimuleren. Nu zijn we zo afhankelijk geworden van handel (en de vs staan inmiddels zo wantrouwend tegenover ons vermogen onszelf te besturen) dat we honderden miljoenen nieuwe dollars uitgeven aan alleen al een goede doorstroom van de handel.

Anders gezegd: kosten die altijd voor rekening kwamen van de private sector in de vorm van export- en importheffingen en -accijnzen, zijn verplaatst naar de belastingbetalers in de vorm van zekerheidskosten. De grens, de belofte van al die welvaart, is een economische put aan het worden.

Annette Verschuren, directeur van Home Depot Canada, juichte de begroting van maandag toe en zei: 'We zijn afhankelijk van de grens om er zeker van te zijn dat onze goederen onze winkels bereiken – en alles wat dat sneller doet verlopen, vermindert onze kosten.'

Zijn de nieuwe zekerheidskosten een onvermijdelijke prijs die we moeten betalen voor onze economische stabiliteit? Misschien. Maar ze zouden op z'n minst een waarschuwing moeten zijn voor onze politici die zo hard proberen het North American Free Trade Agreement uit te breiden tot de hele hemisfeer.

Vrije handel heeft al een zware tol geëist van onze sociale programma's en ons vermogen om soeverein immigratie- en vluchtelingenbeleid te creëren.

Het kost ons nu miljarden in zekerheidsdollars. Kunnen we in ieder geval ophouden met het 'vrij' te noemen?

HOGERE HEKKEN AAN DE GRENS

Migranten-arbeiders weten dat als de barrières voor handel
slinken, de barrières voor mensen groeien
November 2000

Toen Betty Granger, kandidaat voor de rechtse Canadian Alliance ('Canadese Alliantie'), vorige week de uitdrukking 'Aziatische invasie' gebruikte, was dit een flashback naar de retoriek van 'het gele gevaar' uit de Tweede Wereldoorlog en moest ze gedwongen ontslag nemen. Maar er was een andere parel van wijsheid die deze kandidaat in dezelfde speech meedeelde, één die grotendeels onopgemerkt bleef. Refererend aan de boten met Chinese immigranten die voor de kust van British Columbia aangehouden zijn, zei ze: 'We beseften dat wat van deze boten kwam, niet de beste cliëntèle was die je je zou wensen voor dit land.'

Cliëntèle. Het klinkt niet zo xenofobisch als 'Aziatische invasie'; in feite klinkt het nadrukkelijk klinisch. Maar dat kan wel eens gevaarlijker zijn, vooral omdat het een idee is dat niet verwezen is naar de marge van de Alliance-partij, maar dat precies in het hart van het Canadese nationale immigratiedebat ligt.

We spreken vaak over migranten-arbeiders als 'cliënten', alsof ons land, met zijn openbare gezondheidszorg en redelijk gezonde arbeidsmarkt, het product is dat deze cliënten zouden willen kopen. Aangezien er miljoenen migranten aan het shoppen zijn, kunnen we zorgvuldig vaststellen, net als mevrouw Granger deed, of ze de beste 'cliënten' zijn die er beschikbaar zijn.

'Betty Granger drukte alleen in de openbaarheid een veelvoorkomende, maar valse conceptie over immigranten uit, die erop neerkomt dat immigranten mensen zijn die komen om bediend te worden,' zegt Fely Villasin, coördinator van de advocatengroep Intercede for the Rights of Domestic Workers, Caregivers and Newcomers ('Bemiddeling voor de Rechten van Autochtone Werknemers, Verzorgers en Nieuwkomers').

In werkelijkheid is massamigratie niet een vorm van thuisland-shopping: het is de keerzijde van de vrijhandelspolitiek die onze overheid zo actief nastreeft. Mensen nemen geen hypotheek op hun toekomst om op een roestige boot te stappen omdat ze hun uitgaven willen opschroeven. Ze doen dit omdat veranderingen thuis hen geen werk, geen land, geen keus hebben gelaten.

Het kan een oorlog zijn geweest of een orkaan. Maar het kunnen ook minder dramatische verschuivingen zijn geweest: boerenland dat is veranderd in exportfabrieken of industriële plantages, of uitgedroogd door megadammen. Vorige week presenteerde Nelson Mandela een rapport waarin een schatting werd gemaakt van de mondiale impact van megadammen, projecten die gewoonlijk door de Wereldbank worden gezien als noodzakelijke voorwaarden om mee te draaien in de wereldeconomie. Het rapport, gepubliceerd door de World Commission for Dams ('Wereldcommissie voor Dammen'), concludeerde dat deze projecten op dramatische wijze de migratiestromen vergroten – alleen al door de Chinese Three Gorges Dam zullen 1,2 miljoen mensen ontheemd raken.

Inwoners die van hun land worden verdreven door dammen en andere ontwikkelingsplannetjes, verhuizen naar steden, en ook gaan ze aan boord van schepen met als bestemming andere landen. Als Canada lobbyt voor meer investeringsmogelijkheden voor onze energiebedrijven, dan worden alle Canadezen medeplichtig aan deze massale ontworteling van mensen – mensen die worden ontworteld door de neoliberale globalisering zelf.

Maar migranten-arbeiders, waarvan er nu wereldwijd zeventig tot vijfentachtig miljoen zijn, zijn meer dan een ongezien bijeffect van 'vrije handel'. Eenmaal ontheemd betreden ze ook de vrije markt, niet als cliënten maar als handelswaar, en verkopen ze het enige dat ze nog hebben: hun arbeid.

Onze regering, zo wordt ons verteld, is voorstander van een egaal speelveld in de internationale handel van producten. We hebben de Wereldhandelsorganisatie verdedigd, we lopen voorop met het verzoek om het North American Free Trade Agreement uit te breiden naar Midden- en Zuid-Amerika. We vechten voor het principe dat buitenlandse bedrijven behandeld moeten worden als onze eigen bedrijven: geen oneerlijke binnenlandse subsidies, geen extra regelgeving, geen voorwaarden verbonden aan investeringen.

Maar wanneer het product dat over de grenzen wordt verhandeld arbeid is, dan verdwijnen deze beschermende maatregelen en principes. Elk jaar komen grofweg tweehonderdduizend migranten-arbeiders naar Canada om te werken als laagbetaalde schoonmakers, naaisters, kinderjuffen en seizoensarbeiders in de landbouw. En toch heeft onze regering botweg geweigerd de International Convention on the Protection of the Rights of All Migrant Workers and Members of their Families ('Internationale Conventie voor de

DAGBOEK VAN EEN ACTIVISTE

Bescherming van de Rechten van alle Migranten-Arbeiders en Leden van hun Families') te ratificeren, een overeenkomst die hen zou beschermen tegen discriminatie.

In plaats daarvan hebben we het Live-In Caregiver Program ('Inwonende Verzorger Programma') dat een ongelijke behandeling van huishoudsters en kinderjuffen die naar Canada komen en in het huis van hun werkgevers wonen, wettelijk mogelijk maakt. Volgens dit programma moeten migranten vierentwintig maanden fulltime zonder immigrantenstatus of fundamentele arbeidsbescherming werken, over een periode van drie jaar. Alleen als ze dit werkquotum halen, kunnen ze een verblijfsvergunning aanvragen. Zo niet, dan worden ze uitgezet.

Omdat ze op de werkplek wonen, zijn onbetaald overwerk en seksueel misbruik heel gewoon. Maar omdat hun immigrantenstatus afhangt van het behouden van hun baan, zijn de meeste arbeiders niet geneigd te gaan klagen.

Met een orwelliaanse verdraaiing hebben bedrijven naadloos de mensenrechtentaal overgenomen: Wal-Mart en Exxon, die vracht verhandelen over grenzen heen, eisen 'eerlijke en gelijke behandeling' en 'non-discriminatieclausules'. Ondertussen worden mensen steeds meer als vracht behandeld, zonder enige rechten.

Betty Granger zei dat de migranten die naar Canada komen 'niet de beste cliëntèle zijn'. In feite zijn het de Canadezen die de cliëntèle zijn voor de goedkope migrantenarbeid: we kopen deze in voor onze huizen, boerderijen, restaurants en fabrieken. Alleen als we erkennen dat we al meedoen aan deze vrije handel in mensen – en niet genereus onze grenzen openstellen voor de behoeftigen in de wereld – zullen de migranten de bescherming krijgen die hun mensenrecht is.

REGELS MAKEN – EN ERMEE BREKEN

Meneer de premier, we zijn geen antiglobalisten,
we zijn de ware internationalisten
Oktober 2001

Guy Verhofstadt, president van de Europese Unie en premier van België, schreef een 'open brief' aan de 'antiglobaliseringsbeweging' in september 2001. 'De zorgen die u zich maakt, als antiglobalisten, zijn zeer terecht,' zei hij in de brief, 'maar om de goede oplossingen voor deze terechte vragen te vinden moeten we méér globaliseren, niet minder. Dat is de paradox van antiglobalisering. Globalisering kan immers zowel de goede zaak als de slechte zaak dienen. Wat we nodig hebben is een globalistische ethische benadering van milieu, arbeidsrelaties en monetair beleid. Met andere woorden: de uitdaging waar we vandaag de dag voor staan, is niet hoe het proces van globalisering te saboteren, maar, in plaats daarvan, hoe het een ethisch fundament te geven.' Aangezien de brief een aanzienlijke controverse veroorzaakte, belegde Verhofstadt de 'International Conference on Globalization' in Gent, België, en nodigde hij een reeks sprekers – onder wie Naomi Klein – uit om te reageren op deze brief. Deze speech werd gehouden op de manifestatie. (Wie de brief van de premier in z'n geheel wil lezen, zie: http://www.premier.fgove.be/topics/press/e_press23.html)

Premier Verhofstadt,
Dank u voor uw brief aan de 'antiglobalisten'. Het is van groot belang dat u zo'n publiek debat heeft geïnitieerd. Ik moet toegeven dat ik de afgelopen paar jaar aan een ander soort reactie van wereldleiders gewend ben geraakt: ofwel aan de kant geschoven worden als onderdeel van een marginaal reizend circus, ofwel uitgenodigd worden voor onderhandelingen met gesloten deuren waarvoor geen enkele rekenschap wordt afgelegd.

Ik begon al te denken dat marginalisering en coöptatie de enige twee keuzes waren die critici van globalisering ter beschikking stonden. O ja, en criminalisering. Maak er drie keuzes van. Oprechte debatten over deze kwestie – het in de openbaarheid brengen van verschillende wereldbeelden – zijn buitengewoon zeldzaam met al dat traangas en hypocriete gedrag.

DAGBOEK VAN EEN ACTIVISTE

Maar misschien zijn er niet zo veel antiglobalisten hier vandaag aanwezig als u gehoopt had, meneer de premier. Ik denk dat dat gedeeltelijk komt doordat velen in de beweging ons hier niet zien als hun vertegenwoordigers. Velen hebben er genoeg van dat er steeds namens hen en over hen wordt gesproken. Ze eisen een directere vorm van politieke participatie.

Er is ook veel discussie over waar deze beweging voor staat. Ikzelf heb bijvoorbeeld sterke bezwaren tegen de term 'antiglobalisering'. Zoals ik het zie, ben ik onderdeel van een beweging die niet vecht tegen globalisering, maar voor dieper gewortelde en flexibelere democratieën op lokaal, nationaal en internationaal niveau. Dit netwerk is net zo globalistisch als het kapitalisme zelf. En nee, dat is niet een 'paradox', zoals u beweert.

Het wordt tijd dat we ophouden met het door elkaar halen van aan de ene kant de grondbeginselen van internationalisme en onderlinge verbondenheid – principes waar alleen *Luddites** en bekrompen nationalisten tegen zijn – en aan de andere kant een specifiek economisch model dat hevig ter discussie staat. Waar het om gaat, is niet wat het internationalisme ons wel of niet voor goeds heeft gebracht. Alle activisten die ik ken zijn verwoede internationalisten. Wat we bestrijden, is de internationalisering van één enkel economisch model: dat van het neoliberalisme.

Dit controversiële economische model eist van elk land in de wereld dat het zich zodanig aanpast en reorganiseert dat het effectiever handel en investeringen weet aan te trekken. De typische kenmerken van deze transformatie zijn: belastingverlagingen, kortingen op de bijstand, privatisering op grote schaal, slechtere arbeidsomstandigheden en een blokkade van technologie-overdracht door het aanscherpen van intellectuele eigendomswetten.

Als we eerlijke debatten zoals dit willen voeren, dan moet datgene wat we 'globalisering' noemen niet langer alleen maar worden beschouwd als een onvermijdelijke fase in de menselijke evolutie, maar als een diepgaand politiek proces: een reeks opzettelijke, discutabele en terug te draaien keuzes over hoe te globaliseren.

Een deel van de verwarring over wat we bedoelen als we de term 'globalisering' gebruiken, komt voort uit het feit dat dit specifieke economische model

---

* Luddites: tegenstanders van technische vooruitgang. De term verwijst naar Engelse textielarbeiders die zich begin negentiende eeuw tegen mechanisering verzetten. (Noot van de vertalers.)

de neiging heeft handel niet op te vatten als één aspect van het internationalisme, maar als de overkoepelende infrastructuur ervan. Geleidelijk slokt het al het andere op – cultuur, mensenrechten, het milieu, de democratie zelf – binnen het domein van de handel.

Als we onze serieuze twijfels uitspreken over dit model, dan stellen we niet de voordelen van het verhandelen van goederen en diensten over landsgrenzen heen ter discussie, maar de effecten van de toenemende macht van multinationals in de wereld: de wijze waarop het gemeenschappelijk bezit wordt getransformeerd en gereorganiseerd – ingekrompen, geprivatiseerd, gedereguleerd —, allemaal in naam van participatie en competitie in het mondiale handelssysteem. Wat door de Wereldhandelsorganisatie wordt uitgedacht, is niet een regelgeving voor handel, maar een sjabloon voor een *one-size-fits-all*-bestuur, een soort 'McRule'. En het is dit sjabloon dat ter discussie staat: niet de handel, maar datgene wat omwille van de handel in de uitverkoop wordt gedaan.

Na 11 september zien Amerikanen van dichtbij wat er in de uitverkoop is gedaan, nu hun ziekenhuizen, postkantoren, luchthavens en watersystemen de grootste moeite hebben om te gaan met een terroristische dreiging die listig inspeelt op de scheuren in de publieke sector. En terwijl miljoenen mensen hun baan verliezen, komen nog veel meer mensen erachter dat er geen sociaal vangnet meer is om hen op te vangen; dat is ook in de uitverkoop gedaan omwille van handel. In Canada vindt op dit moment de grootste uitverkoop plaats: we geven de controle over onze grenzen op in ruil voor verdergaande vrije handel met de Verenigde Staten.

Honderdduizenden mensen gaan de straat op waar handelsbijeenkomsten worden gehouden, niet omdat ze tegen handel op zich zijn, maar omdat de bestaande behoefte aan handel en investeringen systematisch wordt misbruikt om de beginselen van zelfbestuur uit te hollen. 'Richt het bestuur in op onze manier, of je wordt compleet buitengesloten' – dat is, zo lijkt het, wat doorgaat voor multilateralisme in het neoliberale tijdperk.

Zijn we, nu we de zwakke plekken van dit economisch model ontdekken, in staat te leren van onze fouten, dit model te beoordelen aan de hand van de doelstellingen die het zichzelf stelde en ons af te vragen of het de opofferingen waard is geweest? Het lijkt er niet op. De reactie van politici sinds 11 september is geweest: meer van hetzelfde, dat wil zeggen: belastingvoordelen voor bedrijven en verdergaande privatisering van diensten, in de Verenigde Staten en in de rest van de wereld.

DAGBOEK VAN EEN ACTIVISTE

Een van de belangrijkste punten op de agenda van de bijeenkomst van de Wereldhandelsorganisatie volgende maand (november 2001) is de General Agreement of Trade in Services ('Algemene Overeenkomst van Handel in Diensten'), de overeenkomst waarin vastberaden wordt aangestuurd op meer marktwerking in de publieke sector, inclusief gezondheidszorg, onderwijs en water. Het beperkt ook de mogelijkheid van overheden om gezondheids- en milieunormen op te stellen en op te leggen.

Maar landen hebben handel nodig, zegt u, zeker arme landen, en voor handel zijn regels nodig. Uiteraard. Maar waarom zouden we dan niet een internationale constructie bouwen die is gegrondvest op beginselen van transparantie, verantwoordelijkheid en zelfbeschikking, een stelsel dat *mensen* vrij maakt in plaats van kapitaal?

Dat zou betekenen dat díe fundamentele mensenrechten afgedwongen moeten worden die zelfbeschikking mogelijk maken, zoals het recht om onafhankelijke vakbewegingen te formeren, via de International Labour Organization ('Internationale Arbeidsorganisatie'). Het zou betekenen: het elimineren van die beleidsregels die stelselmatig democratieën hun bewegingsvrijheid ontnemen: schulden, structurele aanpassingsprogramma's, gedwongen privatisering. Het zou ook betekenen dat op de lange baan geschoven beloftes van landhervormingen en herstelbetalingen voor slavernij moeten worden ingelost. Internationale regels zouden kunnen worden opgesteld om 'echte democratie' en 'zelfbeschikking' meer dan lege frases te doen zijn.

Ongetwijfeld bent u het met dit gevoel eens, meneer de premier. Sterker nog, bij het lezen van uw brief trof mij de overeenkomst in de doelen die we onszelf stellen. U roept op tot 'een globalistische ethische benadering van milieu, arbeidsrelaties en monetaire politiek'. Ik wil die dingen ook. Wij allemaal. Dus de echte vraag is: waarom zijn we dan hier – wat valt er dan te bediscussiëren?

Wat er jammer genoeg te bediscussiëren valt en wat bediscussieerd moet worden, of het zal nooit meer rustig zijn tijdens de topbijeenkomsten, is: wat is er bereikt? Geen woorden maar daden. Niet goede bedoelingen, waar nooit zo'n gebrek aan is – maar de akelige en steeds erger wordende feiten: loonstagnatie, dramatische toename van de ongelijkheid tussen rijk en arm, en verslechtering van fundamentele voorzieningen zoals gezondheidszorg en onderwijs in de hele wereld.

Ondanks de retoriek van openheid en vrijheid zien we hoe er continu nieuwe en hogere hekken worden opgetrokken: rond vluchtelingenkampen in de Australische woestijn, rond twee miljoen Amerikaanse burgers in gevangenissen. Hekken die hele continenten, zoals Noord-Amerika en Europa, veranderen in forten, terwijl Afrika ondertussen wordt buitengesloten. En natuurlijk de hekken die worden opgetrokken elke keer als wereldleiders bij elkaar komen voor een topontmoeting.

Globalisering zou gaan over mondiale openheid en integratie, en toch worden onze samenlevingen langzamerhand méér gesloten, meer bewaakt – wat steeds meer beveiliging en militaire macht vereist om de onevenwichtige status quo te handhaven.

Globalisering zou ook gaan om een nieuw systeem van gelijkheid tussen naties. We naderden elkaar en waren het er met elkaar over eens dat we volgens dezelfde regels zouden leven, of dat werd tenminste gezegd. Maar het is zelfs duidelijker dan ooit dat de grote spelers nog steeds de regels opstellen en deze opleggen, váák opleggen aan iedereen behalve zichzelf – of het nu om landbouwsubsidies gaat of om importtarieven.

Deze ongelijkheden en asymmetrieën, die altijd onder de oppervlakte borrelen, zijn nu onmogelijk nog langer te negeren. Veel landen die in een economische crisis hebben gezeten of er nog in zitten – Rusland, Thailand, Indonesië en Argentinië, om er maar een paar te noemen – zouden het extreme overheidsingrijpen gewaardeerd hebben waarmee nu is begonnen om de Amerikaanse economie te redden, in plaats van de bezuinigingen die het IMF voorschrijft. De gouverneur van Virginia praatte de belastingverlagingen en subsidiemaatregelen goed door te zeggen dat de recessie in Amerika 'niet een gewone economische neergang is'. Maar wat maakt een economische neergang 'niet-gewoon', waarvoor een excessieve economische stimulans nodig is, in plaats van 'gewoon', waarvoor bezuinigingen en bittere pillen nodig zijn?

De meest schrijnende van alle recente provocerende manifestaties van een dubbele moraal betreft patenten op medicijnen. Volgens de regels van de Wereldhandelsorganisatie zijn landen vrij om patenten op geneesmiddelen te doorbreken als er sprake is van een nationale noodtoestand. Maar toen Zuid-Afrika dit probeerde te doen voor aidsmedicijnen, dreigden de grote farmaceutische bedrijven met een rechtszaak. Toen Brazilië hetzelfde probeerde te doen, werd het voor de tribunalen van de Wereldhandelsorganisatie gesleept. Miljoenen mensen met aids hebben te horen gekregen dat hun levens minder tellen dan medicijnpatenten, minder dan terugbetalingen van schulden, dat er gewoon geen geld is om hen te redden. De Wereldbank zegt dat het tijd is om ons te concentreren op preventie en niet op genezing, wat neerkomt op een doodvonnis voor miljoenen mensen.

En toch besloot Canada vorige week nog het patent van Bayer op Cipro, een antibioticum om antrax te bestrijden, te omzeilen. We bestelden een miljoen pillen van een generieke soort. 'Het zijn buitengewone en vreemde tijden,' zei een woordvoerster van Health Canada. 'De Canadezen verwachten en eisen dat hun regering alles zal doen wat nodig is om hun gezondheid en veiligheid te beschermen.' Hierbij moet worden opgemerkt dat er in Canada niet één geval van antrax is vastgesteld.

Hoewel de beslissing later werd teruggedraaid, nadat Bayer zijn prijzen had verlaagd, ging alles toch volgens dezelfde logica: als er iets gebeurt in rijke landen, gelden de regels opeens alleen voor anderen. De mate van kwetsbaarheid voor een abstracte economische theorie is de grote klassenscheider geworden. De rijke en machtige landen lijken kieskeurig te mogen zijn en zelf te bepalen wanneer de regels worden gevolgd, maar de arme landen wordt verteld dat elke stap die ze zetten in de lijn moet liggen van deze economische orthodoxieën, dat ze zichzelf moeten toevertrouwen aan de genade van een vrijemarktideologie waarop zelfs door de bedenkers ervan geen acht wordt geslagen als het ze niet uitkomt.

Wat heeft dit te maken met onze discussie? Te vaak doen we alsof ongelijkheden blijven bestaan en groter worden alleen vanwege nationale idiosyncrasieën, of omdat we nog niet gestuit zijn op precies de goeie set regels, de perfecte formule, alsof deze ongelijkheden niet veel méér waren dan een soort kosmische vergissing of een onregelmatigheid in een verder goed functionerend systeem. Wat nooit in deze discussie wordt genoemd, is de kwestie van macht. Zoveel van de debatten die we voeren over een globaliseringstheorie gaan eigenlijk over macht: wie de macht heeft, wie haar uitoefent, en wie haar verdoezelt en doet alsof ze er niet meer toe doet.

Maar zeggen dat gerechtigheid en gelijkheid binnen handbereik zijn en ondertussen als onderpand niets anders bieden dan goede bedoelingen, volstaat niet langer. We hebben net een periode gehad van enorme economische voorspoed, een tijd van groei en overvloed waarin contradicties in het hart van dit economische model aan de orde hadden moeten komen. Nu begint een periode van inkrimping en worden er grotere offers gevraagd van hen die al veel te veel offers hebben gebracht.

Is het nu werkelijk nog de bedoeling dat we worden verleid door de belofte dat onze problemen zullen worden opgelost met meer handel? Hardere

HET INPERKEN VAN DE DEMOCRATIE

bescherming voor medicijnpatenten en meer privatisering? De globalisten van vandaag zijn als dokters die over slechts één medicijn beschikken: wat de kwaal ook moge zijn – armoede, migratie, klimaatverandering, dictaturen, terrorisme —, de remedie is altijd: meer handel.

Meneer de premier, wij zijn niet anti-globalisering. In feite hebben we een eigen globaliseringsproces doorgemaakt. En het is precies vanwege de globalisering dat het systeem niet langer kan worden volgehouden. We weten te veel. Er is te veel communicatie en mobiliteit aan de basis om de kloof open te houden. Niet alleen de kloof tussen rijk en arm, maar ook die tussen retoriek en realiteit. Tussen wat er wordt gezegd en wat er wordt gedaan. Tussen de belofte van globalisering en haar werkelijke effecten. Het is tijd om de kloof te dichten.

DE MARKT VERZWELGT
HET GEMEENSCHAPPELIJK BEZIT

$$\left[\begin{array}{c}\text{Waarin de toegang tot veilig voedsel,}\\ \text{schoon water en betaalbaar wonen wordt}\\ \text{ingeperkt – en het antikapitalisme het}\\ \text{flitsende, nieuwe marketingverhaal wordt}\end{array}\right]$$

GENETISCH GEMANIPULEERDE RIJST

Je kunt PR niet eten
Augustus 2000

'Deze rijst zou een miljoen kinderen per jaar kunnen redden.' Dat was de markante kop op de voorpagina van het tijdschrift *Time* vorige week. De kop refereerde aan 'gouden rijst', een nieuwe variant van genetisch gemanipuleerd graan die bestemd is voor de markt en extra bèta-caroteen bevat, een stof die het menselijk lichaam helpt bij de aanmaak van vitamine A. In heel Azië lijden miljoenen ondervoede kinderen aan een vitamine-A-tekort, wat kan leiden tot blindheid en de dood.

Om hun vermeende wondermedicijn van de grond te krijgen heeft AstraZeneca, het bedrijf dat de marketingrechten voor gouden rijst bezit, aangeboden de korrels te doneren aan arme boeren in landen als India, waar tot nu toe felle weerstand bestond tegen genetisch gemanipuleerde gewassen.

Het is mogelijk dat gouden rijst de gezondheid van miljoenen kinderen kan verbeteren. Het probleem is dat het niet mogelijk is deze krachtige emotionele bewering (en de beperkte wetenschap die daaraan verbonden is) te scheiden van de oververhitte politieke context waarin de belofte wordt gedaan.

Genetisch gemanipuleerd voedsel, oorspronkelijk door overheden met goedkeuring ontvangen en door het publiek met onverschilligheid benaderd, is in rap tempo een internationale vergaarbak geworden voor angsten over van alles en nog wat: van voedselveiligheid tot de door bedrijven gefinancierde geprivatiseerde cultuur. Tegenstanders betogen dat de huidige testnormen geen rekening houden met het complexe web van onderlinge relaties tussen levende dingen. Gemanipuleerde sojabonen mogen dan veilig lijken in een gecontroleerde testomgeving, maar hoe zullen ze, als ze eenmaal in de natuur worden verbouwd, het onkruid eromheen beïnvloeden, de insecten die ervan eten en de gewassen die ermee kruisbestuiven?

Wat de agrobusiness-bedrijven heeft verblind, is dat het gevecht net zo goed een strijd tussen merken is geweest als een strijd tussen conflicterende wetenschappelijke studies. Al vroeg besloten activisten hun kritiek niet te richten op de agrobusiness zelf, maar op de bekende supermarkten en producenten van voorverpakt voedsel die producten verkochten met *Frankenfood* ('Frankensteinvoedsel') erin.

Omdat hun merkbeelden bezoedeld waren, begonnen Britse supermarkten producten van de schappen te halen, en bedrijven als Gerber en Frito-Lay werden vrij van genetische manipulatie. In de Verenigde Staten en Canada hebben milieuactivisten hun vizier gericht op Kellogg's en Campbell's Soup door hun zorgvuldig gekoesterde logo's en dure reclamecampagnes te parodiëren.

Eerst wisten de agrobusiness-bedrijven niet hoe te reageren. Ook al konden ze claimen dat hun gemanipuleerde voedsel geen nadelige effecten had, dan konden ze nog niet precies zeggen wat de voordelen waren voor de voedzaamheid. Dus riep dat de vraag op: waarom zouden we dan dat risico lopen? En dat is waar de gouden rijst ten tonele komt. AstraZeneca kon op een voordeel wijzen – om niet te zeggen dat het zelf een sterk merk was dat de merkenoorlogen kon voeren.

Gouden rijst heeft alle *feel-good*-ingrediënten van een sterk merk. Allereerst is het *gouden* rijst, net als goudrenetten en gouden medailles en gouden zonsondergangen. In de tweede plaats is het, anders dan ander genetisch gemanipuleerd voedsel, niet behandeld met afstotelijke visgenen maar vermengd met zonnige narcissen.

Maar voordat we genetische manipulatie omarmen als redding van alle arme mensen in de wereld, is het verstandig te onderkennen welk probleem hier wordt opgelost. Is het de crisis van ondervoeding, of is het de crisis in geloofwaardigheid die de biotechnologie plaagt?

De saaie waarheid is dat we allang de middelen hebben om veel meer dan een miljoen kinderen per jaar te redden – zonder onomkeerbaar de genetische samenstelling van voedsel te veranderen. Waar het ons aan ontbreekt, is de politieke wil om deze middelen te mobiliseren. Dat was de heldere boodschap die naar buiten kwam op de Group of Eight-topbijeenkomst in Okinawa. De grootste industriële landen schoten, de een na de ander, concrete voorstellen af op het verminderen van armoede in de ontwikkelingslanden.

Zoals *The Globe and Mail* berichtte, haalden ze een streep door 'een Canadees voorstel om ontwikkelingshulp op te voeren tot tien procent, wezen ze een Japans idee af om een G8-fonds op te zetten ter bestrijding van infectieziekten en deinsden ze ervoor terug om binnen vier jaar hun markten open te stellen voor landbouwproducten van ontwikkelingslanden'. Ook zeiden ze 'nee tegen een nieuw plan om haast te maken met honderd miljard

DAGBOEK VAN EEN ACTIVISTE

(Amerikaanse) dollar schuldenverlichting voor de armste landen'.* Er zijn ook genoeg *lowtech*-oplossingen voor een tekort aan vitamine A waaraan op eenzelfde manier is voorbijgegaan. Er bestaan al programma's die het verbouwen van diverse, vitaminerijke groenten op kleine kavels aanmoedigen, maar de ironie van deze programma's (die weinig internationale steun krijgen) is dat het niet hun taak is om een sexy nieuwe sciencefiction-voedselbron te vinden. Hun taak is een deel van de schade ongedaan te maken die werd veroorzaakt toen westerse bedrijven de laatste keer een landbouwpanacee verkochten aan de ontwikkelingslanden.

Gedurende de zogeheten Groene Revolutie werden kleine boeren, die een breed scala aan gewassen verbouwden om hun gezin en de lokale gemeenschap te voeden, onder druk gezet om over te gaan op industriële, exportgerichte landbouw. Dat betekende één winstgevend gewas, geproduceerd op grote schaal.

Veel boeren, nu overgeleverd aan wisselende goederenprijzen en diep in de schulden bij de zaadproducenten, raakten hun boerderijen kwijt en trokken naar de stad. Op het platteland heerst ondertussen ernstige ondervoeding naast bloeiende 'voor de handel bestemde gewassen' als bananen, koffie en rijst. Waarom? Omdat in het dieet van kinderen, net als op de landbouwvelden, veelzijdig voedsel heeft moeten plaatsmaken voor eenzijdigheid. Een kom witte rijst is lunch en avondeten.

Welke oplossing stellen de agrobusiness-giganten voor? Niet om het verbouwen van één soort gewas te heroverwegen en die kom te vullen met proteïnen en vitaminen. Ze willen weer eens zwaaien met een toverstaf en de kom goud schilderen.

---

* Nog veelzeggender was de top van de un Food and Agriculture Organization in Rome, in juni 2002. Het ambitieuze doel van de bijeenkomst was om het aantal hongerlijdende mensen met de helft te verminderen: van achthonderd naar vierhonderd miljoen in 2015. Slechts twee van de negenentwintig rijkste landen zonden hun staatshoofden naar Rome, en één van die twee was Italië, waarvan de leider toch al in de stad was. (Noot van de auteur.)

GENETISCHE VERONTREINIGING

> Nu zaden waarmee geknoeid is van de ene akker naar de andere
> waaien, zal voedsel binnenkort onmogelijk nog kunnen worden
> bestempeld als 'vrij van genetische manipulatie'
> *Juni 2001*

In de gangen van de reuzensupermarkt Loblaws, tussen flessen saus van het merk President's Choice Memories of Kobe en noedels van het merk Memories of Singapore, staat een nieuwe huisspecialiteit: onleesbaar gemaakte etiketten op biologische voedselproducten. Vroeger stond erop: 'Vrij van genetisch gemanipuleerde organismen', maar toen besloot de grootste supermarktketen van Canada dat zulke etiketten niet langer waren toegestaan.

Op het eerste gezicht is de beslissing van Loblaws marketingtechnisch gezien niet zo slim. Toen de protesten tegen *frankenfood* voor het eerst naar Europa kwamen, wisten winkelketens als Tesco en Safeway niet hoe snel ze aan de vraag van de consument moesten voldoen door hun eigen productlijnen vrij van genetische manipulatie (GM-vrij) te verklaren. En toen Loblaws de reformvoedingmarkt betrad met zijn productlijn van President's Choice Organics, leek het dezelfde weg te gaan. In advertenties meldde het bedrijf trots dat gecertificeerde biologische producten 'vrij moeten zijn van genetisch gemanipuleerde organismen'.

Nu komt de ommekeer, die vorige week openbaar werd gemaakt: niet alleen zal Loblaws niet claimen dat zijn eigen producten GM-vrij zijn, maar ook geeft het niemand anders toestemming om dat te doen. Managers van het bedrijf zeggen dat op geen enkele manier te weten is wat werkelijk GM-vrij is – klaarblijkelijk is het te verwarrend.

Meer dan negentig procent van de Canadezen zegt etiketten te willen waarop staat of er geknoeid is met de genetische samenstelling van hun voedsel, maar de directeur van Loblaw Companies, Galen Weston, heeft publiekelijk gewaarschuwd dat er 'een prijskaartje hangt' aan een dergelijk initiatief. Dit verklaart voor een deel de verdwijnende magische etiketten: als Loblaws biologische producten verkoopt die als 'GM-vrij' worden bestempeld, dan is het moeilijker uit te leggen waarom het bedrijf niet consumenten informeert als voedsel wél genetisch gemodificeerde ingrediënten bevat, wat het geval is voor ruwweg zeventig procent van het Canadese voedsel. Dus heeft de kruidenier een nogal brute keuze gemaakt: in plaats van de consument iets van de informatie te geven die hij vraagt, zal het helemaal niets daarvan verstrekken.

En dit is slechts één salvo in een oorlog van de agrobusiness-industrie tegen de consumentenkeuze in het debat over genetische manipulatie – niet alleen in Canada, maar mogelijk in de hele wereld. Met vijfendertig landen over de hele wereld die wetten op verplichte GM-etiketten hebben of ontwikkelen, lijkt de industrie al het mogelijke te doen om die Europese en Aziatische etiketten net zo overbodig te maken als de doorgestreepte labels in Loblaws. Hoe? Door sneller te verontreinigen dan landen wetgeving kunnen ontwikkelen.

Een voorbeeld. Een van de bedrijven die werden gedwongen hun etiketten te verwijderen, is Nature's Path, een biologisch-voedselbedrijf in Delta, British Columbia. Eerder deze maand zei de directeur van het bedrijf, Arran Stephens, tegen *The New York Times* dat GM-materiaal zelfs zijn weg vindt naar biologisch geteelde gewassen. 'We hebben sporen gevonden in tarwe dat al tien tot vijftien jaar biologisch werd verbouwd. Geen muur is hoog genoeg om dat spul tegen te houden.'

Sommige biologisch-voedselbedrijven overwegen een aanklacht in te dienen tegen de biotech-industrie wegens verontreiniging, maar de wet gaat in tegengestelde richting. Percy Schmeiser, een boer uit Saskatchewan, werd door Monsanto voor de rechter gesleept nadat Monsanto's gepatenteerde genetisch aangepaste canolazaden vanaf langsrijdende vrachtwagens en uit belendende velden naar de akker van de boer waren gewaaid. Monsanto zegt dat toen de zaden begonnen te bloeien, Schmeiser hun eigendom aan het stelen was. De rechtbank was het daarmee eens en verplichtte, twee maanden geleden, de akkerbouwer het bedrijf twintigduizend dollar te betalen, plus proceskosten.

De bekendste verontreinigingszaak is die van het StarLink-graan. Nadat het genetisch gemanipuleerde gewas (bedoeld voor dieren en ongeschikt voor menselijke consumptie) zijn weg had gevonden naar de voedselvoorraad, stelde Aventis, dat het StarLink-patent bezit, een oplossing voor: kunnen we het graan, in plaats van het terug te halen, niet goedkeuren voor menselijke consumptie? Met andere woorden: de wet aanpassen aan de verontreiniging.

Overal ter wereld oefenen consumenten een hernieuwde politieke macht uit door biologische alternatieven te eisen van de supermarkt en door hun regeringen te vragen om duidelijke etikettering van GM-voedselproducten.

HET INPERKEN VAN DE DEMOCRATIE

Maar voortdurend zijn de agrobusiness-bedrijven – gesteund door agressieve wetten op intellectueel eigendom – bezig de wereldvoedselvoorraad zo hopeloos te kruisbestuiven, vermengen, verontreinigen, vergiftigen en onoverzichtelijk te maken dat wetgevers wel eens gedwongen zouden kunnen zijn de handdoek in de ring te gooien. Zoals biotech-tegenstander Jeremy Rifkin zegt: 'Ze hopen dat er zoveel verontreiniging is dat het een *fait accompli* wordt.'

Terwijl we terugkijken op dit moment, kauwend op ons genetisch gemanipuleerd Natural Values-gezondheidsvoedsel, onze voor mensen goedgekeurde StarLink-taco's en onze gemuteerde gekweekte Atlantische zalm, zouden we het ons wel eens kunnen herinneren als exact het moment waarop we onze kansen op 'echt voedsel' verloren.

Misschien zal Loblaws zelfs een nieuw product lanceren om dat nostalgische gevoel te bottelen: Memories of Consumer Choice ('Herinneringen aan Consumentenkeuze').

DE OFFERLAMMEREN VAN MOND- EN KLAUWZEER

Het primaire doel van het slachten van Europa's vee is
het stabiliseren van markten, niet het beschermen
van de volksgezondheid
Maart 2001

De Taliban vernietigt tweeduizend jaar oude boeddhabeelden en wij schudden terecht ons hoofd: hoe barbaars om in deze moderne tijden gesneden beelden te offeren op het altaar van religieuze zuiverheid. Maar terwijl boeddha's worden gebombardeerd in Afghanistan, is de Europese Unie verwikkeld in haar eigen quasi-bijbelse reinigingsritueel: het brandend offeren van tienduizenden dieren om de hongerige goden van de vrijmarkteconomie tevreden te stellen. Toen ik voor het eerst hoorde hoe de boerderijdieren werden beschreven als offerlammeren van het kapitaal (het was de Duitse milieudeskundige Mathias Greffrath die het tegen me zei), dacht ik dat het hyperbolisch bedoeld was. Die heuvels brandden toch om de publieke gezondheid te beschermen, en niet de marktwaarde van vlees of toekomstige toegang tot buitenlandse markten?

Meer dan vijftigduizend dieren worden of zijn al gedood in Engeland, en nog eens tienduizend zullen gedood gaan worden. In Duitsland, waar ik deze week op bezoek ben geweest, zijn vijftienhonderd schapen vernietigd. Er was geen bewijs van besmetting, alleen een kans dat de dieren in aanraking waren geweest met mond- en klauwzeer.

Natuurlijk heeft dit voor een deel te maken met gezondheid. Maar voor een groot deel ook niet. Mond- en klauwzeer is niet gevaarlijk voor mensen, en we kunnen het niet krijgen door voedsel. De ziekte kan bij dieren snel worden genezen met de juiste medicijnen en quarantaine, en vervolgens worden voorkomen door inenting. Waar het virus echt zijn tol eist, dat is in de markt. En de markt eist grootse gebaren om het vertrouwen in haar systemen te herstellen.

En vergis je niet: er staat een systeem in de beklaagdenbank in de meest recente voedselcrisis in Europa. Wanneer een uiterst besmettelijk virus als mond- en klauwzeer de voedselketen binnendringt, worden consumenten gedwongen na te denken over hoe ons voedsel onze tafel bereikt. Eufemismen als 'integratie', 'homogenisering' en intensieve veeteelt krijgen plotseling een heel plastische betekenis.

Het vaststellen van de veiligheid van elke hap eten rukt plotseling het gordijn van de verpakking weg en onthult reusachtige bio-industrieën en abattoirs, enorme pakhuizen, de megasupermarktketens en fastfoodtenten en de lange afstanden die dieren en vlees moeten afleggen in overvolle vrachtwagens en boten tussen al deze schakels van de industriële-landbouwketen.

Het ziet er steeds meer naar uit dat datgene wat er wordt aangeklaagd in Europa, de tirannie van 'schaalvoordelen' is die elk onderdeel beheerst van de voedselproductie, -distributie en -consumptie. In elk van deze domeinen volgen de spelers de vertrouwde formule van het verlagen van hun kosten door te consolideren en uit te breiden, om vervolgens hun politieke macht te gebruiken en zo leveranciers ertoe te dwingen hun voorwaarden te accepteren. Niet alleen schaadt dit feit kleine boeren en verkleint het de verscheidenheid aan verkrijgbare voedingsmiddelen, maar het is ook een tijdbom als er zich een ziekte aandient. Concentratie betekent dat virussen zich snel vermenigvuldigen onder grote aantallen dieren, terwijl globalisering verzekert dat ze ver en breed worden verspreid.

Dat is de reden waarom de Duitse minister van Landbouw praat over nieuwe subsidies om twintig procent van de boerderijen van het land te helpen biologisch te gaan produceren. En de reden waarom premier Tony Blair van Engeland sputtert over het verslappen van de greep van de grote supermarktketens. Het is ook de reden waarom degenen die hopen voort te razen met genetisch gemanipuleerd voedsel dit alles ongetwijfeld met ontzetting aanzien.

Deze recente voedselcrisis zou heel goed de beslissende kans kunnen zijn waarop de activisten tegen genetisch gemanipuleerde organismen hebben gewacht. Per slot van rekening is het meest directe gevaar dat genetisch gemanipuleerde gewassen opleveren, de manier waarop gemanipuleerde zaden door de wind worden meegenomen en zich mengen met niet-gemanipuleerde. Toch was het altijd moeilijk het publiek te interesseren voor deze subtiele en onzichtbare bedreiging van de biodiversiteit. Dat is de reden waarom groeperingen als Greenpeace ertoe geneigd waren hun campagnes vooral te richten op mogelijke gevaren voor de publieke gezondheid, die weliswaar toegankelijker, maar minder wetenschappelijk zijn.

Maar mond- en klauwzeer, dat door de lucht wordt verspreid, heeft een groot deel van Europa aan het denken gezet over microbes en wind, over hoe complex de voedselvoorziening is, hoe moeilijk het is elk deeltje te controleren, hoe klein ook, als het eenmaal het systeem is binnengedrongen. 'Word dus maar vegetariër,' zeggen sommigen. 'Ga biologisch eten.' De redacteuren van *The Financial Times* menen dat 'het geleidelijk opheffen van intensieve landbouw een te gemakkelijk antwoord' is en stellen meer 'keuze voor de consument' voor. Op één of andere manier betwijfel ik dat de voedselveiligheidcrisis van Europa ditmaal wordt opgelost met meer promotie van biologische landbouw. Na meer dan een decennium van discussies over gekkekoeienziekte, E.coli, genetisch gemanipuleerde organismen en nu mond- en klauwzeer is de voedselveiligheid steeds minder een gezondheidskwestie of een consumentenkwestie aan het worden, en steeds meer een economisch probleem dat de meest fundamentele groter-is-beter-uitgangspunten van de industriële landbouw in twijfel trekt.

Het gaat om wankelend vertrouwen – in de wetenschap, in de industrie, in de politiek, in deskundigen. De markten mogen tevreden zijn met hun offerlammeren, maar ik denk dat het publiek wel eens duurzamere maatregelen zou kunnen eisen.

HET INTERNET ALS TUPPERWARE PARTY

Hoe mediagiganten proberen het online ruilen
van bestanden in bezit te nemen
November 2000

Toen de twee hoogste bazen van BMG Entertainment dit weekend ontslag namen, onthulde dat een diepe tweedeling in de manier waarop multinationale bedrijven aankijken tegen de internetcultuur van *sharing* (ruilen, delen). Ondanks alle pogingen om het net te veranderen in een reusachtig winkelcentrum, lijkt het standaardethos nog steeds anti-*shopping* te zijn: op het internet kunnen we weliswaar hier en daar dingen kopen, maar voortdurend zijn we dingen aan het ruilen: ideeën, humor, informatie en, ja, muziekbestanden.

Dus dit is de echte discussie die wordt gevoerd in de directiekamer: is die cultuur van online ruilen en handelen een bedreiging voor de kern van het winstmotief, of is het een mogelijkheid zonder precedent om winst te maken, een kans om het ruilen zelf te transformeren tot een uitermate winstgevend verkoopinstrument?

Toen de vijf grootste platenmaatschappijen, onder de paraplu van de Recording Industry Association of America, een rechtszaak tegen Napster begonnen, zetten ze hun geld vastbesloten op het eerste kamp: het ruilen van bestanden, *file-sharing*, is diefstal van copyright, puur en simpel, en het moet worden gestopt.

Maar vorige week gebeurde er iets vreemds: Bertelsmann, eigenaar van BMG Entertainment (een van de vijf bedrijven achter de RIAA-rechtszaak) sloot een deal met Napster (vandaar de BMG-ontslagnames). De twee bedrijven gaan een *file-sharing site* opzetten waar muziekliefhebbers een lidmaatschap kopen in ruil voor toegang tot BMG-muziek. Zo gauw het van de grond is gekomen, zal Bertelsmann zich terugtrekken uit de rechtszaak.

Op de persconferentie zette Thomas Middelhoff, voorzitter en hoogste baas van Bertelsmann, zich af tegen de hoge bazen bij Time Warner en Sony die het internet maar niet willen begrijpen. 'Dit is een oproep aan de industrie om wakker te worden,' zei hij.

Wat is er aan de hand? Heeft Bertelsmann, een mediaconglomeraat met een waarde van 17,6 miljard dollar (dat mijn Canadese uitgever bezit en vrijwel die van iedereen), besloten zich aan te sluiten bij de cyberhippies die roepen dat 'informatie vrij wil zijn'? Ik betwijfel het. Het is waarschijnlijker dat Bertelsmann weet wat meer en meer bedrijven begrijpen: na vele mislukte pogingen om het internet te gebruiken als een instrument voor directe verkoop, zou het heel goed zo kunnen zijn dat het proces van informatie-uitwisseling de ultieme commerciële toepassing van het net is.

Verdedigers van Napster stellen dat ze niet illegaal cd's kopiëren, maar muziek ruilen binnen een online-gemeenschap zoals vriendengroepen verzameltapes uitwisselen. Ze leren elkaars smaak kennen en vertrouwen en, zo redeneren ze, ze zullen uiteindelijk meer muziek gaan kopen omdat ze met meer muziek in aanraking komen. Ook zeggen ze dat ze ertoe zijn gebracht dit alternatief te creëren door de uit de hand gelopen cd-prijzen en het gruwelijk eenvormige aanbod van popmuziek op videozenders en commerciële radio.

Wat er gebeurt op sites als Napster is een hightech-versie van iets heel ouds: mensen die rechtstreeks met andere mensen praten over wat ze mooi vinden. Het heette vroeger 'van horen zeggen'; in het internet-tijdperk heet het 'van horen e-mailen'. Het is de onbekende factor in de vergelijking die een waarachtig fenomeen kan scheppen – zoals *The Blair Witch Project* – dat marketingmensen niet lijken te kunnen kopen of controleren – zie het vervolg op de *Blair Witch*.

Of kunnen ze dat wel? Dit meest menselijke van alle gedrag (hoe en waarom wij met elkaar praten) proberen te begrijpen, te systematiseren en onder controle te krijgen, is zoiets als een obsessie voor bedrijven geworden. Boeken als *The Tipping Point* van Malcolm Gladwell, *The Anatomy of Buzz* van Emanuel Rosen en *Unleashing the Ideavirus* van Seth Godin geven quasi-wetenschappelijke verklaringen voor hoe ideeën zich verspreiden: minder door reclame dan door gewone mensen die worden gerespecteerd door hun gelijken. Gladwell noemt ze 'koppelaars' en 'kenners', Godin 'kanjers' en Rosen 'netwerk-kernen'.

Gebaseerd op deze theorie is er een marketingschool ontwikkeld die bedrijven aanmoedigt consumenten te behandelen alsof het journalisten of beroemdheden zijn: voed ze met gratis spullen en kijk vervolgens hoe ze reclame voor je maken, gratis.

Iets botter gezegd: maak van de ultieme anti-handelswaar – menselijke communicatie tussen vrienden, binnen vertrouwensgemeenschappen – een commerciële transactie.

Dat is de ironie van de aanval van de platenindustrie op Napster. Op hetzelfde moment dat de juridische armen van platenmaatschappijen klappen uitdelen aan *file-sharing sites*, omhelzen hun marketing-armen diezelfde online-gemeenschappen vanwege hun 'geestverwant-naar-geestverwant'-potentieel. Ze hebben firma's als Electric Artists betaald om strategisch gratis muzieksamples en videoclips te laten circuleren, in de hoop daardoor muziekliefhebbers te veranderen in bataljons van onbetaalde *cyber Avon Ladies*.

Bertelsmann zelf gebruikte die technieken van 'online zaaien' om BMG-artiest Christina Aguilera te lanceren: ElectricArtists gaf muzieksamples weg aan chatgrage Britney Spears-fans, die vervolgens hun online-vrienden bestookten met het grote nieuws: ze is gekloond!

Toen Bertelsmann vorige week een deal sloot met Napster, gokten ze op een toekomst waarin *sharing* – indien zorgvuldig gecontroleerd door marketeers – de *'killer*-toepassing' van het internet is: een mondiaal netwerk van online-gebabbel over merken waar voorheen authentieke gemeenschappen waren.

Het internet als een gigantische *tupperware party*. Ben je er klaar voor?

ONVREDE INLIJVEN

Hoe multinationals zichzelf van een nieuw imago voorzien
voor het post-Seattle-tijdperk
Mei 2001

Op mijn zeventiende werkte ik na school in een kledingwinkel van Esprit in Montreal. Het was een leuk baantje, dat voornamelijk bestond uit katoenen kleren vouwen tot zulke scherpe rechthoeken dat ze een oog konden uitsteken. Maar om een of andere reden vond het hoofdkantoor van het bedrijf ons T-shirt-origami niet winstgevend genoeg. Op een dag werd onze kalme wereld op z'n kop gezet door een regiomanager die binnenviel om ons de cultuur van het merk Esprit in te peperen – en onze productiviteit in het proces te vergroten.

'Esprit' hield ze ons voor, 'is als een goede vriend.'

Ik was sceptisch, en dat liet ik weten. Sceptisch zijn, ontdekte ik al gauw, wordt niet beschouwd als een deugd in de lage-lonen-dienstensector. Twee weken later ontsloeg de manager me wegens het bezit van die meest gehate eigenschap op het werk: 'slechte instelling'.

Ik denk dat dat een van de eerste keren was dat ik leerde waarom grote multinationale bedrijven niet 'als een goede vriend' zijn, aangezien goede vrienden, hoewel ze allerlei vreselijke en kwetsende dingen kunnen doen, je zelden ontslaan.

Mijn interesse was dus gewekt toen, eerder deze maand, reclamebureau TWBA\Chiat\Day de nieuwe 'merkidentiteit' presenteerde voor Shoppers Drugmart. (Presentaties van hernieuwde huisstijlen zijn, in bedrijfsjargon, een soort wedergeboortes.) De winkelketen blijkt niet langer 'Alles wat u verlangt van een drogist' te zijn – dat wil zeggen, een plek waar je dingen kunt kopen die je nodig hebt – maar is nu een 'zorgzame vriend', een vriend die gestalte krijgt in een keten van achthonderd drogisten met een reclamebudget van tweeëntwintig miljoen dollar dat in zijn zakken brandt.

De nieuwe slogan van Shoppers is 'Zorg goed voor jezelf'. Volgens de bedenker van de campagne, Pat Pirisi, is die zin gekozen omdat hij 'weergeeft wat een zorgzame vriend zou zeggen'. Die zin zal duizenden keren per dag worden uitgesproken door jonge caissières wanneer ze je plastic zakjes met scheermesjes, tandzijde en vermageringspillen overhandigen. 'Wij geloven dat dit een houding is die Shoppers kan bezitten,' legt Pirisi uit.

Het verzoek aan winkelpersoneel om deze specifieke oneliner te aanvaarden als hun mantra, lijkt enigszins harteloos in deze tijd van oppervlakkige, onzekere, onderbetaalde McArbeid. Werknemers in de dienstensector wordt vaak gezegd dat ze goed voor zichzelf moeten zorgen – omdat niemand, al helemaal niet hun mega-werkgevers, goed voor hen zal zorgen.

Toch is het een van de ironische kanten van onze 'gemerkte' tijden dat bedrijven, terwijl ze steeds afstandelijker worden doordat ze blijvende banden met ons als hun werknemers doorsnijden, meer en meer naar ons als consumenten toekruipen, en ons lievigheden in het oor fluisteren over vriendschap en gemeenschap. Het is niet alleen Shoppers: advertenties van Wal-Mart vertellen verhalen over bedienden die desnoods klanten hun eigen persoonlijke bruidsjurk lenen, en commercials van Saturn worden bevolkt door autoverkopers die therapie aanbieden als klanten hun baan kwijtraken. Want volgens een nieuw marketingboek, *Values Added,* moeten moderne marketeers 'je merk tot een doel maken en je doel tot een merk'.

Misschien heb ik nog steeds een slechte instelling, maar deze collectieve bedrijfsknuffel voelt vandaag ongeveer net zo leeg als hij voelde toen ik nog een bijna-werkloze truienvouwer was. Met name als je stilstaat bij de oorzaak van al deze massa-geproduceerde warmte.

Toen hij de nieuwe merkidentiteit van Shopper uitlegde aan *The Financial Post*, zei Pirisi: 'In een tijd dat mensen meer en meer wantrouwend gaan staan tegenover bedrijven – de protesten tegen de Wereldhandelsorganisatie zullen dat bevestigen – en op een moment dat de gezondheidszorg niet meer is wat ze was, beseffen we dat we consumenten een boodschap moesten laten horen over partnerschap.'

Sinds grote bedrijven als Nike, Shell en Monsanto de steeds kritischer wordende blik van de maatschappij op zich gericht weten – vooral omdat ze kortetermijnwinst ver boven milieuverantwoordelijkheid en arbeidszekerheid stelden – is er razendsnel een industrie opgekomen die deze bedrijven moet helpen antwoorden.

Het lijkt desondanks duidelijk dat velen in de bedrijfswereld ervan overtuigd blijven dat zij alleen maar een 'boodschap-probleem' hebben, een probleem dat keurig kan worden opgelost door de goede, sociaal-gerichte merkidentiteit te kiezen.

DAGBOEK VAN EEN ACTIVISTE

Dat blijkt het laatste te zijn dat ze nodig hebben. British Petroleum kwam daar op de onaangename manier achter toen het was gedwongen zich te distantiëren van zijn eigen schaamteloze merkhernieuwingscampagne *Beyond Petroleum* ('Meer dan petroleum'). Veel consumenten interpreteerden, heel begrijpelijk, de nieuwe slogan als: het bedrijf keerde zich af van fossiele brandstoffen als reactie op het broeikaseffect. Mensenrechten- en milieuactivisten brachten, na geen enkel bewijs te hebben gezien dat British Petroleum daadwerkelijk zijn beleid veranderde, onaangename details naar voren tijdens de jaarvergadering van het bedrijf over de deelname van British Petroleum in een controversiële nieuwe pijpleiding door gevoelige gebieden in Tibet, en ook over de beslissing om te gaan boren in het Alaska National Wildlife Refuge.

Nadat de nieuwe slogan op het net werd geparodieerd als *Beyond Preposterous* ('Meer dan belachelijk'), besloten bestuurders van British Petroleum het *Beyond Petroleum*-merk los te laten, hoewel ze tot nu toe wel aan het nieuwe groene bloemlogo hebben vastgehouden.

Om de staat van verwarring van het bedrijfsleven te illustreren, word ik regelmatig gevraagd presentaties te geven voor individuele bedrijven. Omdat ik bang ben dat mijn woorden in een of andere kleffe reclamecampagne terecht zullen komen, weiger ik altijd.

Het volgende advies kan ik echter zonder terughoudendheid geven: er zal niets veranderen totdat bedrijven zich realiseren dat ze geen communicatieprobleem hebben. Ze hebben een realiteitsprobleem.

ECONOMISCHE APARTHEID IN ZUID-AFRIKA

> Nu de strijd voor vrijheid is gewonnen, worden rassenscheidingen vervangen door nieuwe systemen van uitsluiting
> *November 2001*

Zaterdagavond belandde ik op een feestje ter ere van Nelson Mandela, waar geld werd ingezameld voor zijn kinderfonds. Het was een geweldige gebeurtenis en alleen een grote botterik zou erop hebben gewezen dat er op het feestje heel veel bank- en mijnbouwbestuurders rondliepen die tientallen jaren lang hadden geweigerd hun investeringen terug te trekken uit het door apartheid geregeerde Zuid-Afrika.

En zo zou alleen iemand zonder gevoel voor timing hebben gezegd dat de regering, terwijl ze Nelson Mandela ereburger van Canada maakte, tegelijkertijd probeerde een antiterrorismewet erdoor te drukken die de anti-apartheidsbeweging op verscheidene fronten zou hebben gesaboteerd als hij in die tijd van kracht was geweest.

De Canadese anti-apartheidsbeweging zamelde geld in voor het African National Congress (ANC), dat uitstekend zou hebben voldaan aan de rommelige definities die in Wet C-36 worden gegeven van een terroristische organisatie. Daarbij veroorzaakten anti-apartheidsactivisten opzettelijk 'ernstige verstoringen' van de activiteiten van bedrijven die in Zuid-Afrika investeerden, waardoor ze op lange termijn veel van die bedrijven ertoe dwongen zich terug te trekken. Deze verstoringen zouden eveneens onwettig zijn geweest onder C-36.

Alleen iemand met absoluut geen enkel gevoel voor fatsoen zou hebben gesputterd, tussen alle zelfgenoegzaamheid, dat veel mensen in Zuid-Afrika volhouden dat apartheid nog steeds bestaat en hebben geëist dat er een nieuwe verzetsbeweging komt. Maar twee weken geleden ontmoette ik Trevor Ngwane, een voormalig ANC-gemeenteraadslid, die exact dat beweert: 'Apartheid op basis van ras is vervangen door apartheid op basis van klasse.'

Over een land waar acht miljoen mensen dakloos zijn en bijna vijf miljoen HIV-positief, beweren sommigen dat fundamentele ongelijkheid een betreurenswaardige maar onvermijdelijke erfenis van raciale apartheid is. Ngwane zegt dat het het een directe gevolg is van een bepaald economisch 'herstructureringsprogramma', aangehangen door de huidige regering en grootgebracht door de Wereldbank en het Internationaal Monetair Fonds.

Toen Mandela werd vrijgelaten uit de gevangenis, had hij een Zuid-Afrika voor ogen dat zowel economische als democratische vrijheid bood. In primaire levensbehoeften – huisvesting, water en elektriciteit – zou worden voorzien door uitgebreide projecten van publieke werken.

Maar toen het ANC de macht binnen bereik kreeg, zo schrijft de Zuid-Afrikaanse hoogleraar Patrick Bond in zijn nieuwe boek *Against Global Apartheid*, werd er enorme druk op de partij uitgeoefend om te bewijzen dat ze een 'degelijk macro-economisch beleid' kon voeren. Het werd duidelijk dat als Mandela werkelijke herverdeling van welvaart zou proberen te bereiken, de internationale markten zouden terugslaan. Binnen de partij waren er velen die, begrijpelijk genoeg, vreesden dat een economische ineenstorting in Zuid-Afrika zou worden gebruikt als een aanklacht, niet alleen tegen het ANC, maar tegen een zwarte overheid op zich.*

Dus aanvaardde het ANC, met name onder president Thabo Mbeki, in plaats van zijn politiek van 'groei door herverdeling' het 'bakvormpjesprogramma' waarin wordt geprobeerd de economie te 'doen groeien' door buitenlandse investeerders te behagen: massaprivatiseringen, ontslagen en loondalingen in de publieke sector, belastingverlaging voor bedrijven en dergelijke.

De gevolgen zijn verwoestend geweest. Een half miljoen banen zijn verloren gegaan sinds 1993. De lonen voor de armste veertig procent zijn met eenentwintig procent gedaald. In arme gebieden zijn de kosten van water met vijfenvijftig procent gestegen, en die van elektriciteit met maar liefst vierhonderd procent. Veel mensen namen hun toevlucht tot het drinken van verontreinigd water, wat leidde tot een uitbraak van cholera die honderdduizend mensen besmette. In Soweto wordt elke maand in twintigduizend huishoudens de elektriciteit afgesloten. En de investering? Ze wachten nog steeds.

---

* Hun vrees werd later bewaarheid. In juli 2002 was het anc klaar voor een wet die Zuid-Afrika's enorme minerale bronnen voor meerdere partijen toegankelijk zou maken – bronnen die nu in handen zijn van enkele door blanken beheerde internationale mijnbouwbedrijven. De grote mijninvesteerders kwamen in opkomst tegen het plan en dreigden zich terug te trekken uit het land. Jonathan Oppenheimer, hoofd pr van de diamantengigant De Beers, zei dat de wet 'een streep zou trekken door Zuid-Afrika als een investeringsbestemming'. (Noot van de auteur.)

HET INPERKEN VAN DE DEMOCRATIE

Dit is het soort prestaties dat de Wereldbank en het IMF heeft veranderd in internationale paria's die duizenden mensen de straat op deden gaan in Ottawa afgelopen weekend, met een 'solidariteitsdemonstratie' in Johannesburg. Onlangs kwam *The Washington Post* met het hartverscheurende verhaal van één inwoner van Soweto, Agnes Mohapi. De verslaggever merkte het volgende op: 'Hoe verdorven de apartheid ook was, dít heeft zij nooit gedaan: zij ontsloeg een vrouw niet van haar werk en joeg de rekening voor haar voorzieningen niet omhoog, om haar vervolgens af te sluiten toen ze onvermijdelijk niet kon betalen. "De privatisering heeft dat gedaan," zei ze.'

Met het oog op dit systeem van 'economische apartheid' is een nieuwe verzetsbeweging onvermijdelijk. Er was in augustus een driedaagse algemene staking tegen de privatisering. (Arbeiders droegen spandoeken met de tekst: 'ANC we houden van jou, maar niet van privatiseringen.') In Soweto sluiten werkloze arbeiders het afgesloten water van hun buren weer aan, en het Elektriciteitscrisis Comité van Soweto heeft in duizenden huishoudens illegaal de stroom weer aangesloten. Waarom arresteert de politie deze activisten niet? 'Omdat,' zo zegt Ngwane, 'wanneer de stroom van de politieagenten wordt afgesloten, wij die ook weer aansluiten.'

Het ziet ernaar uit dat de Bay Street-bazen, die afgelopen weekend zo ontzettend graag met Nelson Mandela op de foto wilden, een tweede kans krijgen om apartheid te bestrijden – en ditmaal terwijl die nog heerst. Ze kunnen het niet alleen doen door goedhartige liefdadigheid, maar ook door kritisch te zijn over de economische logica die zoveel mensen over de hele wereld in de steek laat.

Aan welke kant zullen ze deze keer staan?

GIFPOLITIEK IN ONTARIO

Wanneer basisbehoeften worden behandeld als handelswaar
Juni 2000

Morgen, vlak na de middag, zullen een paar honderd demonstranten, velen van hen dakloos, aankomen op de trappen van het gerechtsgebouw van Ontario met een heel simpel verzoek. Ze willen met de Tory-regering praten over de effecten die haar beleid heeft op de armen.

Als de geschiedenis ons ook maar iets te leren heeft, dan zal Mike Harris een wees-sterk-toespraak houden over hoe de kiezers van Ontario hun stem hebben laten horen en dat hij niet zich niet laat ringeloren – en dan zal hij de politie laten aanrukken voor een confrontatie. De vraag is: hoe zal de rest van ons reageren?

Ik stel deze vraag omdat sinds de E.coli-uitbraak in het stadje Walkerton, waar meer dan tweeduizend mensen ziek werden van het drinken van het plaatselijke water, kiezers in heel Ontario eens goed hebben nagedacht over de effecten van deregulering door de Tories op gewone mensen en hun dagelijks leven. Er was een wijdverbreide afschuw over de mogelijkheid dat overheidsbezuinigingen op het ministerie van Milieu en overhevelingen naar gemeentes de inwoners van Walkerton in groot gevaar zouden kunnen hebben gebracht.

Publieke verontwaardiging is een machtige, transformerende kracht, zelfs in Mike Harris' schijnbaar ondoordringbare politieke enclave. Deze verontwaardiging heeft direct geleid tot het samenbrengen van vier onderzoeken naar de oorzaken van de watercrisis, tot politieke toezeggingen om de gevonden problemen op te lossen en ook tot een aanbod van miljoenen dollars ter compensatie. Het drama verdient deze aandacht, en meer. Maar waarom waren de doden in Walkerton nodig om ons te doen inzien dat abstract beleid zijn tol eist van gewone mensen?

Zeven mensen, mogelijk meer, stierven door het drinken van met E.coli geïnfecteerd water, en morgen demonstreert de Ontario Coalition Against Poverty in Queen's Park omdat er in de afgelopen zeven maanden in Toronto tweeëntwintig dakloze mensen op straat stierven. Het verband tussen die doden en overheidsbezuinigingen en deregulering is net zo belangwekkend

HET INPERKEN VAN DE DEMOCRATIE

in Toronto als in Walkerton. Misschien nog belangwekkender, omdat we in Toronto niet vier onderzoeken nodig hebben om het verband vast te stellen – dat wordt praktisch als gegeven feit aangenomen.

Voordat de Tories werden gekozen, gingen er winters voorbij met absoluut geen sterfgevallen onder daklozen op de straten van Toronto. Het dodental begon te klimmen in 1995, hetzelfde jaar waarin de Tories de bijstandsuitkering met 21,6 procent verlaagden en hetzelfde jaar waarin ze afzagen van plannen voor nieuwe sociale huisvesting. Vlak daarna begon het economische herstel – waarvoor de Tories zo graag de eer opstrijken – de huurprijzen hoog op te drijven, terwijl de Tory Tenant Protection Act ('Wet op Bescherming van Huurders van de Tories') het huisbazen veel makkelijker maakte hun huurders eruit te gooien. Elke maand worden grofweg zestienhonderd huurders in Toronto bedreigd met uitzetting.

Het resultaat is een duizelingwekkend aantal mensen op straat, voor wie er niet genoeg bedden zijn. Vorig jaar waren er in de stad vijfduizend noodbedden in pensions beschikbaar, maar veel maatschappelijk werkers zeggen dat er vraag is naar wel twee keer zoveel bedden. Naarmate de pensions en straten meer worden volgepakt, wordt de straatcultuur mensonterender en gewelddadiger. En dat is waar de Tories ten tonele komen met hun Safe Streets Act ('Wet Veilige Straten'), een nieuwe maatregel die het de politie mogelijk maakt daklozen te behandelen als criminelen, de eerst aangewezen mensen die Ontario's geplande private supergevangenis letterlijk inhoud zullen geven.

Zoals er duidelijke remedies beschikbaar zijn om toekomstige Walkerton-affaires te voorkomen, zo zijn er ook genoeg overduidelijke beleidsoplossingen om toekomstige sterfgevallen op straat te voorkomen. Meer huisvesting, betere huurbescherming en minder pesterij zijn goede dingen om mee te beginnen. Anti-armoedegroeperingen hebben de 'één-procentoplossing' aangedragen: een oproep om de hoeveelheid geld die beschikbaar is voor betaalbare huisvesting te verdubbelen door ervoor te zorgen dat alle niveaus van de regering een additionele één procent van hun totale budget bijdragen.

Met deze vergelijking tussen de E.coli-sterfgevallen in Walkerton en de daklozencrisis in Toronto probeer ik niet het ene drama uit te spelen tegen het andere, als was het gokken op ellende – ik wil alleen aangeven dat in de discussie over de daklozen twee ingrediënten ontbreken: luidruchtige publieke verontwaardiging en de politieke wil om toekomstige tragedies te voorkomen.

Dit is Mike Harris' Ontario in actie. De eerste les van de Common Sense

DAGBOEK VAN EEN ACTIVISTE

Revolution ('Revolutie van het Gezond Verstand'), de campagneslogan waarmee de Tories aan de macht kwamen, was dat er twee onderscheiden klassen van mensen zijn in de provincie: zij die in het systeem zitten en zij die daarbuiten vallen. Zij die erin zitten zijn beloond met belastingverlagingen, zij die erbuiten vallen zijn nog verder naar buiten gedrongen.

De mensen in Walkerton werden geacht erbinnen te vallen: hardwerkende, belasting betalende, gezonde Tory-kiezers. De doden in de straten van Toronto waren vanaf de allereerste dag uitgesloten van de Common Sense Revolution: werkloos, arm, geestesziek.

Maar nu zijn de keurige lijntjes van de Tory-hiërarchie aan het vervagen. 'De Harris-agenda gaat verder dan het vernietigen van de sociale structuur en is begonnen de zeer materiële structuur uit te hollen waar iedereen op vertrouwt,' zegt John Clarke, woordvoerder voor de Ontario Coalition Against Poverty, de groepering die de demonstratie van morgen organiseert. 'Uiteindelijk wordt duidelijk dat iedereen onder vuur ligt.'

AMERIKA'S ZWAKSTE FRONT

De publieke sector
Oktober 2001

Slechts enkele uren na de terroristische aanslagen op het World Trade Center en het Pentagon verscheen het republikeinse Congreslid Curt Weldon op CNN en meldde dat hij niemand wilde horen praten over financiering van scholen of ziekenhuizen. Vanaf nu ging het alleen nog maar over spionnen, bommen en andere mannendingen.

'De eerste prioriteit van de Amerikaanse regering is niet onderwijs, het is niet gezondheidszorg, het is de verdediging en bescherming van Amerikaanse burgers,' zei hij, om daar later aan toe te voegen: 'Ik ben een leraar die getrouwd is met een verpleegster – maar niets van dat alles doet er vandaag toe.'

Maar nu blijkt dat die triviale sociale voorzieningen er heel veel toe doen.

Wat Amerika vooral zo kwetsbaar maakt voor terroristische netwerken, is niet een uitgeput wapenarsenaal maar zijn ondervoede, gedevalueerde en afbrokkelende publieke sector. De nieuwe slagvelden zijn niet alleen het Pentagon, maar ook het postkantoor; niet alleen militaire inlichtingendiensten, maar ook opleidingen voor artsen en verpleegsters; niet een sexy nieuw raketverdedigingsschild, maar de saaie goede ouwe Food and Drug Administration.

Het is tegenwoordig in de mode om wrang op te merken dat de terroristen westerse technologieën gebruiken als wapens tegen het Westen zelf: vliegtuigen, e-mail, mobiele telefoons. Maar terwijl de angst voor bioterrorisme groeit, zou het heel goed kunnen blijken dat hun beste wapens de scheuren en gaten in Amerika's publieke infrastructuur zijn.

Is dat omdat er geen tijd was om ons voor te bereiden op de aanslagen? Nauwelijks. De regering van de Verenigde Staten heeft openlijk de dreiging erkend van biologische aanvallen sinds de Golfoorlog, en Bill Clinton deed hernieuwde oproepen om de natie te beschermen tegen bioterreur na de ambassade-bombardementen in 1998. En toch is er in werkelijkheid schokkend weinig gedaan.

De reden is eenvoudig: voorbereiding op biologische oorlogvoering zou

DAGBOEK VAN EEN ACTIVISTE

een staakt-het-vuren hebben vereist in Amerika's oudere, minder dramatische oorlog: de oorlog tegen de publieke sfeer. Dat gebeurde niet. Hier volgen enkele snapshots uit de frontlinies.

De gezondheidszorg
De helft van de Amerikaanse staten heeft geen federale experts die zijn opgeleid in bioterrorisme. De *Centers for Disease Control and Prevention* worstelen met het juk van miltvuur-angst, en hun onvoldoende gesubsidieerde laboratoria wringen zich in bochten om de vraag naar onderzoeken bij te houden. Er is maar weinig research gedaan naar de behandeling van kinderen die met miltvuur zijn besmet, aangezien Cipro – het populairste antibioticum – niet wordt aanbevolen.

Veel artsen in de Amerikaanse gezondheidszorg zijn niet opgeleid om symptomen van miltvuur, botulisme of de pest te herkennen. Onlangs vernam een afvaardiging van de Senaat van de Verenigde Staten dat ziekenhuizen en gezondheidsdepartementen essentiële diagnostische instrumenten missen, en informatie-uitwisseling is moeilijk omdat sommige departementen geen toegang tot e-mail hebben. Veel gezondheidsvoorzieningen zijn gesloten in de weekends, en er is geen personeel oproepbaar.

Als behandeling een puinhoop is, zijn federale vaccinatieprogramma's er slechter aan toe. Het enige laboratorium in de Verenigde Staten dat gerechtigd is het miltvuurvaccin te produceren, heeft ervoor gezorgd dat het land niet voorbereid is op de huidige crisis. Waarom? Het is een typisch privatiseringsdebacle. Het lab, gesitueerd in Lansing, Michigan, was bezit van en werd bestuurd door de staat. In 1998 werd het verkocht aan BioPort, dat meer efficiëntie beloofde. Maar in plaats daarvan kwam het nieuwe lab niet door enkele inspecties van de Food and Drug Administration en is het tot nu toe niet in staat geweest ook maar één dosis van het vaccin te leveren voor het Amerikaanse leger, laat staan voor de gewone bevolking.

Wat de pokken betreft: er zijn in de verste verte niet genoeg vaccins om de hele bevolking te dekken. Dat heeft ertoe geleid dat het U.S. National Institute of Allergy and Infectious Diseases ging experimenteren met het verdunnen van de bestaande vaccins in een verhouding van 1:5 of zelfs 1:10.

HET INPERKEN VAN DE DEMOCRATIE

De watervoorziening
Uit interne documenten blijkt dat de U.S. Environmental Protection Agency jaren achter ligt op schema om de watervoorziening te beschermen tegen bioterroristische aanslagen. Volgens een rapport van 4 oktober zou de EPA in 1999 veiligheidsrisico's in de gemeentelijke watervoorzieningen in kaart hebben gebracht. Op dit moment heeft het zelfs deze eerste fase nog niet eens afgerond.

De voedselvoorziening
De Food and Drug Administration (FDA) is niet in staat gebleken maatregelen te treffen die de voedselvoorziening beter zouden beschermen tegen 'agroterrorisme' – dodelijke bacteriën die in de voedselvoorziening worden ingebracht. Nu de landbouw steeds meer gecentraliseerd en geglobaliseerd raakt, is de sector kwetsbaar voor de verspreiding van ziektes. Maar de FDA, die vorig jaar slechts één procent van de voedselimport onder haar jurisdictie wist te inspecteren, zegt dat men 'dringend behoefte heeft aan meer inspecteurs'.

Tom Hammonds, hoogste baas van het Food Marketing Institute, een groep die voedselverkopers representeert, zegt: 'Als er zich een crisis voordoet – een echte of een als wrede grap gefabriceerde – zouden de tekortkomingen van het huidige systeem schrijnend duidelijk worden.'

Na 11 september heeft George Bush het departement van Homeland Security ('Veiligheid Binnenland') in het leven geroepen, bedoeld om een natie op te wekken die gehard is en voorbereid op alle mogelijke aanslagen. En toch blijkt dat 'binnenlandse veiligheid' in werkelijkheid betekent: een blinde haast om de basale publieke infrastructuur aan te pakken en gezondheids- en veiligheidsnormen in te stellen die door en door versleten zijn geraakt. De troepen aan het front van Amerika's nieuwe oorlog staan in slagorde opgesteld: dezelfde bureaucratieën die twee decennia lang zijn gekort, geprivatiseerd en uitgehold, niet alleen in de Verenigde Staten maar in vrijwel elk land in de hele wereld.

'Publieke gezondheid is een nationale veiligheidskwestie,' merkte de Amerikaanse minister van Gezondheid Tommy Thompson eerder deze maand op. Nee maar, je meent het. Jarenlang hebben critici geroepen dat er een menselijke prijs wordt betaald voor alle kostenbeperking, deregulering en privatisering: treinongelukken in Engeland, E.coli-uitbraken in Walkerton, voedselvergiftiging, sterfgevallen op straat en ondermaatse gezondheidszorg. En toch was 'veiligheid' tot 11 september nog steeds heel kortzichtig beperkt tot de machinerie van oorlog en regelgeving, een fort gebouwd boven op een afbrokkelende fundering.

DAGBOEK VAN EEN ACTIVISTE

Als er uit deze puinhoop een les kan worden getrokken, dan is het dat echte veiligheid niet kan worden afgegrensd. Die zit ingeweven in ons meest fundamentele sociale weefsel: van het postkantoor tot de eerste hulp, van de metro tot het waterreservoir, van scholen tot voedselinspectie. Infrastructuur – dat saaie spul dat ons allemaal bindt – is niet triviaal voor de uiterst serieuze kwestie van terrorismebestrijding. Het is het fundament voor al onze toekomstige veiligheid.

III
HET INPERKEN VAN DE BEWEGING:
DE CRIMINALISERING VAN DE ONVREDE

$$\left[\begin{array}{c}\text{Waarin overvloedige hoeveelheden uitlaatgas worden}\\\text{geïnhaleerd, vrienden in busjes worden gegooid door}\\\text{agenten die zijn verkleed als anarchisten,}\\\text{en een jongen sterft in Genua}\end{array}\right]$$

GRENSOVERSCHRIJDEND POLITIEWERK

Hoge politiemensen wisselen lessen in intimidatie uit
Mei 2000

'We hebben onze lessen geleerd van Seattle en Washington,' vertelt Michèle Paradis, agent van de Royal Canadian Mounted Police ('Koninklijke Canadese Bereden Politie'), me over de mobiele telefoon vanuit Windsor. Zij gaat over de contacten met de media voor de bijeenkomst van de Organization of American States (OAS) die dit weekend komt naar Windsor, Ontario, samen met een paar duizend demonstranten die protesteren tegen de plannen van de OAS om het NAFTA-akkoord uit te breiden tot heel Centraal- en Zuid-Amerika.
'En wat waren die lessen?' vraag ik.
'Ik ben bang dat ik daar geen antwoord op kan geven,' zegt ze.
Dat is jammer, want er zijn genoeg lessen die de Canadese politie zou hebben kunnen leren over hoe om te gaan met demonstranten in de nasleep van de demonstraties tegen de Wereldhandelsorganisatie in Seattle en de demonstraties tegen de Wereldbank en het Internationaal Monetair Fonds in Washington. Omdat agent Paradis verder geen enkele toelichting geeft, zijn hier de belangrijkste lessen die de Mounties lijken te hebben geleerd van hun zuidelijke collega's.

Les 1: Sla preventief toe
Lokale activisten in Windsor zeggen dat ze telefoontjes en huisbezoeken hebben gehad van de Royal Canadian Mounted Police. Josie Hazen, een grafisch ontwerper die een poster heeft gemaakt voor de bijeenkomst en teach-in tijdens het Canadese Labour Congres, zegt dat een agent contact met haar heeft opgenomen en een paar vragen heeft gesteld over deze volkomen legale evenementen, over de organisatoren ervan, over wat ze weet over andere anti-OAS-activiteiten.
'Heel veel mensen hebben deze telefoontjes gehad en we denken dat het een tactiek is die ons bang moet maken waardoor we wegblijven van de protesten,' zei Josie Hazen.

HET INPERKEN VAN DE BEWEGING

Les 2: Normaliseer politiegeweld
In Washington ontmoette ik verschillende negentienjarige activisten die de vereiste beschermingsuitrusting droegen van zwembrillen en bandana's gedrenkt in azijn. Ze waren niet van plan een Starbucks aan te vallen, maar ze hebben geleerd ervan uit te gaan dat je met traangas zult worden bestookt als je uitkomt voor je politieke ideeën.

In Canada, toen we zagen hoe studenten van de universiteit met pepperspray werden bespoten tijdens de top van de Asia-Pacific Economic Co-operation in Vancouver in 1997, kwam er een golf van publieke verontwaardiging. Nu, tweeënhalf jaar later, hebben we zoveel grofheid tegen demonstranten gezien dat we eraan gewend lijken te zijn geraakt. En dat is het werkelijk verraderlijke effect van politiegeweld: als demonstranten maar vaak genoeg in het openbaar als criminelen worden behandeld, dan gaan ze er ook als criminelen uitzien en beginnen we, hoewel onbewust, activisme gelijk te schakelen met misdadig gedrag, zelfs met terrorisme.

Les 3: Wis het onderscheid uit tussen burgerlijke ongehoorzaamheid en geweld
Er gaat een factie naar Windsor die van plan is burgerlijke ongehoorzaamheid uit te oefenen, hun lichaam te riskeren door de toegang tot onderdelen van de OAS-bijeenkomst te blokkeren. Dat is een tactiek die door activisten in het verleden en over de hele wereld al is gebruikt om te protesteren tegen onrechtvaardige wetten. In Noord-Amerika kwam de tactiek goed van pas tijdens de burgerrechtenbeweging, de anti-Vietnam-demonstraties en, meer recentelijk, bewonersblokkades, arbeidsconflicten en de confrontatie in 1993 tussen milieuactivisten en houthakkers in Clayoquot Sound, net voor de westkust van Canada. Het is geen gewelddadige tactiek – maar deze is bedoeld om ongemak te veroorzaken.

Wat de demonstranten voor de OAS-bijeenkomst in Windsor in wezen hebben gepland, is een sit-in op straat. Hoewel dit mensen die naar hun werk willen gaan, zou kunnen irriteren, worden soms – als alle zinvolle mogelijkheden voor openbare expressie uitgeput zijn – belangrijke politieke overwinningen behaald door middel van kleine ongemakken.

En toch, toen ik met agent Paradis sprak, omschreef ze herhaaldelijk de plannen om de Windsor-bijeenkomst plat te leggen als 'geweld', waarmee ze weigerde te onderkennen dat het blokkeren van een weg vredig zou kunnen gebeuren. 'Dat is een kwestie van interpretatie,' zei ze over dit onderscheid.

Geen van de organisatoren van Windsor keurt geweld goed, wat ons brengt tot:

DAGBOEK VAN EEN ACTIVISTE

Les 4: Verdeel en heers
'Het gaat ons niet om de vredelievende demonstranten,' vertelde agent Paradis me. 'Alleen om die minderheid die erop uit is de zaken te verstoren.' Dat onderscheid tussen goede demonstranten – zij die alleen geïnteresseerd zijn in het roepen van slogans en het zwaaien met spandoeken in toegestane gebieden – en slechte, directe-actiedemonstranten, was ook het liedje dat de politie in Seattle en Washington keer op keer zong.

Maar de activisten hebben zelf ook een paar lessen geleerd. Seattle toonde aan dat burgerlijke ongehoorzaamheid de nodige urgentie en attentie kan toevoegen aan officiële marsen en teach-ins, evenementen die normaal gesproken genegeerd worden door een pers die zo'n beetje alles al wel gezien heeft. Dus zo is er, in de aanloop naar Windsor, in feite consensus onder organisatoren dat je niet hoeft te kiezen tussen verschillende tactieken – het kunnen er honderden zijn, en activisme kan op verschillende complementaire fronten tegelijkertijd werken.

De echte ironie van de politie-aanvallen op antivrijhandelsactivisten is dat ze plaatsvinden midden in een periode van maandenlang preken over hoe een uitbreiding van de handel met China de burgers van dat land zal vervullen met een onweerstaanbare honger naar democratie en vrije meningsuiting. Het tegenovergestelde is overduidelijk het geval: dit model van vrije handel is zo beschadigend voor zoveel mensen in de wereld dat democratische landen moedwillig de rechten van hun eigen burgers in gevaar brengen om de soepele voortgang van zijn agenda te beschermen.

Wat ons bij *Les 5* brengt, die de politie, en politici beslist niet lijken te willen horen. In het tijdperk van globalisering van bedrijven is de politiek zelf een ommuurde vesting aan het worden, die steeds maar meer beveiliging en grofheid nodig heeft om op dezelfde manier zaken te kunnen doen, om *business as usual* te kunnen bedrijven.

PREVENTIEVE ARRESTATIE

Politie pakt poppenspeler in Windsor, Ontario
Juni 2000

'Dit is David Solnit. Hij is *De* Man.'

Zo werd de legendarische activist uit San Francisco afgelopen vrijdag aan me voorgesteld. We waren tegelijkertijd op de Universiteit van Windsor, allebei om een speech te houden op een *teach-in* over de Organization of American States. Natuurlijk wist ik al dat David Solnit *De* Man was. Hij was een van de organisatoren van de stopzetting in Seattle. En zijn naam hoor ik al jaren, doorgaans met eerbied uitgesproken door jonge activisten die een van zijn workshops over kunst en revolutie hebben bijgewoond.

Ze komen daar weer uit vol nieuwe ideeën voor protesten: dat demonstraties geen quasi-militaire parades zouden moeten zijn, culminerend in het zwaaien met protestborden op de stoep van regeringsgebouwen; dat demonstraties in plaats daarvan 'festivals van verzet' zouden moeten zijn, met allemaal grote poppen en theatrale spontaniteit; dat hun doelen meer dan symbolisch zouden moeten zijn: protesten kunnen publieke ruimte 'terugclaimen' voor een feest of een tuin, of een geplande bijeenkomst verhinderen die volgens de demonstranten destructief is. Dit is de 'geen-woorden-maar-daden'-theorie die inhoudt dat je niemand op andere gedachten brengt door alleen maar te schreeuwen waar je tegen bent. Je brengt mensen op andere gedachten door organisaties en evenementen op te bouwen die luid en duidelijk laten zien waar je voor staat.

Aangezien ik niet geschoold ben in deze theorie, was mijn speech voor de studenten een rechttoe rechtaan lezing over hoe de protesten tegen een uitgebreide vrijhandelsovereenkomst voor de Amerikaanse landen onderdeel zijn van een bredere beweging tegen de macht van het bedrijfsleven – tegen de toenemende zeggenschap van bedrijven over onderwijs, water, wetenschappelijk onderzoek, en nog meer.

Toen David Solnit aan de beurt was, vroeg hij iedereen te gaan staan, zich naar zijn buurman te wenden en te vragen waarom die hier was. Als kind van hippieouders en overlever van alternatieve zomerkampen, krijg ik van

DAGBOEK VAN EEN ACTIVISTE

deze spontane intieme rituelen altijd de neiging naar mijn kamer te rennen en de deur dicht te smijten. Uiteraard moest David Solnit net mij uitkiezen als zijn partner – en hij nam geen genoegen met: 'Ik kwam hier om een speech te houden.' Dus vertelde ik hem méér: dat het schrijven over de betrokkenheid van jonge mensenrechten- en milieuactivisten me hoop geeft voor de toekomst en dat het een broodnodig tegengif is voor de atmosfeer van cynisme waar journalisten zo door worden overspoeld.

Het was pas toen we onze ontdekkingen moesten delen met de zaal dat ik besefte dat dit niet zomaar een 'leer-je-buurman-kennen'-spel was: het was ook een effectieve manier om nauwelijks-undercover-politieagenten te treiteren. 'Eh ja, de naam van mijn partner is Dave en hij is hier om onderdrukking te bestrijden,' zei een vent in een nylon jack en met gemillimeterd haar.

Minder dan vierentwintig uur later zat David Solnit in een gevangeniscel in Windsor, waar hij vier dagen moest blijven.

De dag na de teach-in – wat de dag vóór de grote demonstratie tegen de Organization of the American States was – leidde Solnit een kleine workshop over poppenmaken op de universiteit. Na het seminar, slechts een paar straten verwijderd van de campus, hield de politie hem aan. Ze zeiden dat hij veroordeeld was geweest voor misdaden in de Verenigde Staten en dus in Canada werd beschouwd als crimineel. Waarom? Omdat hij vijftien jaar geleden werd gearresteerd bij een demonstratie tegen de militaire inmenging van de Verenigde Staten in Centraal-Amerika; hij had (in afwasbare inkt) de namen van geëxecuteerde sandinisten op de muur van een overheidsgebouw geschreven. Gisteren, toen de demonstranten al naar huis waren gegaan, stelde een onderzoek van de immigratiedienst vast dat Solnits arrestatie volkomen ongegrond was, en hij werd vrijgelaten.

David Solnit predikt de revolutie via papier-maché, waardoor het verleidelijk is de politieacties af te doen als idiote paranoia. Maar de autoriteiten hebben gelijk als ze hem als een bedreiging zien – zij het niet een bedreiging voor iemands veiligheid of bezit. Zijn boodschap is consequent niet-gewelddadig, maar ook extreem krachtig.

Solnit praat niet zoveel over hoe vrijhandelsovereenkomsten cultuur, water, zaden en zelfs genen veranderen in verhandelbare producten. In zijn workshops leert hij jonge activisten hoe ze hun onderlinge verhoudingen kunnen ontdoen van handelswaar – een originele boodschap aan een generatie die werd bestookt met reclame in de schooltoiletten en aan wie ingeblikte rebellie werd verkocht door frisdrankbedrijven.

HET INPERKEN VAN DE BEWEGING

Hoewel Solnit was weggeborgen totdat de bijeenkomst van de Organization of the American States voorbij was, waren zijn ideeën in heel Windsor terug te vinden: kunst was daar niet iets dat door experts gemaakt en door consumenten gekocht werd, het was overal op straat. Activisten ontwikkelden zelfs een gratis transportsysteem: een bataljon 'blauwe fietsen' – oude fietsen die waren gerepareerd en geverfd en door de demonstranten naar believen konden worden gebruikt.

Communicatietheoreticus Neil Postman schreef eens dat lesgeven een 'subversieve activiteit' is. Als lesgeven jonge mensen in aanraking brengt met autonome en creatieve krachten waarvan ze niet wisten dat ze die hadden, dan is het inderdaad subversief. Maar niet crimineel.

David Solnit was het lijdend voorwerp van een goed geplande, grensoverschrijdende politieoperatie. Hij werd gezien als een politieke dreiging al voordat hij in dit land aankwam. Zijn verleden was uitgeplozen, hij was gevolgd en vervolgens gearresteerd op basis van een verzonnen aanklacht. Alle Canadezen zouden zich moeten schamen voor de acties van onze politie. Maar het meest zouden de bureaucraten in Windsor zich moeten schamen. Het lijkt erop dat er nog één aspect is van het menselijk leven dat niet door vrije handel is opgeslokt: de vrije handel van krachtige, inspirerende ideeën.

SURVEILLANCE

Het is gemakkelijker activisten te bespioneren
dan een open discussie met ze aan te gaan
Augustus 2000

Ik werd er niet vrolijk van toen de Canadian Security Intelligence Service (csis, 'Canadese Veiligheids- en Inlichtingendienst') mijn boek citeerde in haar nieuwe rapport over de antiglobaliserings-'dreiging'. In sommige van de kringen waarin ik mij beweeg, is schrijven voor *The Globe and Mail* al een politieke handicap, ook al ben je *de facto* een informant voor de csis. Maar daar staat het op pagina 3 van het rapport: *No Logo* helpt de csis begrijpen waarom die rare *kids* steeds maar weer handelsbijeenkomsten bestormen.

Normaal gesproken zijn alle lezers van harte welkom bij mij, maar ik heb het duistere vermoeden dat, over een paar maanden, in april, dit rapport zal worden gebruikt om te rechtvaardigen dat een paar goede vrienden van me de hersens worden ingeslagen. Dan is Quebec City namelijk gastheer van de belangrijkste vrijhandelstop sinds afgelopen december de onderhandelingen van de Wereldhandelsorganisatie in Seattle mislukten.

Het rapport van de csis is bedoeld om de dreiging in te schatten die de demonstraties tegen de macht van bedrijven betekenen voor de top. Interessant is echter hoe het méér doet dan alleen activisten afschilderen als latente terroristen (hoewel dat ook gebeurt); het doet eveneens een min of meer dappere poging de kwesties achter de woede te begrijpen.

Zo stelt het rapport bijvoorbeeld dat demonstranten boos zijn over 'het onvermogen schuldenverlichting voor arme landen goed te keuren'. Ze geloven dat veel bedrijven zich schuldig maken aan 'sociale onrechtvaardigheid, oneerlijke arbeidspraktijken [...] en gebrek aan zorg voor het milieu', en dat de instellingen die de handel besturen 'alleen geïnteresseerd zijn in winst'. Het is eigenlijk geen slechte samenvatting (het infiltreren van al die teach-ins heeft vruchten afgeworpen). Het rapport geeft de demonstranten zelfs een zeldzaam compliment: volgens de csis hebben ze 'steeds meer kennis over hun onderwerp'.

Ongetwijfeld zijn deze observaties gedaan in de geest van 'ken uw vijand',

HET INPERKEN VAN DE BEWEGING

maar de CSIS luistert tenminste. Dat is meer dan je kunt zeggen van de Canadese minister van Internationale Handel. In een toespraak tot de Inter-American Development Bank eerder deze maand zette Pierre Pettigrew een bizarre George Lucas-achtige dynamiek uiteen waarin vrije handelaars de krachten van mondiale orde zijn en de critici ervan de krachten van 'mondiale wanorde'. Die sinistere vijanden halen hun motivatie niet uit 'idealisme' – zoals het CSIS-rapport stelt – maar worden gedreven door een zelfzuchtig verlangen 'anderen uit te sluiten van het soort welvaart waarvan wij genieten'. En ze hebben geen legitieme problemen; volgens Pettigrew snappen ze er niets van. 'Globalisering is, heel eenvoudig, deel van het natuurlijke evolutieproces,' zei de minister. 'Ze gaat hand in hand met de vooruitgang van de mensheid, waarvan de geschiedenis ons leert dat niemand die kan tegenhouden.'

Als de Canadese regering zich zorgen maakt dat demonstranten haar feestje in Quebec City zullen verpesten, zou ze moeten beginnen met toegeven dat Moeder Natuur geen internationale handelsverdragen schrijft, maar dat mensen dat doen. Nog beter: in plaats van 'de communicatie van demonstranten af te luisteren', waartoe de CSIS-rapporten oproepen, zou de liberale regering het debat uit het melodramatische domein van spionagerapporten moeten halen en de komende acht maanden wijden aan een open, algemeen, nationaal debat over de vraag of we het NAFTA-akkoord willen voor het halfrond.

Er is een precedent. In 1988 speelden de Liberals, als de centrum-linkse partij, een leidende rol in precies zo'n debat, over het vrijhandelsakkoord. Maar toen waren de voors en tegens van deregulering van de handel puur theoretisch: het was in essentie een oorlog tussen strijdende voorspellingen.

Nu zijn de Canadezen in een positie om de prestaties te bestuderen. We kunnen onszelf afvragen: hebben de NAFTA-besluiten ons de afgelopen acht jaar in staat gesteld onze cultuur te beschermen? Heeft de arbeidsovereenkomst de rechten van fabrieksarbeiders in Canada en Mexico beschermd? Heeft het milieuakkoord ons de vrijheid geschonken om vervuilers te reguleren? Zijn mensenrechten, van Chiapas tot Los Angeles tot Toronto, versterkt sinds de invoering van het NAFTA-akkoord?

We kunnen ook kijken naar het deel van ons Bruto Nationaal Product dat wordt gevormd door handel (43 procent), naar de levensstandaard van gemiddelde Canadezen (stagneert). Dan kunnen we onszelf afvragen: is dit het beste economische systeem dat we ons kunnen voorstellen? Zijn we tevreden met meer van hetzelfde? Willen we werkelijk NAFTA x 34? Zo'n discussie zou op

DAGBOEK VAN EEN ACTIVISTE

zichzelf een bewijs zijn van een gezonde democratie, maar we zouden nog verder kunnen gaan. Het toetreden van Canada tot de FTAA zou een centraal onderwerp kunnen worden bij de volgende landelijke verkiezingen en – zomaar een gek ideetje – we zouden erover kunnen stemmen.

Het zal natuurlijk niet gebeuren. Democratie in Canada zal worden gedegradeerd tot triviaal gekibbel over belastingverlagingen. De critici van onze economische route zal vaker hun rechten worden ontnomen, en ze zullen militanter worden. En de taak van de politie zal zijn om onze politici te beschermen tegen echte politiek, ook al betekent het dat Quebec City in een fort moet worden veranderd.

Om dit gebruik van geweld alvast voor te bereiden, concludeert het CSIS-rapport dat, 'gezien de felle antiglobaliseringsretoriek, [...] de dreiging van aan de top gerelateerd geweld in Quebec City niet kan worden uitgesloten'. Misschien kan dat niet, nee. Maar gezien de felle anti-activistenretoriek en de samenzwering van onze politici, is de dreiging van politiegeweld in Quebec City zo goed als gegarandeerd.

HANDEL IN ANGST

*Als de politie protesteren zo eng doet lijken,
wie wil er dan nog gaan?*
Maart 2001

'Ik ben bang dat de vrije handel leidt tot een privatisering van het onderwijs,' vertelt een leraar aan een lagere school in Ottawa me. 'Ik wil naar de demonstraties in Quebec City, maar zal het daar veilig zijn?'

'Ik denk dat het NAFTA-akkoord de kloof tussen rijk en arm heeft vergroot,' vertelt een jonge moeder in Toronto me. 'Maar als ik naar Quebec ga, wordt mijn zoon dan gepeppersprayd?'

'Ik wil naar Quebec City,' zegt een Harvard-student die actief is in de anti-sweatshopbeweging, 'maar ik hoorde dat niemand de grens over komt.'

'We piekeren er niet over om naar Quebec City te gaan,' zegt een student in Mexico City. 'We kunnen het ons niet veroorloven in het buitenland gearresteerd te worden.'

Als je denkt dat de volgende grote strafexpeditie tegen politiek protest zal plaatsvinden als zesduizend politieagenten botsen met demonstranten tijdens de Summit of the Americas, volgende maand in Quebec City, dan heb je het mis. De echte confrontatie is al aan de gang. Ze voltrekt zich in stilte, zonder oproer, telkens weer wanneer een demonstrant in spe besluit om niet in het openbaar zijn of haar opvattingen te verwoorden over de voorgestelde vrijhandelszone van Amerika.

Het blijkt dat de meest effectieve manier om een mensenmassa onder controle te houden niet pepperspray is, een waterkanon, traangas of enig ander wapen dat door de politie van Quebec wordt klaargemaakt ter voorbereiding van de aankomst van vierendertig staatshoofden. De modernste vorm van massabeheersing is het controleren van de menigten voordat ze samenkomen – dat is het nieuwste, modernste demonstratie-afschrikmiddel: het zwijgen dat je jezelf oplegt.

Het gebeurt elke keer wanneer we weer een verhaal lezen over hoe Quebec zal worden omsloten door een hek van drie meter hoog. Of over het feit dat er nergens in de stad slaapplaatsen zijn behalve in de gevangenissen, die

DAGBOEK VAN EEN ACTIVISTE

heel behulpzaam zijn leeggemaakt. Een maand voor de top is Quebec City, dat prachtige plaatje van een stad, met succes getransformeerd tot een bedreigende plaats, ongastvrij voor gewone mensen die zich druk maken over de door bedrijven geregeerde handel en economische deregulering. Demonstreren is in plaats van een gezond onderdeel van de democratie een extreme en gevaarlijke sport, alleen geschikt voor *hard-core*-activisten, met bizarre accessoires en doctorstitels in flatbeklimmen.

Meer demonstratie-afschrikking vindt plaats wanneer we de verhalen in de kranten accepteren, vol van anonieme bronnen en niet te herleiden uitspraken over hoe sommige van die activisten in feite 'ophitsers' zijn die 'van plan zijn geweld te gebruiken', die straatstenen en explosieven verzamelen. Het enige bewijs voor zulke opruiende beschuldigingen is dat 'anarchisten' zich aan het organiseren zijn tot 'kleine groepen' en dat deze groepen 'autonoom' zijn, wat wil zeggen dat ze elkaar niet vertellen wat ze moeten doen.

De waarheid is deze: van alle officiële groepen die protesten organiseren in Quebec City is er niet één die gewelddadige acties aan het plannen is. Enkele van de meer radicale organisaties, waaronder de Anti-Capitalist Convergence, hebben gezegd dat zij 'een verscheidenheid aan tactieken' respecteren, 'van volksvoorlichting tot directe actie'. Ze hebben gezegd dat ze, uit principe, andere activisten niet zullen veroordelen om hun tactieken.

Deze inderdaad gecompliceerde positie is in de media zodanig verbasterd dat het neerkomt op het voorbereiden van gewelddadige aanslagen op de top, wat het absoluut niet is. Het is ook een bron van frustratie voor veel andere activisten die stellen dat het oneindig veel gemakkelijker zou zijn als iedereen gewoon een verklaring zou ondertekenen dat de protesten geweldloos zullen zijn.

Het probleem is dat een van de fundamentele argumenten tegen het darwinistische economische model van de FTAA is dat het geweld doet toenemen: geweld binnen arme gemeenschappen en politiegeweld tegen de armen. In een speech van vorig jaar hielp Pierre Pettigrew, minister van Internationale Handel, uitleggen waarom. In moderne economieën, zei hij, 'worden de slachtoffers niet alleen uitgebuit, maar ook uitgesloten. [...] Je kunt in een situatie zijn waarin je niet nodig bent om die welvaart te scheppen. Dit verschijnsel van uitsluiting is veel radicaler dan het verschijnsel van uitbuiting.'

Dat kun je wel zeggen. Het is de reden waarom een samenleving die blijmoedig dat kasboek van erbij horen en uitgesloten zijn aanvaardt, een onveilige samenleving is, vol met mensen die weinig vertrouwen hebben in het

HET INPERKEN VAN DE BEWEGING

systeem, die vinden dat ze niets te winnen hebben bij de beloften van welvaart die voortkomen uit bijeenkomsten als de Summit of the Americas, die de politie alleen zien als een onderdrukkingsmacht, die niets te verliezen hebben.

Als dit niet het soort samenleving is dat wij willen – een van erbij horen en uitgesloten zijn, en steeds hoger wordende muren tussen die twee —, dan is het antwoord niet dat 'goede' activisten preventief 'slechte' activisten veroordelen. Het antwoord is: de politiek van het onderscheid in z'n geheel verwerpen. En de beste plek om dat te doen is in Quebec City, waar de normaal gesproken onzichtbare muur van uitsluiting schrijnend zichtbaar is gemaakt, met een gloednieuw hek van harmonicagaas en methodes voor massacontrole die ons buiten willen houden voordat we daar zelfs zijn aangekomen.

DE PETITIE VAN 'GEKOOIDE BURGERS'

Een open brief aan Jean Chrétien voor
de Summit of the Americas
April 2001

Naomi Klein, de actrice Sarah Polley en de jurist Clayton Ruby initieerden deze petitie aan de Canadese minister-president Jean Chrétien, vooruitlopend op politiegeweld tijdens de Summit of the Americas in Quebec City. De brief wilde de publieke opinie mobiliseren, met name in de culturele gemeenschap. Meer dan zesduizend Canadezen tekenden: kunstenaars, academici, journalisten, rechters, advocaten en intellectuelen. Onder hen waren enkele van de meest prominente culturele figuren van Canada, zoals Margaret Atwood, Michael Ondaatje, Atom Egoyan, Michael Ignatieff, Rubin 'Hurricane' Carter and the Barenaked Ladies.

Als Canadezen die vrijheid van meningsuiting beschouwen als een fundamenteel democratisch recht en van dat recht afhankelijk zijn om ons brood te verdienen, zullen wij volgende week, wanneer de Summit of the Americas bijeenkomt in Quebec City, met grote aandacht en interesse de acties van politieagenten en immigratiebeambten in de gaten houden.

Het recht op vrije meningsuiting, zo wezenlijk voor onze democratie, omvat ook het recht niet alleen te spreken en te communiceren maar ook gehoord te worden. Het grondrecht op vreedzame samenkomsten behelst ook het recht samen te komen in openbare ruimten in alle Canadese steden. Het recht op bewegingsvrijheid over grenzen heen strekt zich niet alleen uit tot handel en toerisme, maar ook tot politieke bijeenkomsten, conferenties en demonstraties.

De veiligheidsbarrière die is gebouwd rond Quebec City, met de bedoeling legitieme demonstranten onzichtbaar en onhoorbaar te maken, schendt zulke fundamentele vrijheden. In de geest van onze grondwet veroordelen wij deze actie. Wij menen dat de geplande aanwezigheid van zo'n zesduizend politieagenten rond de locatie van de top geen stimulans vormt voor een vreedzaam protest. Wij veroordelen eveneens de praktijk van het willekeurig ontzeggen van de toegang aan verontruste burgers van andere landen, die daardoor worden verhinderd om tegenover de wereldmedia hun opvattingen te uiten over een vrijhandelsovereenkomst die zich uitstrekt over vierendertig nationale grenzen.

Democratie speelt zich niet alleen af in parlementen, in stemhokjes en op officiële topbijeenkomsten. Ze speelt zich ook af in vergaderzalen, openbare parken en op straat. Ze omvat ook, nu en dan, vreedzame daden van burgerlijke ongehoorzaamheid. Wanneer de straten zijn geblokkeerd en honderden vergaderzalen in Quebec City onbereikbaar zijn voor burgers omdat ze zich bevinden binnen een uitdijende 'veiligheidszone', dan is het de democratie zelf die wordt gemarginaliseerd. En wanneer grote bedrijven de kans wordt gegeven toegang tot politieke leiders te kopen door deelsponsorschap van de Summit of the Americas, zoals hier is gebeurd, dan creëert dat de indruk dat politieke verantwoordelijkheid te koop is.

We zijn ook verontrust over uitgelekte documenten van de Canadian Security Intelligence Service die demonstranten die naar Quebec City komen, afschilderen als 'gewelddadig', zonder deze bewering te kunnen staven met enig bewijs. Dergelijke ongefundeerde karakteriseringen, die in persberichten worden herhaald, kunnen de opmaat zijn voor excessief gebruik van geweld door de politie. Veel van de activisten die naar Quebec City komen, zijn jonge mensen die hun politieke ideeën willen laten horen en zich bezighouden met gewetensvolle en vreedzame expressie en burgerlijke ongehoorzaamheid, en wij zijn ernstig bezorgd over de fysieke veiligheid van alle demonstranten.

In de afgelopen vier jaar hebben we gezien hoe het gebruik van pepperspray zorgwekkend normaal is geworden bij politieke demonstraties tijdens bijeenkomsten van de Wereldbank, het Internationaal Monetair Fonds, de Wereldhandelsorganisatie, het Wereld Economisch Forum en het Asia-Pacific Economic Co-operation Forum, alsmede politieke conventies in Amerika. We zijn ook getuige geweest, vanaf de straten van Washington tot Davos, van het escalerende gebruik van traangas, massa-arrestaties, waterkanonnen en rubber kogels door de politie bij sommige van die demonstraties, en ook van zulke steeds normaler wordende veiligheidsmaatregelen als het preventief arresteren van organisatoren van demonstraties, het willekeurig afransen van activisten, het bestormen van 'vergadercentra' van activisten en het in beslag nemen van onschuldig protestmateriaal als protestborden en poppen.

In de loop van de geschiedenis van dit land hebben Canadezen als George Étienne Carter en Robert Baldwin gestreden voor zowel burgerlijke tolerantie als het democratische recht op vrije meningsuiting. Het is nog niet te laat: de Summit of the Americas kan een gebeurtenis worden tijdens welke onze politieke leiders méér doen dan praten over democratie. Ze kunnen ook democratische principes van vrije meningsuiting en beweging gestalte geven door te weigeren zichzelf te laten afschermen van openlijke kritiek en discussie over kwesties die van cruciaal belang zijn voor burgers van de beide Amerika's. Nu de wereld van dichtbij toekijkt, is dit een mogelijkheid om Canada tot een voorbeeld van democratische principes te maken.

In die geest roepen wij de veiligheidstroepen aan onze grenzen en in Quebec City op om niet alleen de veiligheid van bezoekende staatshoofden krachtig te verdedigen, maar ook de rechten van politieke activisten binnen Canada.

INFILTRATIE

> Agenten in burger pakken vreedzame organisator op bij
> demonstraties tegen de Free Trade Area of the Americas
> *April 2001*

'Waar zit je,' riep ik door mijn mobiele telefoon. Het was even stil en toen: 'Een groene zone – bij St. Jean en St. Claire.'

'Groene zone' is demonstratiejargon voor een gebied waar geen traangas of politie is. Er zijn geen hekken om te bestormen, alleen toegestane marsen. Groene zones zijn veilig, je hoort je kinderen ernaartoe te kunnen meenemen. 'Oké,' zei ik. 'Ik ben over een kwartier bij je.'

Ik had mijn jas nauwelijks aan toen ik weer werd gebeld: 'Jaggi is opgepakt. Of niet echt opgepakt, eerder ontvoerd.' Mijn eerste gedachte was dat het mijn schuld was: ik had per mobiele telefoon aan Jaggi Singh gevraagd waar hij zat – ons gesprek moest zijn afgeluisterd, en zo hadden ze hem gevonden. Als dat paranoïde klinkt: welkom in Summit City.

Nog geen uur later, bij het gemeenschapscentrum van het Comité Populaire St. Jean Baptiste, leest een groep van zes getuigen met opgezwollen ogen me hun met de hand geschreven getuigenissen voor van hoe de meest prominente organisator van het directe-actieprotest tegen de Free Trade Area of The Americas gisteren onder hun neus werd weggevoerd. Ze zeggen allemaal dat Singh met wat vrienden aan het praten was en zei dat ze een beetje verder weg van het veiligheidshek met gaten erin moesten gaan staan. Ze zeggen allemaal dat hij probeerde de confrontatie met de politie te deëscaleren.

'Hij zei dat de situatie te gespannen werd,' zei Mike Staudenmaier, een Amerikaanse activist die met Singh aan het praten was toen die van achteren werd gegrepen en door drie grote mannen omsingeld.

'Ze waren gekleed als activisten,' zei Helen Nazon, een drieëntwintigjarige uit Quebec City, 'met capuchontruien, bandana's voor hun gezicht, flanellen bloezen, een beetje smoezelig. Ze drukten Jaggi tegen de grond en trapten hem. Het was echt gewelddadig.'

'Ze sleepten hem weg,' zei Michelle Luellen. Alle getuigen vertelden me

DAGBOEK VAN EEN ACTIVISTE

dat toen Singhs vrienden naderbij kwamen om hem te redden, de mannen die waren gekleed als activisten lange wapenstokken tevoorschijn haalden, daarmee de menigte terugdrongen en zich legitimeerden: 'Politie!' schreeuwden ze. Vervolgens gooiden ze hem in een beige busje en reden weg. Verschillende jonge activisten hadden open wonden waar ze waren geslagen.

Drie uur na Singhs arrestatie was er nog steeds geen bericht over waar hij werd vastgehouden.

Activisten van de straat plukken en in auto's zonder kenteken gooien, hoort in Canada niet te gebeuren. Maar gedurende Jaggi Singhs korte carrière als globaliseringsactivist is het hem al eerder overkomen – tijdens de demonstraties in 1997 tegen de top van de Asia-Pacific Economic Co-operation.

De dag voor de protesten was hij, toen hij alleen over de campus van de universiteit van British Columbia wandelde, gegrepen door twee agenten in burger, op de grond gesmeten en vervolgens in een auto zonder kenteken gepropt.

De aanklacht, zo ontdekte hij later, was openbare geweldpleging. Hij had een paar weken eerder klaarblijkelijk zo hard door een megafoon gepraat dat het pijn had gedaan aan het trommelvlies van een politieagent die in de buurt stond.

De aanklacht werd later natuurlijk ingetrokken, maar het doel was overduidelijk om Singh achter de tralies te hebben tijdens de demonstratie, zoals hij ook zonder twijfel in hechtenis zal zitten tijdens de mars van vandaag. Hij werd op eenzelfde manier gearresteerd in oktober tijdens de top van de ministers van Financiën van de Group of Twenty in Montreal. In al deze bizarre gevallen is Jaggi Singh nooit veroordeeld voor vandalisme of voor het beramen van gewelddadige activiteiten. Iedereen die hem bezig heeft gezien, weet dat zijn grootste misdaad het houden van goede speeches is.

Daarom zat ik minuten voordat hij gearresteerd werd met hem aan de telefoon – en probeerde hem over te halen naar de teach-in van de People's Summit te komen waarvan ik *co-host* was om de menigte van vijftienhonderd mensen te vertellen wat er op straat allemaal gebeurde. Hij stemde toe, maar besloot toen dat het te moeilijk was om de stad door te komen.

Ik kan er niets aan doen, maar ik denk dat de reden waarom deze jongeman als een terrorist is behandeld, herhaaldelijk en zonder bewijs, wel iets te maken zou kunnen hebben met zijn bruine huid en het feit dat zijn achternaam Singh is. Geen wonder dat zijn vrienden zeggen dat deze zogenaamde bedreiging voor de staat het niet zo prettig vindt om 's avonds alleen over straat te gaan.

HET INPERKEN VAN DE BEWEGING

Na alle getuigenverklaringen te hebben verzameld, begint de kleine menigte het gemeenschapscentrum te verlaten om naar een *late night*-vergadering te gaan. Er ontstaat opeens opwinding bij de deur en in geen tijd zijn de hallen gevuld met mensen met rood aangelopen gezichten, de tranen uit hun ogen, in paniek op zoek naar stromend water.

Traangas heeft de straten rond het centrum gevuld en is de gangen binnengedrongen. 'Dit is niet langer een groene zone! *Les flics s'en viennent!* [De smerissen komen eraan!]' Te laat om bij mijn laptop in het te hotel komen.

Denis Belanger, die zo vriendelijk was om mij de gammele pc in het centrum te laten gebruiken om deze column te schrijven, merkt op dat er een boodschap binnenkomt op de telefoon. Het blijkt dat de politie het hele gebied heeft omsingeld – niemand kan er nog uit.

'Misschien dat ik hier maar blijf slapen,' zegt Belanger. Ik misschien ook wel.

HET WILLEKEURIG GEBRUIK VAN TRAANGAS

Giftige dampen brengen de uiteenlopende groeperingen
tijdens de FTAA-protesten nader tot elkaar
April 2001

De protesten zijn afgelopen, het aanwijzen van de zondebok is begonnen. Maude Barlow, voorzitter van de Council of Canadians ('Raad van Canadezen'), wordt verketterd omdat ze 'Maude's meute' niet teruggefloten heeft. De activist Jaggi Singh zit in de gevangenis wegens vermeend bezit van een wapen dat hij nooit heeft gehad of gebruikt: een theatrale katapult die knuffeldieren over het beruchte hek in Quebec City schoot tijdens de Summit of the Americas vorig weekend.

De politie begreep niet alleen deze grap niet, ze begrijpt dit hele nieuwe tijdperk van protesteren niet, een manier van protesteren die aangepast is aan onze postmoderne tijd. Er was niet één persoon of groep die 'zijn mensen' kon terugfluiten, want de tienduizenden die hiernaartoe waren gekomen om te protesteren tegen de Free Trade Area of the Americas (FTAA, 'Vrijhandelszone van Amerikaanse landen') maken deel uit van een beweging die geen leider, geen centrum en zelfs geen naam heeft waarover iedereen het eens is. En toch bestaat ze, daar is geen twijfel over mogelijk.

Wat moeilijk over te brengen is in mediaverslagen, is dat er niet twee protesten waren die plaatsvonden in Quebec City – een 'vreedzame' socialistische demonstratie en een 'gewelddadig' anarchistisch oproer —: er waren honderden protesten. Een ervan was georganiseerd door een moeder en dochter uit Montreal. Een ander door een buslading doctoraalstudenten uit Edmonton. Weer een ander door drie vrienden uit Toronto die nergens lid van zijn behalve van hun sportclub. En weer een ander door een stel obers van een plaatselijk café tijdens hun lunchpauze. Zeker waren er goed georganiseerde groeperingen in Quebec City: de vakbonden hadden bussen, bijpassende affiches en een marsroute; het Black Bloc van anarchisten had gasmaskers en radioverbindingen. Maar dagenlang waren de straten ook gevuld met mensen die eenvoudig tegen een vriend zeiden: 'Laten we naar Quebec gaan' en met inwoners van Quebec die zeiden: 'Laten we naar buiten gaan.' Ze

HET INPERKEN VAN DE BEWEGING

deden niet mee aan één groot protest, ze participeerden in het moment.

Hoe zou het ook anders kunnen zijn? De traditionele instituties die vroeger burgers verenigden, in keurige, gestructureerde groepen, zijn allemaal in verval: vakbonden, religies, politieke partijen. En toch bracht iets tienduizenden individuen de straat op, een intuïtie, een onderbuikgevoel – misschien alleen het oermenselijke verlangen deel uit te maken van iets dat groter is dan jezelf.

Hadden ze hun partijlijn op orde, een gedetailleerd overzicht van de *ins* en *outs* van de FTAA? Niet altijd. Maar de Quebec-protesten kunnen ook niet worden afgedaan als wezenloos politiek toerisme. George W. Bush' boodschap op de topbijeenkomst was dat louter de handelingen van het kopen en verkopen voor ons het beleid zouden bepalen. 'Handel helpt vrijheid te verbreiden,' zei hij.

Het was precies dit verloederde en passieve idee van democratie dat buiten in de straten werd afgewezen. Wat de demonstranten verder ook wilden bereiken, ze wilden allemaal proeven van directe politieke participatie. Het resultaat van deze honderden miniatuurprotesten die samensmolten was chaotisch, soms afschuwelijk, maar vaak inspirerend. Eén ding is zeker: nu ze eindelijk de rol van toeschouwer van de politiek hebben afgeworpen, zullen deze mensen niet zo gauw de teugels in handen geven van een samenzwering van *would-be* leiders. De protesten zullen niettemin beter georganiseerd worden – en dat heeft meer te maken met de acties van de politie dan met de richtlijnen van Maude Barlow, Jaggi Singh of, om maar iemand te noemen, mijzelf. De mensen zijn misschien naar Quebec City gezworven, er via omwegen gekomen, uiterst onzeker over wat het betekende bij een politieke beweging te behoren, maar iets verenigde ons toen we er eenmaal waren: massale arrestaties, rubberen kogels en, het belangrijkste, een dikke witte gasdeken.

Ondanks de lijn die de regering zegt te volgen, het prijzen van 'goede' demonstranten terwijl 'slechte' worden veroordeeld, was de behandeling van iedereen in de straten van Quebec City grof, laf en willekeurig. De veiligheidstroepen gebruikten de acties van een paar stenengooiers, voer voor televisiecamera's, als rechtvaardiging om te doen wat ze al vanaf het begin hadden willen doen: de stad schoonvegen van duizenden rechtmatige demonstranten, omdat dat nu eenmaal beter uitkwam.

Toen ze eenmaal hun 'provocatie' hadden, pompten ze hele buurten vol met traangas, een substantie die per definitie geen onderscheid maakt, indifferent is voor begrenzingen, voor tactieken van protesteren of politiek. De giftige dampen sijpelden huizen binnen, waardoor families in hun huiskamers gedwongen adem moesten halen door gasmaskers. Uit frustratie dat de wind tegen hen gekeerd was, sprayde de politie nog maar wat meer. Mensen die een *peace*-teken maakten naar de politie, werden bestookt met gas. Ik ontmoette een vrouw van vijftig uit Ottowa die me opgewekt vertelde: 'Ik ging naar buiten om een sandwich te kopen en ik werd tweemaal met gas bespoten.' Mensen die onder een brug aan het feesten waren, werden onthaald op traangas. Mensen die protesteerden tegen de arrestatie van hun vrienden, werden onthaald op traangas. De eerste-hulpkliniek waar mensen werden behandeld die met gas waren bestookt, werd met gas bestookt.

Traangas was bedoeld om de demonstranten kapot te krijgen, maar had het tegengestelde effect: het maakte ze woedend en radicaliseerde ze, genoeg om de leden van de Black Bloc-anarchisteneenheid die het waagde de bussen terug te gooien, aan te moedigen. Gas mag dan wel licht en dun genoeg zijn om te kunnen zweven, maar ik vermoed dat we de komende maanden zullen zien dat het ook krachtige bindende eigenschappen heeft.

Naschrift
The Ligue des Droits ('Mensenrechtenfederatie') van Quebec bracht een rapport uit over politiegeweld tijdens de topbijeenkomst. Het rapport vermeldde verschillende incidenten waarover niet bericht was, zoals dat de politie een lasergestuurd wapen heeft gebruikt om een plastic kogel af te vuren op de genitaliën van een demonstrant. Een man die al op de grond lag kreeg een schok van een verdovingspistool van de politie, en een steltenloper verkleed als het Vrijheidsbeeld werd door een waterkanon onderuit gespoten toen ze het hek naderde. Hetzelfde rapport deed uitgebreid verslag van afschuwelijke mishandelingen van de gearresteerden. Sommige demonstranten werden acht uur lang met handboeien om in politiebusjes vastgehouden in zwaar met gas bestookte gebieden voordat ze naar de gevangenis gebracht werden. Eenmaal daar aangekomen werden velen gefouilleerd en met koud water bespoten ('ontsmetting' in verband met het gas). En hoewel de autoriteiten de lokale gevangenissen hadden leeggemaakt (wat vijf miljoen dollar kostte), werden veel van de demonstranten met z'n vieren of vijven vastgehouden in een eenpersoonscel.

HET NORMALISEREN VAN GEWELD

Hoe jaren van bruut politieoptreden culmineerden in
de dood van de Italiaanse activist Carlo Giuliani
Augustus 2001

Op 20 juli 2001, tijdens de G8-bijeenkomst in Genua, schoot de politie een drieëntwintigjarige activist, Carlo Guiliani, van dichtbij in het hoofd en reed vervolgens met een jeep achteruit over zijn lichaam. Dit is een verkorte versie van een speech die in september 2001 werd gehouden in Reggio Emilia, Italië, op het Festival dell'Unità.

Ik doe al vijf jaar verslag van deze golf van protest. En ik heb met afschuw gezien hoe de politie overging van pepperspray op – veel massaler – traangas, van traangas op rubberen kogels en van rubberen kogels op echte munitie. Deze zomer nog konden we zien hoe het escaleerde: van ernstig gewonde activisten in Götenborg, Zweden, naar een doodgeschoten activist die vervolgens werd overreden door een politiejeep in Genua. Vlakbij werden activisten die lagen te slapen in een school wakker gemaakt en tot bloedens toe geslagen, waarna hun tanden overal op de grond verspreid lagen.

Hoe heeft dit zo snel kunnen gebeuren? Ik moet tot mijn grote spijt concluderen dat het heeft kunnen gebeuren omdat we het *lieten* gebeuren, en met 'we' bedoel ik al die goeie linkse Liberals in de media, op de academies en in de kunst, die zichzelf wijsmaken dat ze zoveel geloof hechten aan burgervrijheden. In Canada, toen we een paar jaar geleden in de gaten kregen dat de politie jonge activisten bepepperspraydde en fouilleerde, leidde dat tot publieke protesten. Het was voorpaginanieuws. We stelden vragen en eisten antwoorden, eisten dat de politie haar verantwoordelijkheid nam. Mensen zeiden: dat zijn onze kinderen, idealisten, onze toekomstige leiders. Maar je hoort vandaag de dag nog maar zelden dat soort sentimenten tot uitdrukking komen, met al het politiegeweld tegen jonge activisten tegenwoordig. Het gebrek aan onderzoek door journalisten, het gebrek aan woede bij linkse partijen, bij academici, bij niet-gouvernementele organisaties die bestaan om de vrijheid van meningsuiting te beschermen, is schandalig geweest.

DAGBOEK VAN EEN ACTIVISTE

Jonge activisten zijn door de buitenwereld enorm kritisch gevolgd bij hun acties; hun motivaties en hun tactieken zijn allemaal in twijfel getrokken. Als de politie maar een tiende van de kritische blikken waarmee deze beweging te maken had, op zich gericht had gekregen, dan zouden de absolute gruwelijkheden die we vorige maand in Genua zagen niet hebben plaatsgevonden. Ik zeg dat omdat toen ik de laatste keer in Italië was, het juni was, meer dan een maand voor de demonstraties. Toen was al duidelijk dat de politie stuurloos was, ervoor zorgde dat ze haar excuus voor een enorme aanval op de burgervrijheden al klaar had, en zich voorbereidde op extreem geweld. Voordat er ook maar één activist de straat op was gegaan, was er al een preventieve noodtoestand uitgeroepen: vliegvelden waren gesloten en een groot gedeelte van de stad was afgegrendeld. En toch, toen ik de laatste keer in Italië was, concentreerden alle publieke discussies zich niet op deze schendingen van burgerrechten, maar op de vermeende dreiging die van de activisten zou uitgaan.

Grove bruutheid van de politie voedt zich met publieke onverschilligheid, krijgt de ruimte door sociale scheuren die we lange tijd hebben genegeerd. *Newsweek* omschreef Carlo Giuliani's dood als 'het eerste bloed' van de beweging. Maar dat vlakt al te gemakkelijk het bloed uit dat zo vaak wordt vergoten wanneer protesten plaatsvinden in arme landen of verarmde delen van rijke landen, wanneer zij die weerstand bieden niet blank zijn.

Twee weken voordat de G8 naar Genua kwam, werden drie studenten vermoord in Papoea-Nieuw-Guinea terwijl ze demonstreerden tegen een listig privatiseringsplan van de Wereldbank. Het haalde nauwelijks het nieuws, en toch was het precies om zoiets dat duizenden mensen de straat op gingen gedurende de zogeheten 'antiglobaliseringsdemonstraties'.

Het is geen toeval dat politiegeweld altijd goed gedijt in gemarginaliseerde gemeenschappen – of de wapens nu zijn gericht op Zapatista-gemeenschappen in Chiapas, Mexico, of op inheemse gemeenschappen in het vreedzame Canada, wanneer *First Nations*-activisten besluiten directe actie te gebruiken om hun land te beschermen.

De politie krijgt het sein van ons: als wij weglopen, krijgen zij de ruimte. De werkelijke munitie bestaat niet uit rubberen kogels en traangas. Het is ons zwijgen.

HET FABRICEREN VAN BEDREIGINGEN

De Italiaanse regering pakt burgervrijheden aan na Genua
September 2001

Een onderdeel van het toeristenritueel van rondtrekken door Italië in augustus is het bewonderen van de levenskunst der lokale bewoners – en vervolgens verbitterd klagen dat alles gesloten is.

'Zo geciviliseerd,' hoor je Noord-Amerikanen opmerken boven hun viergangenlunch. 'En nu doet iemand meteen die winkel open en verkoopt me wat Prada's!' Dit jaar was Italië in augustus enigszins anders. Veel zuidelijke badplaatsen waar Italianen naartoe gaan om de toeristen te ontlopen, waren half leeg, en de steden namen nooit pauze. Toen ik twee weken geleden aankwam, verklaarden journalisten, politici en activisten allemaal dat dit de eerste zomer van hun leven was dat ze geen enkele dag vrij hadden genomen.

Waarom deden ze dat? Eerst had je Genua, en toen had je: na Genua.

De nawerking van de protesten tegen de G8 in juli is het politieke landschap van Italië opnieuw aan het inkleuren – en iedereen wil een kans om de resultaten vorm te geven. Kranten breken oplagerecords. Openbare bijeenkomsten – alles wat met politiek te maken heeft – barsten uit hun naden. In Napels bezocht ik een vergadering van activisten ter voorbereiding van een komende NAVO-top; meer dan zevenhonderd mensen in een snikheet klaslokaal gepropt om te discussiëren over 'de strategie van de beweging na Genua'. Twee dagen later trok een conferentie bij Bologna over het beleid 'Na Genua' tweeduizend mensen; ze bleven tot elf uur 's avonds.

Er staat in deze tijd veel op het spel. Waren de tweehonderdduizend (sommigen zeggen driehonderdduizend) mensen die in juli de straat op gingen een onstuitbare kracht die uiteindelijk minister-president Silvio Berlusconi ten val zal brengen? Of markeert Genua het begin van een lange stilte, een tijd waarin burgers massabijeenkomsten gelijk zullen stellen aan gruwelijk geweld?

De eerste weken na de top was de aandacht terecht gericht op de bruutheid van de Italiaanse politie: de moord op de drieëntwintigjarige Carlo Guiliani, berichten over marteling in de gevangenissen, de bloederige middernachtelijke bestorming van een school waar activisten sliepen.

DAGBOEK VAN EEN ACTIVISTE

Maar Berlusconi, die is geschoold in de reclame, is niet van plan de betekenis van Genua zomaar te bagatelliseren. De afgelopen weken heeft hij verbeten geprobeerd zichzelf een nieuwe rol aan te meten: die van 'goede vader' die vastbesloten is zijn gezin te behoeden voor naderend onheil. Bij gebrek aan een echte bedreiging heeft hij er zelf maar een in elkaar gezet: een onbelangrijke VN-conferentie over honger, gepland van 5 tot 9 november in Rome. Tot veel mediatoestanden leidde Berlusconi's aankondiging dat de vergadering van de Food en Agriculture Organization (FAO) niet in 'het heilige Rome' zal worden gehouden, omdat 'ik niet wil meemaken dat onze steden vernield en verbrand worden'. In plaats daarvan zal het ergens ver weg plaatsvinden (vergelijkbaar met Canada's voornemen de volgende G8-top te houden in het afgelegen Kananaskis, Alberta).

Dit is schaduwboksen op zijn best. Niemand was van plan die FAO-vergadering te verstoren. De bijeenkomst zou wat onbeduidend protest hebben losgemaakt, met name van tegenstanders van genetisch gemanipuleerd voedsel. Sommige mensen hoopten dat de vergadering een mogelijkheid zou zijn om te discussiëren over de grondoorzaken van honger, net zoals de VN-conferentie in Durban, Zuid-Afrika, het debat over herstelbetalingen voor slavernij in een hogere versnelling heeft gebracht.

Jacques Diouf, voorzitter van de FAO, lijkt te genieten van de onverwachte aandacht. Per slot van rekening trekt de FAO, ook al is ze opgezadeld met het verpletterende mandaat de wereldhonger te halveren, bijna geen belangstelling van buiten – van politici of demonstranten. Het grootste probleem van de organisatie is dat ze zo onomstreden is dat ze praktisch onzichtbaar blijft.

'Wat al die discussies over die verandering van locatie betreft, zou ik willen opmerken dat ik zeer dankbaar ben', zei Diouf vorige week tegen journalisten. 'Nu weten mensen in alle landen dat er een top wordt georganiseerd om te praten over de problemen rond honger.'*

Maar ook al was de dreiging van anti-FAO-geweld verzonnen door Berlusconi, zijn daden maken deel uit van een serieuze aanslag op burgerlijke vrijheden in het Italië Na Genua. Zondag zei Italiës minister van Parlementaire Relaties Carlo Giovanardi dat tijdens de FAO-bijeenkomst in november 'demonstraties in de hoofdstad verboden zullen zijn. Het is een ernstige plicht,' zei hij, 'om demonstraties te verbieden op bepaalde plaatsen en op bepaalde momenten.'

---

* Uiteindelijk werd de bijeenkomst uitgesteld tot juni 2002. Toen vond deze plaats in Rome, zonder incidenten. (Noot van de auteur.)

HET INPERKEN VAN DE BEWEGING

Misschien komt er eenzelfde verbod op openbare samenkomst in Napels tijdens de komende vergadering van NAVO-ministers, die eveneens is verplaatst naar de buitenwijken van de stad.

Er werd zelfs gesproken over het afgelasten van een concert van Manu Chao in Napels afgelopen vrijdag. De muzikant steunt de Zapatistas, zingt over 'illegale' immigranten en speelde voor de menigte in Genua. Dat was klaarblijkelijk genoeg voor de politie om een rel in wording te bespeuren. In een land dat zich de logica van een autoritair systeem herinnert, is dit alles ijzingwekkend bekend: schep eerst een klimaat van angst en spanning en trek vervolgens constitutionele rechten in, in het belang van de bescherming van de 'openbare orde'.

Tot nu toe lijken de Italianen niet van zins Berlusconi in de kaart te spelen. Het concert van Manu Chao ging door zoals gepland. Er was, natuurlijk, geen geweld. Maar zeventigduizend mensen dansten als gekken in de stromende regen, een zeer welkome en zeer nodige bevrijding na een lange en moeilijke zomer.

De massa's politieagenten die het concert omsingelden, keken toe. Ze leken moe, alsof ze wel een vrije dag hadden kunnen gebruiken.

VASTGELOPEN IN HET SPEKTAKEL

Is dit een McBeweging aan het worden?
Mei 2001

Het idee om Londen op *May Day* (1 mei) te veranderen in een levensgroot Monopolybord, leek een geweldig plan.

Ondanks de veelgehoorde kritiek op moderne demonstranten dat ze een gebrek aan focus en duidelijke doelen als 'Red de bomen' of 'Scheld de schuld kwijt' hebben, was het protest een reactie op de beperkingen van *one-issue*-politiek. Moe als men is van het aanpakken van de symptomen van een economisch model – ondergesubsidieerde ziekenhuizen, dakloosheid, groeiende ongelijkheid, overvolle gevangenissen, broeikaseffect – doen activisten nu duidelijk een poging om met het systeem achter de symptomen 'af te rekenen'. Maar hoe protesteer je tegen abstracte economische ideeën zonder ofwel afschuwelijk hysterisch, ofwel totaal wereldvreemd te klinken?

Als we nu eens het bordspel zouden gebruiken dat generaties kinderen heeft onderwezen over grondbezit? De organisatoren van de 1 mei-Monopoly-demonstratie van gisteren deelden geannoteerde plattegronden van Londen uit met bekende plekken als Regent Street, Pall Mall en Trafalgar Square erop, en moedigden deelnemers aan hun acties een plek te geven op het Monopoly-bord. Wil je demonstreren tegen privatisering? Ga naar een Station. Industriële landbouw? McDonald's op King's Cross. Fossiele brandstoffen? Het elektriciteitsbedrijf. En zorg dat je altijd je 'Verlaat de gevangenis zonder betalen'-kaart bij je hebt.

Het probleem was dat Londen er gistermiddag niet uitzag als een ingenieuze mix van volksonderwijs en straattheater. Het zag er eigenlijk nogal hetzelfde uit als alle massademonstraties van tegenwoordig: demonstranten ingesloten door de ME, ingeslagen ramen, dichtgetimmerde winkels, gevechten met de politie. En in de media-oorlogen vóór de demonstratie waren er meer déjà-vu-ervaringen. Waren demonstranten van plan geweld te gebruiken? Zou de aanwezigheid van zesduizend politieagenten op zichzelf geweld uitlokken? Waarom wijzen eigenlijk niet alle demonstranten geweld af? Waarom praat iedereen de hele tijd over geweld?

HET INPERKEN VAN DE BEWEGING

Zo lijkt protesteren er tegenwoordig uit te zien. Laten we het McProtest noemen, want het is overal hetzelfde aan het worden. En natuurlijk heb ik al eerder over dit alles geschreven. In feite gingen bijna al mijn recente stukken over de vrijheid van vergadering, veiligheidshekken, traangas en arrestaties. Of anders hebben ze geprobeerd moedwillig onjuiste voorstellingen van de demonstranten te weerleggen – bijvoorbeeld dat ze anti-handel zijn of verlangen naar een soort pre-agrarisch Utopia.

In de meeste activistische kringen is het een geloofsartikel dat massademonstraties altijd positief zijn: ze bouwen moraal op, tonen kracht, trekken media-aandacht. Maar wat verloren lijkt te gaan, is het besef dat demonstraties zélf niet een beweging zijn. Het zijn slechts de in het oog springende uitingen van alledaagse bewegingen, geworteld in scholen, op werkplekken in en woonwijken. Of dat zouden ze in elk geval moeten zijn.

Ik moet steeds denken aan de historische dag, 11 maart van dit jaar, toen de Zapatistas-leiders Mexico City binnentrokken – een leger dat een succesvolle opstand tegen de staat leidde. Toch bibberden de inwoners van Mexico City niet van angst – integendeel, tweehonderdduizend van hen kwamen naar buiten om de Zapatistas te verwelkomen. De straten waren afgesloten voor het verkeer, maar niemand leek zich zorgen te maken over de overlast voor forensen. En winkeleigenaren timmerden hun etalages niet dicht, ze hielden 'revolutie'-uitverkoop op de stoep.

Is dat omdat de Zapatistas minder gevaarlijk zijn dan een paar stadsanarchisten in witte overalls? Nauwelijks. Het was omdat de mars naar Mexico City al zeven jaar ophanden was (sommigen zouden vijfhonderd jaar zeggen, maar dat is een ander verhaal). Jaren van coalities smeden met andere inheemse groepen, met arbeiders in de *maquiladoras,* met studenten, met intellectuelen en journalisten; jaren van massa-raadpleging, van open *encuentros* (bijeenkomsten) van zesduizend mensen. De gebeurtenis in Mexico City was niet de beweging; het was slechts een zeer openbare demonstratie van al dat onzichtbare, dagelijkse werk.

De sterkste verzetsbewegingen zijn altijd diep geworteld in de gemeenschap – en zijn verantwoordelijk voor die gemeenschappen. Toch is een van de grootste uitdagingen van het leven in de consumentencultuur waartegen gisteren in Londen werd gedemonstreerd, de realiteit van de ontworteldheid. Slechts weinigen van ons kennen onze buren, praten op ons werk over andere dingen dan winkelen of hebben tijd voor gemeenschapspolitiek. Hoe kan een beweging verantwoordelijk zijn als gemeenschappen uiteenvallen?

DAGBOEK VAN EEN ACTIVISTE

In een context van stedelijke ontworteldheid zijn er duidelijk momenten om te demonstreren, maar, misschien nog belangrijker, er zijn ook momenten om de banden te smeden die demonstreren tot méér maken dan alleen theater. Er zijn momenten dat radicalisme betekent: tegenstand bieden aan de politie, maar er zijn veel meer momenten dat het betekent: praten met je buurman.

De issues achter de 1 mei-demonstraties zijn niet langer marginaal. Voedseltekorten, genetische manipulatie, broeikaseffect, inkomensongelijkheid en mislukte privatiseringsplannen – allemaal voorpaginanieuws. Toch is er iets serieus mis wanneer de protesten nog steeds ontworteld lijken, afgesneden van dringende dagelijkse problemen. Het betekent dat het spektakel van het presenteren van een beweging wordt verward met het minder glamoureuze opbouwen ervan.

IV
MUNT SLAAN UIT TERREUR

[Waarin 11 september wordt gebruikt om critici de mond te snoeren, nieuwe handelsovereenkomsten door te drukken, het imago van de Verenigde Staten te verbeteren – en het kopen van een bh te veranderen in een patriottische plicht]

DE ONMENSELIJKE REKENKUNDE
VAN HET LIJDEN

Wanneer sommige levens meer lijken te tellen dan andere
Oktober 2001

Deze toespraak werd gehouden voor journalisten op de Mediemötet-conferentie in Stockholm, Zweden. De 'Media Meeting' was een driedaagse conferentie ter gelegenheid van de honderdste verjaardag van de Zweedse Federatie van Journalisten.

Het is een waar voorrecht om zoveel vooraanstaande Zweedse journalisten te kunnen toespreken in deze belangrijke en veeleisende tijden voor onze beroepsgroep. Toen ik zes maanden geleden werd uitgenodigd voor deze conferentie, was het de bedoeling dat ik zou spreken over globalisering en kartelvorming in de media, en over kwesties die voor de wereldwijde protestbewegingen het belangrijkst zijn: groeiende ongelijkheid en de dubbele moraal in internationale verhoudingen. Ik zal al die thema's wel ter sprake laten komen, maar ik ga het ook hebben over hoe ze zich verhouden tot de gebeurtenissen waarvan ik weet dat ze vandaag in ons aller gedachten zijn: de aanslagen van vorige maand op Amerika en de aanhoudende bombardementen in Afghanistan onder leiding van Amerika.

Laat me daartoe beginnen met een verhaal. Toen ik drieëntwintig was, had ik mijn eerste mediabaan als bureauredacteur bij een krant. De krant sloot om elf uur 's avonds, maar twee mensen bleven tot één uur 's nachts voor het geval dat er zich nieuws aandiende dat belangrijk genoeg was om de voorpagina te veranderen. De eerste avond dat het mijn beurt was om tot laat te blijven, kostte een tornado in een zuidelijke Amerikaanse staat het leven aan drie mensen, en de redactiechef die dienst had, besloot de voorpagina om te gooien. Op mijn tweede avond las ik op de telex dat er zojuist 114 mensen waren gedood in Afghanistan, en plichtsgetrouw trok ik de chef aan zijn mouw. Vergeet niet: ik was nog jong, en ik had het idee dat als drie mensen het omgooien van de voorpagina rechtvaardigden, 114 mensen zonder twijfel zouden gelden als groot nieuws. Ik zal nooit vergeten wat die redactiechef tegen me zei. 'Maak je niet druk,' zei hij. 'Die mensen doen niet anders dan elkaar vermoorden.'

MUNT SLAAN UIT TERREUR

Sinds 11 september heb ik vaak aan dat moment moeten denken, aan hoe wij in de media deelnemen aan een proces waardoor bevestigd en herbevestigd wordt dat dood en moord op sommige plaatsen tragisch, abnormaal en onacceptabel zijn, en op andere plaatsen banaal, alledaags, onvermijdelijk en zelfs te verwachten.

Want om eerlijk te zijn heb ik nog steeds iets van die naïeve drieëntwintigjarige in me. En ik vind nog steeds dat het idee dat het ene bloed kostbaar is, en het andere bloed waardeloos, niet alleen moreel verkeerd is maar ons mede heeft gebracht tot dit bloederige moment in onze geschiedenis.

Die kille, wrede, bijna onbewuste rekenkunde baant zich een weg naar onze gezamenlijke mondiale psyche, en misvormt en verminkt ons. Het voedt de roekeloosheid van degenen die weten dat ze onzichtbaar zijn, dat ze niet horen bij de mensen die meetellen. Zijn wij in de media neutrale waarnemers van die dodelijke rekenkunde? Nee. Jammer genoeg zijn vooral wij zo aan het rekenen. Wij zijn het die de macht hebben te kiezen wiens leven zich ontvouwt in Technicolor, en wiens leven in grijstinten. Wij zijn het die beslissen wanneer te roepen dat iets een 'drama' is en wanneer onze schouders op te halen omdat het 'nu eenmaal zo' is; wanneer helden te vereren en wanneer de bloedeloze statistieken het verhaal moeten vertellen; wie een anoniem slachtoffer zal zijn – zoals de Afrikanen die werden vermoord bij de bombardementen van de Amerikaanse ambassade in 1998 – en wie een verhaal zal krijgen, een gezin, een leven – zoals de brandweermannen in New York.

Op 11 september, kijkend naar de herhalingen op tv van de telkens opnieuw exploderende gebouwen in New York en Washington, moest ik denken aan al die keren dat we zijn beschermd tegen vergelijkbare gruwelen elders. Tijdens de Golfoorlog, bijvoorbeeld, zagen we geen echte gebouwen ontploffen of mensen vluchten, we zagen een steriel Space Invader-strijdperk, een blik vanuit bommenperspectief op concrete doelen – op datzelfde moment verdwenen. Wie bevonden zich in die abstracte veelhoeken? We kwamen het nooit te weten.

Amerikanen krijgen nog steeds geen regelmatige berichten op CNN over de aanhoudende bombardementen in Irak, en ook worden ze niet getrakteerd op human interest-verhalen over de verwoestende effecten van economische sancties op de kinderen van dat land. Na het bombardement in 1998 van een farmaceutische fabriek in Soedan (die ten onrechte werd aangezien voor een bedrijf waar chemische wapens werden gemaakt), waren er niet echt veel vervolgberichten over wat het verlies van vaccinproductie betekende voor ziektepreventie in de regio.

DAGBOEK VAN EEN ACTIVISTE

En toen de NAVO burgerdoelen bombardeerde in Kosovo – waaronder markten, ziekenhuizen, vluchtelingenkonvooien, passagierstreinen – maakte NBC geen 'straat'-interviews met overlevenden over hoe geschokt ze waren door de willekeurige vernietiging.

Wat 'videospel-oorlogsverslaggeving' is gaan heten, is louter een weerspiegeling van het idee dat het Amerikaanse buitenlandbeleid sinds de Golfoorlog de weg heeft gewezen: dat het mogelijk is om te interveniëren in conflicten overal ter wereld – in Irak, Kosovo, Afghanistan – met slechts minimale aantallen slachtoffers aan Amerikaanse kant. De Amerikaanse regering is gaan geloven in het ultieme oxymoron: een veilige oorlog.

En het is die logica, waarover herhaaldelijk wordt gereflecteerd in onze onevenwichtige berichtgeving over mondiale conflicten, die bijdraagt tot een verblindende woede in veel delen van de wereld, een razernij over de voortdurende asymmetrie van het lijden. Dat is de context waarin verknipte wraakzoekers minder komen met een reeks concrete wensen dan met een fysieke noodzaak dat Amerikaanse burgers hun verdriet delen.

Het is gemakkelijk voor diegenen van ons in de media om onszelf wijs te maken dat we geen andere keus hebben dan deelnemen aan die wrede rekenkunde van het lijden. Natuurlijk doet het verlies van sommige mensen ons meer dan dat van anderen. Er wordt nu eenmaal te veel bloed vergoten in de wereld om elke dood te kunnen betreuren, of zelfs elke massamoord. Dus maken we willekeurig onderscheid om zelf overeind te blijven: we geven meer om kinderen dan om volwassenen, we geven meer om mensen die op ons lijken dan om mensen die niet op ons lijken.

Dat is, misschien, natuurlijk, als je zo'n woord zou durven gebruiken. Maar die berekeningen worden heel wat zorgwekkender in de context van razendsnel gevestigde mondiale media-imperiums, die op dit moment de primaire nieuwsbron zijn voor veel mensen over de hele wereld. CNN, BBC en NewsCorp berichten – ook al proberen ze internationaal te lijken, of zelfs plaatsloos – nog steeds overduidelijk vanuit Amerikaanse en Europese perspectieven. Als ze 'wij' zeggen, is dat een wij dat is gefilterd door New York, Atlanta of Londen. De vraag is: wat gebeurt er wanneer de beperkte culturele vooronderstellingen van dat 'wij', dat 'ons', worden uitgestraald naar de verste uithoeken van onze ten diepste verdeelde wereld, slecht vermomd als een mondiaal 'wij'?

Dat proces van universalisering wordt maar zelden bekritiseerd, zeker niet door degenen die mondiale media produceren. Men neemt aan dat we tegenwoordig een cultuur delen: we kijken naar dezelfde slechte films, we zijn allemaal gek op Jennifer Lopez, we dragen Nikes en eten bij McDonald's. Dus zouden we logischerwijs om dezelfde doden moeten treuren: prinses Diana of de New Yorkse brandweermannen. Maar de communicatie gaat te vaak in één richting. Het mondiale 'wij' – zoals gedefinieerd door Londen en New York – reikt nu tot plaatsen die overduidelijk niet binnen de smalle grenzen ervan vallen, naar plaatsen waar lokale verliezen niet worden beschouwd als mondiale verliezen, waar die lokale verliezen op een of andere manier minder belangrijk lijken in verhouding tot de grootsheid, de alomvattendheid van ons eigen geprojecteerde verdriet. Misschien zouden we liever niet de gevolgen van onze berekeningen onder ogen zien, maar we kunnen er niet langer aan ontkomen. Onze bekrompen neigingen zijn, dankzij satellieten die de hele wereld bestrijken, voor iedereen zichtbaar, en terwijl wij ons eigen lijden globaliseren, krijgen 'zij' de boodschap dat zij niet 'ons' zijn – geen deel van het mondiale 'wij'. En zij worden heel, heel boos.

Sinds 11 september heb ik gepraat met vrienden uit Zuid-Afrika en Iran die woedend zijn over de uitbarsting van rouw die van hen wordt vereist als reactie op de aanvallen. Zij vinden het racistisch om de wereld te vragen te rouwen en Amerikaanse doden te wreken terwijl zoveel doden in hun landen onbetreurd blijven, en ongewroken. Ik heb die vrienden geantwoord dat dat een moreel doodlopende weg is, dat mens-zijn in ieder geval betekent dat men rouwt om elkaars verschrikkelijke verliezen. En toch heb ik schoorvoetend moeten concluderen dat ik misschien te veel vraag. Misschien hebben wij in het Westen tegenover hen die zoveel onverschilligheid jegens hun eigen gestorven dierbaren hebben gezien, zoveel asymmetrie in medelijden, het recht verspeeld, in elk geval tijdelijk, om medelijden te verwachten voor onze verliezen.

In Canada hebben we net een veelbesproken schandaal gehad omdat een van de belangrijkste feministes van het land de buitenlandpolitiek van Amerika omschreef als 'doordrenkt van bloed'. Onaanvaardbaar, zeiden velen, in de nasleep van de aanslagen op de Verenigde Staten. Sommigen wilden haar zelfs aanklagen voor aanzetten tot haat. Toen Sunera Thobani, die ooit naar Canada emigreerde, zich verdedigde tegen haar critici, zei ze dat ze haar woorden nauwkeurig had gekozen om duidelijk te maken dat, ondanks abstracte termen als *smart bombs,* precisiewapens en collaterale schade, de slachtoffers van Amerikaanse agressie net zo goed bloeden.

'Het is een poging die volken een menselijk gezicht te geven in uiterst plastische bewoordingen,' schrijft ze. 'Het dwingt ons het fysieke te erkennen van het gebied waar het bommen regent en massaterreur wordt uitgeoefend. Die taal roept "ons" op om in te zien dat "zij" net zo bloeden als "wij" doen, dat "zij" net zo lijden en treuren als "wij".'

Dat lijkt dus de 'beschaving' te zijn waar we voor strijden: gevechten om wie toestemming heeft om te bloeden. 'Medelijden,' schreef een vriend me vorige week, 'is geen optel- en aftreksom die op nul moet uitkomen. Maar er is ook onmiskenbaar iets ondraaglijks in de hiërarchie van de dood (1 Amerikaan is gelijk aan 2 West-Europeanen is gelijk aan 10 Joegoslaven is gelijk aan 50 Arabieren is gelijk aan 200 Afrikanen), die voor een deel macht, voor een deel rijkdom en voor een deel ras is.'

Als mediamakers moeten we eens goed naar ons eigen werk kijken en onszelf afvragen wat we doen om voeding te geven aan die devaluatie van mensenlevens en de woede en roekeloosheid die eruit voortvloeien. Van oudsher zijn we er veel te veel aan gewend onszelf schouderklopjes te geven, in de overtuiging dat ons werk mensen meer mededogend maakt en meer verbonden. Vergeet niet dat via satelliettelevisie de democratie de wereld in gestuurd zou worden – of dat was wat ons werd voorgehouden in 1989. Voorzitter Sumner Redstone van Viacom International zei eens: 'Wij brachten MTV naar Oost-Duitsland, en de volgende dag viel de Berlijnse Muur,' terwijl Rupert Murdoch zei: 'Satelliettelevisie geeft inwoners met een informatiehonger van veel gesloten samenlevingen de mogelijkheid om door de staat gecontroleerde televisie te omzeilen.'

Maar toch is het nu, een decennium later, duidelijk dat in plaats van democratie te brengen, televisie schrijnende ongelijkheid en asymmetrieën en gloeiende golven haat heeft gebracht. In 1989 werden westerse journalisten gezien als bondgenoten in verschillende bevrijdingsoorlogen. 'De hele wereld kijkt mee,' scandeerden mensenmassa's tijdens de Fluwelen Revolutie en op het Tienanmenplein.

Inmiddels zijn journalisten eraan gewend geraakt dat ze worden uitgescholden door demonstranten die hen zien als deel van een systeem dat voortdurend ongelijkheden verdoezelt en onvrede marginaliseert. En tragisch genoeg openen enkele Amerikaanse journalisten deze week brieven gevuld met wit poeder en zijn ze plotseling, tot hun verbijstering, deelnemers aan het verhaal dat ze horen te beschrijven.

Een groot deel van dit conflict gaat om wie en wat er wordt gezien en gehoord, wier levens worden geteld. De aanslagen in New York en Washington waren overduidelijk niet alleen bedoeld als aanvallen maar ook als schouwspel, gezien hun theatrale lading. En ze werden vastgelegd vanuit elk camerastandpunt, afgespeeld en herhaald, beleefd en herbeleefd. Maar hoe zit het met wat er op dit moment gaande is in Afghanistan? Het Amerikaanse ministerie van Buitenlandse Zaken heeft tv-netwerken en kranten gevraagd de boodschappen van Bin Laden niet uit te zenden of te verslaan, omdat ze anti-Amerikaanse gevoelens zouden kunnen losmaken.

En voor twee miljoen dollar per maand heeft het Pentagon de exclusieve rechten gekocht voor de gehele capaciteit van de enige privé-satelliet boven Afghanistan die een beeld geeft dat scherp genoeg is om mensen te kunnen waarnemen.

Als we die beelden op ons tv-scherm konden zien – menselijke slachtoffers, vluchtelingen op drift – zou dat wellicht kunnen betekenen dat de dood en vernietiging in Afghanistan, op een bescheiden manier, dezelfde realiteit en menselijkheid zouden krijgen als de doden in New York en Washington. We zouden echte mensen in de ogen moeten zien in plaats van naar een steriel computerspel te kijken. Maar geen enkel beeld kan worden vrijgegeven zonder toestemming van het ministerie van Defensie – nooit ofte nimmer.

Deze stille oorlog om welke levens er worden geteld, wier doden collectief worden betreurd, dateert al van lang vóór 11 september. Veel van de schok van 11 september had te maken met hoeveel mondiaal lijden zo goed als onzichtbaar was in de *mainstream* Amerikaanse pers, opzijgezet door de euforie van welvaart en handel.

En dus werd Amerika op 11 september wakker midden in een oorlog, om te ontdekken dat de oorlog al jaren bezig was – maar niemand had het ze verteld. Ze hoorden over O.J. Simpson in plaats van de verwoestende gevolgen van economische sancties voor Irakese kinderen. Ze hoorden alles over Monica Lewinsky in plaats van de fall-out van het bombardement van die farmaceutische fabriek. Ze werden verteld over Survivor in plaats van de rol die de CIA had gespeeld in het financieren van de moedjahedien-strijders. 'Dat is het probleem,' schrijft de Indiase romancière Arundhati Roy, 'Amerika is in oorlog met mensen die het niet kent, omdat ze niet vaak op televisie komen.'

Christopher Isherwood schreef ooit over Amerikanen: 'De Europeanen haten ons omdat we ons hebben teruggetrokken en zijn gaan leven binnen in onze reclame, als kluizenaars die naar een grot gaan om te mediteren.' Die retraite in een zelf-referentiële mediacocon helpt verklaren waarom de aanslagen van 11 september niet van een ander land leken te komen, maar van een andere planeet, een parallel universum, zo groot waren de desoriëntatie en de ontwrichting.

DAGBOEK VAN EEN ACTIVISTE

Maar in plaats van te hulp te komen en die kloof te dichten – van informatie, van analyse, van begrip – laten ze steeds weer hetzelfde liedje horen: dit kwam uit het niets, het is onverklaarbaar, het heeft geen precedent; 'zij' haten ons; ze willen onze democratieën, onze vrijheden, onze dingen afpakken. In plaats van zich af te vragen waarom de aanslagen plaatsvonden, laten onze televisienetwerken ze simpelweg steeds weer opnieuw zien, met haastig in elkaar gezette retrospectieven over wat er vijf minuten eerder gebeurde.

Met andere woorden: juist wanneer Amerikanen informatie over de buitenwereld het meest nodig hebben – en de gecompliceerde en zorgwekkende positie die hun land daarin inneemt – krijgen ze slechts een weerspiegeling van zichzelf te zien, telkens weer opnieuw: Amerikanen die huilen, Amerikanen die herstellen, Amerikanen die juichen, Amerikanen die bidden. Een media-spiegelpaleis, terwijl we met z'n allen juist meer vensters op de wereld nodig hebben.

NIEUWE OPPORTUNISTEN

Handelsoverleg wordt tegenwoordig bezield
door de zelfgenoegzaamheid van een heilige oorlog
Oktober 2001

Er zijn veel kandidaten voor de titel van Grootste Politieke Opportunist sinds de wreedheden van 11 september: politici die zeer ingrijpende wetten erdoor rammen en ondertussen vertellen dat de kiezers nog steeds rouwen, bedrijven die graaien naar overheidsgeld, deskundigen die hun tegenstanders beschuldigen van verraad.

Maar in het koor van draconische voorstellen en McCarthy-achtige bedreigingen valt één opportunistische stem nog steeds op. Die stem behoort toe aan Robyn A. Mazer. Mevrouw Mazer gebruikt 11 september om op te roepen tot een internationale aanpak van namaak-T-shirts.

Het is niet verrassend dat mevrouw Mazer handelsadvocaat in Washington D.C. is. Nog minder verrassend is dat ze is gespecialiseerd in handelswetten die het belangrijkste exportproduct van de Verenigde Staten beschermen: copyright. Dat is muziek, films, logo's, patenten op zaden, software en veel meer. De Trade Related Intellectual Property Rights (TRIP's) zijn een van de meest controversiële bijkomstige overeenkomsten in de aanloop naar de top van de Wereldhandelsorganisatie volgende maand in Qatar. Ze zijn het strijdperk voor debatten die variëren van Braziliës recht om gratis algemeen verkrijgbare aidsmedicijnen te verspreiden tot China's bloeiende markt in piratenuitgaven van Britney Spears-cd's.

Amerikaanse multinationals willen koste wat kost toegang krijgen tot die grote afzetmarkten voor hun producten – maar ze willen bescherming. Veel arme landen zeggen ondertussen dat het miljoenen kost om de TRIP's te controleren, terwijl een wurggreep op intellectueel eigendom de kosten voor lokale industrieën en consumenten opdrijft.

Wat heeft al dit handelsgeruzie te maken met terrorisme? Niets, absoluut niets. Tenzij je het natuurlijk aan Robyn Mazer vraagt, die vorige week een artikel publiceerde in *The Washington Post* met de kop: 'Van T-shirts tot terrorisme: die namaak-Nikes zouden het Bin Laden-netwerk wel eens mede

DAGBOEK VAN EEN ACTIVISTE

kunnen financieren.' 'Recente ontwikkelingen wekken de suggestie dat veel van de regeringen die ervan worden verdacht al-Qaeda te steunen, ook steun geven aan, zich laten corrumperen door of op z'n minst de ogen sluiten voor de uiterst lucratieve handel in namaak- en piratenproducten die mogelijk enorme geldstromen naar terroristen zou kunnen genereren,' schrijft ze.

'Wekken de suggestie', 'ervan worden verdacht', 'op z'n minst', 'mogelijk zou kunnen' – dat zijn een heleboel slagen om de arm voor één zin, vooral van iemand die vroeger werkte op het Amerikaanse ministerie van Justitie. Maar de conclusie is ondubbelzinnig: ofwel je houdt de hand aan de TRIP's, ofwel je staat aan de kant van de terroristen.

Welkom in de *brave new world* van de handelsbesprekingen, waar elke geheimzinnige bepaling is gevuld met de arrogante zelfgenoegzaamheid van een heilige oorlog.

Het politieke opportunisme van mevrouw Mazer roept enkele interessante contradicties op. De Amerikaanse handelsvertegenwoordiger Robert Zoellick heeft 11 september gebruikt voor een ander opportunistisch doel, namelijk om meer macht dan anderen voor president Bush in de handelsbesprekingen zeker te stellen, waardoor hij de vrijheid zou krijgen om nieuwe handelsovereenkomsten te sluiten die het Congres ofwel kan aannemen ofwel verwerpen maar niet amenderen. Volgens Zoellick is die nieuwe macht nodig, omdat handel 'de waarden in het hart van deze langdurige strijd bevordert'.

Wat hebben nieuwe handelsovereenkomsten te maken met de strijd tegen terrorisme? Welnu, de terroristen, zo wordt ons keer op keer verteld, haten Amerika nu juist omdat ze het consumentisme haten: McDonald's en Nike en het kapitalisme – je weet wel: vrijheid. Handelen betekent daarom het tarten van hun ascetische kruistocht, door precies die producten te verspreiden waarvan zij walgen.

Maar wacht eens even: hoe zit het dan met al die namaakspullen die volgens mevrouw Mazer het terrorisme financieren? Zij stelt dat je in Afghanistan 'T-shirts kunt kopen met namaak Nike-logo's erop, die Bin Laden verheerlijken als "de grote moedjahedien van de islam"'. Het heeft er alle schijn van dat we een veel ingewikkelder scenario tegemoet kunnen zien dan de eenvoudige dichotomie van een consumentistische McWorld versus een anticonsumentistische jihad. In feite zijn, als Mazer gelijk heeft, de twee werelden niet alleen grondig verstrengeld, maar wordt de beeldtaal van McWorld gebruikt om de jihad te financieren.

Misschien is een klein beetje complexiteit niet zo slecht. Een deel van de desoriëntatie die veel Amerikanen nu ervaren, heeft te maken met de opgeblazen en overgesimplificeerde rol die het consumentisme speelt in het Amerikaanse 'verhaal'. Kopen is bestaan. Kopen is liefhebben. Kopen is stemmen. Mensen buiten de Verenigde Staten die Nikes willen – zelfs namaak-Nikes – moeten Amerikaan willen zijn, moeten van Amerika houden, moeten op een of andere manier stemmen voor alles waar Amerika voor staat.

Dit is het sprookje geweest sinds 1989, toen dezelfde mediabedrijven die ons nu *America's War on Terrorism* brengen, verklaarden dat hun tv-satellieten dictaturen over de hele wereld ten val zouden brengen. Consumeren zou, onvermijdelijk, leiden tot vrijheid. Maar al die gemakkelijke verhalen verbrokkelen: autoritarisme gaat hand in hand met consumentisme, het verlangen naar Amerikaanse producten is vermengd met woede over ongelijkheid.

Niets laat deze contradicties beter zien dan de handelsoorlogen rond 'namaak'-goederen. Piraterij gedijt in de diepe kraters van wereldwijde ongelijkheid, wanneer de vraag naar consumentengoederen decennia vooruitloopt op de koopkracht. Het gedijt in China, waar goederen die worden gefabriceerd in barre, slavernij-achtige omstandigheden, in sweatshops alleen voor de export, worden verkocht voor méér dan het maandsalaris van een fabrieksarbeider. In Afrika, waar de prijs van aidsmedicijnen een wrede grap is. In Brazilië, waar cd-piraten worden toegejuicht als muzikale Robin Hoods.

Complexiteit is waardeloos voor opportunisme. Maar het helpt ons wel om dichter bij de waarheid te komen, ook al betekent het dat we een enorme stapel namaakspullen moeten sorteren.

KAMIKAZE-KAPITALISTEN

Tijdens de gesprekken van de Wereldhandelsorganisatie in
Qatar waren handelsafgezanten de ware gelovigen
November 2001

Hoe noem je iemand die zo sterk gelooft in de belofte dat verlossing wordt bereikt wanneer een stelsel van strikte regels wordt nageleefd, dat hij bereid is zijn eigen leven op het spel te zetten om die geloofsregels te verspreiden? Een godsdienstfanaticus? Een heilige strijder? Wat dacht je van een Amerikaanse afgevaardigde voor handelsbesprekingen?

Vrijdag begint de top van de Wereldhandelsorganisatie in Doha, Qatar. Volgens Amerikaanse veiligheidsdiensten is er reden om aan te nemen dat al-Qaeda, dat in die Golfstaat veel aanhangers heeft, erin is geslaagd enkele strijders het land in te krijgen, onder wie een explosievenexpert. Er zouden zelfs terroristen het Qatarse leger hebben geïnfiltreerd. Gezien die dreigingen zou je verwachten dat de Verenigde Staten en de Wereldhandelsorganisatie hun top hadden afgelast. Maar nee hoor: niet deze ware gelovigen.

In plaats daarvan werden afgezanten van de Verenigde Staten uitgerust met gasmaskers, radio's en medicijnen teneinde bioterrorisme het hoofd te bieden. (Ook aan Canadese afgezanten zijn de medicijnen verstrekt.) Terwijl onderhandelaars debatteren over landbouwsubsidies, houtkap en farmaceutische patenten, staan er helikopters klaar om Amerikaanse afgezanten bliksemsnel af te voeren naar vliegdekschepen in de Perzische Golf, klaar voor een ontsnapping in Batman-stijl. Je kunt rustig stellen dat Doha niet een normale handelsbespreking is; dit is iets nieuws. Laten we het kamikaze-kapitalisme noemen.

Vorige week prees de Amerikaanse handelsafgezant Robert Zoellick zijn delegatieleden voor hun bereidheid 'zich op te offeren' als ze worden geconfronteerd met zulke 'onbetwijfelbare risico's'. Waarom doen die mensen dat? Waarschijnlijk om dezelfde reden als waarom mensen altijd hun leven op het spel hebben gezet voor een hoger doel: ze geloven in een stelsel van regels dat transcendentie belooft.

In dit geval is de god economische groei en luidt de belofte dat ons een wereldwijde recessie wordt bespaard. Nieuwe markten om te betreden, nieuwe sectoren om te privatiseren, nieuwe regels om in te snijden – dat alles zal de pijltjes op ons televisiescherm weer naar de hemel doen wijzen.

Natuurlijk kan groei niet worden gecreëerd op een top van de Wereldhandelsorganisatie, maar Doha kan wel iets anders voor elkaar krijgen, iets dat eerder religieus dan economisch is. Het kan de markt 'een teken' geven, een teken dat er groei ophanden is, en expansie niet ver weg. En een ambitieuze nieuwe ronde van onderhandelingen van de Wereldhandelsorganisatie is het teken waar ze voor bidden. Rijke landen als de onze verlangen wanhopig naar zo'n teken. Het is dringender dan de problemen met de huidige regels van de Wereldhandelsorganisatie, die vooral door de arme landen aan de orde worden gesteld. Zij hebben genoeg van een systeem dat hen dwong hun handelsbarrières te laten vallen terwijl rijke landen de hunne handhaafden.

Het is geen verrassing dat arme landen de grootste tegenstanders zijn in deze ronde. Voordat ze ermee instemmen de bevoegdheden van de Wereldhandelsorganisatie drastisch uit te breiden, verzoeken ze de rijke landen hun beloften uit de vorige ronde waar te maken. Er zijn zeer belangrijke meningsverschillen rond landbouwsubsidies en overschotten, over belasting op kleding en het patenteren van organismen. De meest omstreden kwestie is die van de octrooien op medicijnen. India, Brazilië, Thailand en een coalitie van Afrikaanse landen willen dat die octrooien in duidelijke taal worden vastgelegd. De Verenigde Staten en Canada verzetten zich niet zomaar – ze verzetten zich terwijl zelfs hun eigen afgezanten onderweg naar Qatar discount-Cipro slikken, afgedwongen van Bayer met gebruikmaking van precies dezelfde pressietactieken die ze oneerlijke handelspraktijken noemen.

Deze zorgen vinden we niet terug in de ontwerpverklaring van de Wereldhandelsorganisatie. Dat is de reden waarom Nigeria de Wereldhandelsorganisatie ervan beschuldigde 'partijdig' te zijn en 'de problemen van de ontwikkelingslanden en de minst ontwikkelde landen te negeren'. De Indiase ambassadeur van de Wereldhandelsorganisatie zei dat de verklaring 'de onaangename indruk wekt dat er geen serieuze poging wordt gedaan om kwesties die belangrijk zijn voor ontwikkelingslanden, hoog op de agenda van de Wereldhandelsorganisatie te plaatsen'.

De protesten hebben weinig indruk gemaakt bij de Wereldhandelsorganisatie. Groei is de enige god in de onderhandelingen, en maatregelen die de groei – van farmaceutische bedrijven, van waterbedrijven, van oliebedrijven – ook maar enigszins zouden kunnen vertragen, worden door gelovigen behandeld alsof ze afkomstig zijn van ketters en gevaarlijke gekken.

We zijn getuige van het 'bundelen' (in Microsoft-stijl) van de handel binnen de voor-ons-of-tegen-ons-logica van de oorlog tegen het terrorisme. vs-afgezant Robert Zoellick verklaarde: 'Door het beleid van de Wereldhandelsorganisatie te steunen, kunnen die 142 landen de afschuwelijke vernietigingsdrang van het terrorisme tegengaan.' Open markten, zei hij, zijn 'een tegengif' tegen het 'gewelddadige rejectionisme' van de terroristen.

Verder riep Zoellick de leden van de Wereldhandelsorganisatie op hun onbelangrijke zorgen over massa-armoede en aids opzij te zetten en zich aan te sluiten bij het economische front van Amerika's oorlog: 'We hopen dat de afgevaardigden die bijeenkomen in Doha, zullen inzien wat de werkelijk belangrijke kwesties zijn.'

Handelsbesprekingen gaan geheel en al over macht en mogelijkheden, en voor de kamikaze-kapitalisten van Doha biedt het terrorisme weer een nieuwe mogelijkheid om te speculeren. Misschien kan hun motto Nietzsches maxime zijn: Wat ons niet doodt, zal ons sterker maken. Veel sterker.

DE ANGSTAANJAGENDE TERUGKEER VAN GROTE MANNEN

> Als een paar mensen besluiten *larger than life* te leven,
> worden we allemaal vertrapt
> *December 2001*

Sinds het uitbrengen van de Video is elk gebaar, elk lachje en elk woord van Osama bin Laden uitgebreid geanalyseerd. Maar door al de aandacht voor Bin Laden is zijn tegenspeler in de video, die in de officiële transcriptie slechts wordt aangeduid als 'sjeik', niet of nauwelijks bestudeerd. Dat is jammer, want wie hij ook mag zijn (en er doen verscheidene theorieën de ronde), hij biedt een uitzonderlijk inkijkje in de psychologie van mensen die massamoord beschouwen als een geweldig spel.

Een thema dat steeds terugkomt in de duizelingwekkende monologen van Bin Ladens gast is het idee dat ze leven in een tijdperk dat net zo groots en belangrijk is als de tijd die wordt beschreven in de koran. De oorlog van nu, merkt de sjeik op, is net als die 'in de dagen van de profeet Mohammed. Precies hetzelfde als wat er op dit moment gebeurt.' Hij vervolgt met: 'Het zal hetzelfde zijn als de begindagen van Al-Moedjahedien en Al-Ansar [hetzelfde als de begindagen van de islam].' En voor het geval we het nog niet begrijpen: 'Net als vroeger, zoals Abu Bakr en Othman en Ali en anderen. In deze tijd, in onze tijd...'

Het is niet zo moeilijk om die nostalgie te verklaren met de gebruikelijke theorie dat de volgelingen van Bin Laden zijn blijven steken in de Middeleeuwen. Maar de opmerkingen van de sjeik lijken toch op iets méér te wijzen. Het is niet een ascetische middeleeuwse levensstijl waar hij naar verlangt, maar het idee in mythische tijden te leven, toen mensen nog goden en oorlogen episch waren en geschiedenis werd geschreven met een hoofdletter G. Francis Fukuyama, je kunt mijn rug op, lijkt hij te zeggen. De geschiedenis is nog niet geëindigd. Wij zijn de geschiedenis aan het maken, hier en nu, op dit moment!

Dat is een opvatting die we van vele kanten hebben gehoord sinds 11 september, een terugkeer van het grote verhaal: uitverkoren mensen, koninkrijken van het kwaad, meesterplannen en grote oorlogen. Ze zijn weer hele-

DAGBOEK VAN EEN ACTIVISTE

maal en meedogenloos terug. De bijbel, de koran, 'botsende beschavingen', *The Lord of the Rings* – plotseling spelen ze zich af 'in deze tijd, in onze tijd'.

Het grootse verhaal van bevrijding is onze hardnekkigste mythe, en het heeft een gevaarlijke keerzijde. Wanneer een paar mensen besluiten hun mythe te beleven, om *larger than life* te zijn, heeft dat onvermijdelijk invloed op alle mensen wier leven zich ontvouwt in gewone proporties. Mensen zien er plotseling onbelangrijk uit in vergelijking met iets anders en kunnen gemakkelijk worden opgeofferd in naam van een hoger doel.

Toen de Berlijnse Muur viel, namen we algemeen aan dat het epische verhaal onder het puin werd begraven. Dat was de beslissende overwinning van het kapitalisme.

Francis Fukuyama's theorie van het einde van de geschiedenis maakte, heel begrijpelijk, diegenen woedend die dat gladiatorengevecht verloren, of ze nu hoopten op een triomf van het wereldcommunisme of op, in het geval van Osama bin Laden, een imperialistische versie van de islam. Maar wat sinds 11 september duidelijk is, is dat het einde van de geschiedenis ook een holle overwinning bleek voor de Koude-Oorlogvoerders van de Verenigde Staten. Het heeft er alle schijn van dat sinds 1989 velen hun epische verhaal hebben gemist als was het een geamputeerd been.

Tijdens de Koude Oorlog ging consumeren in de Verenigde Staten niet alleen om persoonlijk genot; het was de economische frontlinie van de grote strijd. Als Amerikanen gingen winkelen, namen ze deel aan de levensstijl die de *roden* geacht werden te willen vernietigen. Als veelkleurige winkelcentra werden afgezet tegen de grauwe en lege winkels in Moskou, dan wilde dat niet alleen zeggen dat wij in het Westen makkelijk aan Levi's 501-spijkerbroeken konden komen. In dat verhaal stonden onze winkelcentra voor vrijheid en democratie, terwijl hun lege schappen metaforen waren voor controle en onderdrukking.

Maar toen de Koude Oorlog voorbij was en dit ideologische decor werd weggerukt, ging de grotere betekenis achter het winkelen in rook op. Zonder ideologie was winkelen gewoon winkelen.

Het antwoord van het bedrijfsleven was *lifestyle branding*, een levensstijl promoten als merk: een poging om consumentisme nieuw leven in te blazen als een filosofische of politieke daad door krachtige ideeën te verkopen in plaats van gewoon producten. In reclamecampagnes werden Benetton-truien gelijkgesteld aan de strijd tegen racisme, Ikea-meubels aan democratie en computers aan revolutie.

MUNT SLAAN UIT TERREUR

Lifestyle branding wist een tijdje het 'betekenisvacuüm' van het winkelen op te vullen, maar het was niet genoeg om de ambities van de Koude-Oorlogsheren van de oude school tevreden te stellen. Zij waren culturele bannelingen in een wereld die zij zelf hadden geschapen, gefrustreerde haviken die zich in hun meest glorieuze tijd niet hebben gekoesterd in Amerika's nieuwe onbetwiste macht, maar mopperden dat de Verenigde Staten 'soft' en gefeminiseerd waren geworden. Het was een orgie van genotzucht die werd gepersonifieerd door Oprah en Bill Clinton.

Maar sinds 11 september is de geschiedenis weer helemaal terug. Winkelende mensen zijn opnieuw voetsoldaten in een strijd tussen goed en kwaad, ze dragen nieuwe beha's van Elita met de *stars and stripes* en ze eten een speciale editie van M&M's: in rood, wit en blauw.

Als Amerikaanse politici hun burgers aansporen het terrorisme te bestrijden door te gaan winkelen, dan gaat dat niet alleen om het voeden van een wankele economie, maar om méér. Het gaat om het opnieuw verpakken van het alledaagse in het mythische, precies op tijd voor Kerstmis.

AMERIKA IS GEEN HAMBURGER

De poging van Amerika om zijn imago in het buitenland
te verbeteren, zou wel eens een ergere flop kunnen
worden dan de nieuwe Coca-Cola
Maart 2002

Toen het Witte Huis besloot dat het tijd werd de aanzwellende golf van anti-Amerikanisme in de wereld te bestrijden, zocht men niet de hulp van een deskundig diplomaat. In plaats daarvan werd een van Madison Avenue's topmerkenmanagers ingehuurd, geheel volgens de filosofie van de Bush-regering dat alles wat de publieke sector kan, de private sector béter kan.

De taak van Charlotte Beers, onderstaatssecretaris van Publieke Diplomatie en Publieke Zaken, was niet het verbeteren van de relaties met andere landen, maar het verbeteren van het *imago* dat Amerika in het buitenland had. Beers had geen ervaring op het ministerie van Buitenlandse Zaken, maar ze heeft wel topposities bekleed bij de reclamebureaus J. Walter Thompson en Ogilvy & Mathers. Ze heeft merken echt groot gemaakt, of het nu ging om hondenvoer of drilboren.

Nu werd haar gevraagd haar magisch talent te gebruiken voor de grootste uitdaging in reclameland: het verkopen van de Verenigde Staten en hun *War on Terrorism* aan een steeds vijandiger wereld. Dat voor deze taak een reclamevrouw werd aangesteld, veroorzaakte begrijpelijkerwijs nogal wat kritiek, maar minister van Buitenlandse Zaken Colin L. Powell wees deze kritiek van de hand. 'Er is niets mis mee iemand te vragen die weet hoe ze producten moet verkopen. Wij verkopen ook een product. We hebben iemand nodig die betere reclame kan maken voor de Amerikaanse buitenlandse politiek en diplomatie.' En daarbij, zei hij: 'Ze heeft me ook weten over te halen Uncle Ben's rijst te kopen.' Dus waarom lijkt, na vijf maanden nog maar, deze campagne voor een nieuw en verbeterd Merk Amerika dan zo wanordelijk te verlopen? Een aantal overheidsberichten die onderdeel waren van de campagne, bleken feitelijk niet juist. En toen Beers in januari op een missie was in Egypte om het imago van de Verenigde Staten onder Arabische 'opiniemakers' te verbeteren, ging dat niet echt goed.

MUNT SLAAN UIT TERREUR

Muhammad Abdel Hadi, redacteur bij de krant *Al Ahram,* verliet gefrustreerd zijn bespreking met Beers omdat ze meer geïnteresseerd leek in praatjes over vage Amerikaanse normen en waarden dan in een gesprek over het specifieke Amerikaanse beleid. 'Het maakt niet uit hoezeer je probeert het uit te leggen,' zei hij, 'ze begrijpen het gewoon niet.'

Het misverstand was waarschijnlijk het gevolg van het feit dat Beers het gehavende Amerikaanse imago als niet meer dan een communicatieprobleem beschouwt. Ondanks de zogeheten mondiale cultuur die vanuit centra als New York, Los Angeles en Atlanta over de wereld verspreid wordt, ondanks dat je van Cairo tot Black Hawk Down in Mogadishu CNN kunt ontvangen, is op de een of andere manier Amerika nog steeds niet goed in staat om, in Beers' woorden, 'naar buiten te treden met ons verhaal'.

Eigenlijk is het probleem precies het omgekeerde van wat Beers denkt: Amerika's marketing van zichzelf is té effectief geweest. Schoolkinderen verbinden Amerika met de zogenaamd exclusief Amerikaanse waarden als democratie, vrijheid en gelijke kansen, op eenzelfde manier als ze McDonald's associëren met familieplezier en Nike met atletische topprestaties. En ze verwachten dat Amerika zijn beloftes nakomt.

Als men boos is, zoals miljoenen overduidelijk zijn, dan is dat omdat deze beloften zijn geschonden door het beleid van de Verenigde Staten. Ook al blijft president Bush erin volharden dat de vijanden van Amerika wrokkig zijn over de Amerikaanse vrijheden, de meeste critici van de Verenigde Staten hebben in werkelijkheid geen enkel bezwaar tegen de vrijheden waar Amerika zo de nadruk oplegt. Ze wijzen in plaats daarvan op het Amerikaanse unilaterale beleid dat tegen de internationale regelgeving indruist, de groter wordende kloof tussen rijk en arm, de harde acties tegen immigranten en de overtredingen van mensenrechten – recentelijk nog in Guantanamo Bay. De woede komt niet alleen voort uit dit soort nieuwe feiten en afzonderlijke gevallen, maar ontstaat ook doordat er duidelijk sprake is van een misleidende reclamecampagne. Met andere woorden: het probleem van Amerika is niet zozeer zijn merkpositie – die zou nauwelijks sterker kunnen zijn – maar zijn 'product' zelf.

Er is een ander, dieperliggend probleem met de lancering van het nieuwe Merk Amerika, en dat heeft te maken met het karakter van *branding* zelf. Succesvolle marketing, schreef Allen Rosenshine, voorzitter en hoogste baas van BBDO Worldwide, onlangs in *Advertising Age,* 'vereist een zorgvuldig opgestelde boodschap die met consistentie en discipline wordt uitgedragen'.

DAGBOEK VAN EEN ACTIVISTE

Zeer juist. Maar de waarden die Charlotte Beers moet uitdragen – democratie en diversiteit – zijn onverenigbaar met 'consistentie en discipline'. Voeg hieraan toe dat veel van Amerika's trouwste critici nu al het gevoel hebben dat ze door de Amerikaanse regering worden gedwongen zich aan te passen (er wordt al woest gereageerd als er frasen als 'schurkenstaat' worden gebruikt), en de reclamecampagne voor Merk Amerika zou wel eens helemaal verkeerd kunnen uitpakken.

In de bedrijfswereld is het zo dat wanneer eenmaal een 'merkidentiteit' is vastgesteld door het hoofdkantoor, deze met militaire precisie wordt doorgevoerd in alle bedrijfsactiviteiten. De merkidentiteit kan wel worden aangepast om beter aan te sluiten bij de lokale taal en cultureel bepaalde voorkeuren (zoals McDonald's 'hete saus' aanbiedt in Mexico), maar de basiskenmerken – qua esthetiek, boodschap, logo – blijven onveranderd.

Deze consistentie is wat merkenmanagers zo mooi 'de belofte' van een merk noemen: de plechtige belofte dat waar in de wereld je ook komt, de ervaring in een Wal-Mart, Holiday Inn of Disney-pretpark altijd prettig en vertrouwd zal zijn. Alles wat deze homogeniteit bedreigt, vermindert de algehele kracht van een bedrijf. Dat is de reden waarom het enthousiast in de markt zetten van een merk altijd gepaard moet gaan met het agressief vervolgen van eenieder die probeert met het merk te rommelen, of het nu is door het plagiëren van handelsmerken of door het verspreiden van ongewenste informatie over het merk via internet.

In de kern gaat *branding* over extreem gecontroleerde boodschappen, uitgezonden in de meest glossy-achtige vorm, die vervolgens hermetisch worden afgesloten voor hen die zouden kunnen proberen dit eenrichtingverkeer, deze monoloog van bedrijven, om te zetten in een meer sociale dialoog. De belangrijkste instrumenten voor het lanceren van een sterk merk zijn natuurlijk onderzoek, creativiteit en design, maar daarna zijn wetgeving op het gebied van lastering en copyright van levensbelang voor bedrijven.

Wanneer merkenmanagers hun kennis en kunde overhevelen van de bedrijfswereld naar de politiek, vertonen ze ook daar zonder uitzondering ditzelfde fanatisme wat betreft homogeniteit. Toen Wally Olins, mede-oprichter van de Wolff Olins *brand consultancy,* bijvoorbeeld werd gevraagd naar zijn visie op het grote imagoprobleem van Amerika, klaagde hij dat de mensen niet één enkel helder idee hebben over waar het land voor staat, maar dat ze eerder misschien wel honderden ideeën hebben die 'in het hoofd van de mensen op een zeer vreemde manier met elkaar verward zijn geraakt. Zo zul je vaak mensen aantreffen die zowel bewonderend als beledigend over Amerika spreken, zelfs binnen één zin.'

Vanuit marketingperspectief zou het inderdaad vermoeiend zijn als we ons telkens zowel bewonderend als beledigend zouden uitlaten over ons waspoeder. Maar wanneer het gaat over onze relatie met de overheid, in het bijzonder de overheid van de machtigste en rijkste natie in de wereld, dan is deze complexiteit toch niet zo vreemd. Als je tegenstrijdige ideeën hebt over Amerika – als je zijn creativiteit bewondert, bijvoorbeeld, maar zijn dubbele normen verafschuwt —, dan betekent dat nog niet dat je 'verward' bent, om de woorden van Olins te gebruiken, maar dan betekent het dat je alert bent.

Afgezien daarvan komt veel van de woede die op de Verenigde Staten gericht is, voort uit de opvatting – die net zo makkelijk in Argentinië als in Frankrijk, zowel in India als in Saoedi-Arabië te horen valt – dat de Verenigde Staten al veel te veel 'consistentie en discipline' eisen van andere landen; dat het land, hoewel het democratie en soevereiniteit hoog in het vaandel zegt te hebben, in wezen zeer onverdraagzaam is jegens afwijkingen van het economische model dat bekendstaat als 'de Washington-consensus'. Of dit voor buitenlandse investeerders zo aantrekkelijke beleid nu door het in Washington gesitueerde Internationaal Monetair Fonds wordt geïmplementeerd of via internationale handelsverdragen, de critici van de Verenigde Staten vinden over het algemeen dat de wereld al veel te veel is beïnvloed door het merk van de Amerikaanse manier van regeren (laat staan door Amerikaanse merken).

Er is nog een reden om voorzichtig te zijn met het vermengen van de logica van *branding* en de praktijk van het politieke bestuur. Wanneer bedrijven proberen een mondiaal imago consequent te implementeren, dan heet dat *franchising*. Maar wanneer overheden hetzelfde doen, dan kan dat overkomen als uiterst autoritair. Het is geen toeval dat, historisch gezien, de politieke leiders die het meest gepreoccupeerd waren met de *branding* van zichzelf en hun partijen, allergisch waren voor democratie en diversiteit. Denk aan de enorme muurschilderingen en rode boekjes van Mao, en ja, denk aan Adolf Hitler, een man die extreem geobsedeerd was door 'zuivere' imago's: het imago van zijn partij, van zijn land en van zijn ras. De keerzijde van dictators die streefden naar een consequent en zuiver 'merk' is geweest: gecentraliseerde informatie, door de staat gecontroleerde media, heropvoedingskampen, het 'opruimen' van dissidenten en nog veel ergere dingen.

De democratie genereert gelukkig heel andere ideeën. Waar sterke merken voorspelbaar en gedisciplineerd zijn, daar is een echte democratie juist rommelig en verbrokkeld, of zelfs uitgesproken rebels. Charlotte Beers en haar collega's mogen Colin Powell dan wel hebben overgehaald om Uncle Ben's rijst te kopen, omdat ze daarvoor een comfortabel merkimago wisten te creëren, maar de Verenigde Staten bestaan niet uit identieke rijstkorrels, hamburgers van de lopende band of allemaal dezelfde Gap-broeken.

Amerika's sterkste 'merkattribuut', om een term uit Beers' wereld te gebruiken, is dat het diversiteit juist omarmt; een positieve waarde die Beers, ironisch genoeg, nu met de uniformiteit van een bakvormpje probeert door te drukken bij de rest van de wereld. Dit is niet alleen onzinnig maar ook gevaarlijk: de consistentie van een merk en werkelijke menselijke diversiteit zijn tegengesteld aan elkaar – het ene zoekt steeds naar overeenkomst, het andere koestert het verschil; het ene vreest alle ongeregisseerde berichten, het andere omhelst het debat en het verschil van mening.

Nogal logisch dat we zo 'verward' zijn. Toen president Bush recentelijk in Beijing zijn verkooppraatje hield voor het Merk Amerika, redeneerde hij dat 'in een vrije samenleving diversiteit niet hetzelfde is als wanorde. Het debat is geen gevecht.' Het publiek applaudisseerde beleefd. De boodschap was misschien overtuigender geweest als deze waarden ook meer in acht werden genomen in de wijze waarop Bush' regering met de buitenwereld communiceert, niet alleen wat betreft het imago maar ook, belangrijker nog, wat betreft het beleid.

Omdat, zoals president Bush terecht opmerkt, diversiteit en debat het levenselixer van een vrije samenleving zijn. Maar ze zijn vijandig aan het merk.

V
UITZICHTEN OP DEMOCRATIE

> Waarin sprankjes hoop worden gevonden in een
> politiek van radicale machtsdecentralisatie,
> opduikend vanuit de bergen van Chiapas
> en de stedelijke kraakpanden van Italië

HET DEMOCRATISEREN VAN DE BEWEGING

*Toen activisten op het eerste World Social Forum
bijeenkwamen, was er niet één enkele agenda
die de diversiteit kon omvatten*
Maart 2001

'We zijn hier gekomen om aan de wereld te laten zien dat een andere wereld mogelijk is!' riep de man op het podium, en een menigte van meer dan tienduizend mensen brulde instemmend. We juichten niet een specifiek alternatief toe, maar slechts de *mogelijkheid* van een andere wereld. We juichten het idee toe dat er, in theorie, een andere wereld zou kunnen bestaan.

De laatste dertig jaar kwam in de laatste week van januari een select gezelschap van topmanagers en wereldleiders bij elkaar op een bergtop in Zwitserland, om datgene te doen waarvan ze aannamen dat ze de enigen waren die het konden doen: bepalen hoe de mondiale economie bestuurd moest worden. We waren zo aan het juichen omdat het op dat moment precies de laatste week van januari was en dit niet het World Economic Forum was in Davos, Zwitserland. Het was het eerste jaarlijkse World Social Forum in Porto Alegre, Brazilië. En ook al waren we geen topmanagers of wereldleiders, we gingen toch deze week praten over hoe de mondiale economie bestuurd zou moeten worden.

Velen zeiden het gevoel te hebben dat er in deze kamer geschiedenis werd geschreven. Mijn ervaring was dat er iets ongrijpbaarders aan de hand was: het einde van 'het einde van de geschiedenis'. En heel toepasselijk was de officiële slogan van het evenement: 'Een andere wereld is mogelijk.' Nadat we anderhalf jaar van protesteren hadden gezien tegen de Wereldhandelsorganisatie, de Wereldbank en het Internationaal Monetair Fonds, werd het World Social Forum aangekondigd als dé kans voor deze ontluikende beweging om te stoppen met roepen waar ze tegen is en te beginnen met uitspreken waar ze voor is.

Seattle was voor veel mensen de coming-out van een tegenbeweging en Soren Ambrose, beleidsanalist voor Fifty Years Is Enough, stelde: 'Porto Alegre is de coming-out voor een groep die serieus nadenkt over alternatieven.' De nadruk lag op de alternatieven die werden aangedragen door landen die het meest te lijden hadden onder de negatieve effecten van globalisering: massale migratie, toenemende ongelijkheid in welvaart, het verminderen van politieke macht.

Deze specifieke locatie was uitgekozen omdat de Braziliaanse Arbeiderspartij (Partido dos Trabalhadores) in de stad Porto Alegre aan de macht was, en ook in de staat Rio Grande do Sul. Het congres was georganiseerd door een netwerk van Braziliaanse vakbonden en niet-gouvernementele organisaties, maar de Arbeiderspartij zorgde voor uitstekende faciliteiten op het congres en betaalde de rekening van al die belangrijke sprekers. Voor een groep die gewend was te worden omringd met wolken pepperspray, of geconfronteerd met visitaties aan de grens en *no-protest zones,* was het nieuw dat er een progressieve sponsor was vanuit de regering. In Porto Alegre werden activisten verwelkomd door vriendelijke politieagenten en een ontvangstcomité met officiële spandoeken van het ministerie voor Toerisme.

Hoewel het congres lokaal georganiseerd was, was het voor een deel het geesteskindje van de Franse ATTAC (Association pour la Taxation des Transactions financières pour l'Aide aux Citoyens), een coalitie van vakbonden, boeren en intellectuelen die het publieke gezicht is geworden van de antiglobaliseringsbeweging in grote delen van Europa en Scandinavië. Opgericht in 1998 door Bernard Cassen en Susan George van het socialistische maandblad *Le Monde Diplomatique,* begon de ATTAC als een campagne voor de invoer van de zogenaamde Tobintax, het voorstel van de Amerikaanse Nobelprijswinnaar James Tobin om belasting te heffen op alle speculatieve financiële transacties. De marxistische intellectuele wortels van de ATTAC maakten dat de groep zich gefrustreerd toonde over de minder coherente doelstellingen van de Noord-Amerikaanse beweging tegen de macht van het bedrijfsleven. 'Het falen van Seattle was het onvermogen met een gezamenlijke agenda te komen, een mondiale alliantie op wereldniveau ter bestrijding van de globalisering,' zegt Christophe Aguiton van de ATTAC, die het forum mede organiseerde.

En dat is waar het World Social Forum in beeld komt: de ATTAC zag de conferentie als een uitgelezen kans om de grootste denkers bijeen te brengen die aan alternatieven werken voor het neoliberale economische beleid – niet alleen nieuwe belastingsystemen maar ook allerlei andere zaken, zoals duurzame landbouw, een participerende democratie, coöperatieve productie en onafhankelijke media. ATTAC meende dat uit dit proces van informatie-uitwisseling de 'gezamenlijke agenda' naar voren zou komen.

DAGBOEK VAN EEN ACTIVISTE

Het resultaat van de bijeenkomst was veel gecompliceerder: er was zowel chaos als cohesie, zowel verdeeldheid als eenheid. In Porto Alegre begon de coalitie die meestal onder de noemer antiglobalisering samengebracht wordt, collectief zichzelf te hervormen tot een prodemocratiebeweging. Maar dat dwong de beweging ook de zwakten van haar eigen interne democratie onder ogen te zien en zichzelf lastige vragen te stellen over hoe ze eigenlijk tot beslissingen kwam – op het World Social Forum zelf en, belangrijker, in de planning die bepalend is voor de volgende onderhandelingsronde van de Wereldhandelsorganisatie en de voorgestelde Free Trade Area of the Americas.

Een van de moeilijkheden was dat de organisatoren geen idee hadden hoeveel mensen naar dit 'Davos voor activisten' zouden toegaan. Atila Roque, coördinator van het Braziliaans beleidsinstituut IBase en lid van het organisatiecomité, legt uit dat ze maandenlang dachten dat ze een bijeenkomst van tweeduizend mensen aan het plannen waren. Maar plotseling waren er tienduizend mensen, en nog meer op sommige evenementen, die duizend groepen vertegenwoordigden uit honderdtwintig landen. De meeste van die afgezanten hadden geen idee waarin ze terechtkwamen: een soort ideale Verenigde Naties? Een gigantische teach-in? Een activistische politieke conventie? Een partij?

Het uiteindelijke resultaat was een vreemde hybride samensmelting van alle hierboven genoemde dingen met – op de openingsceremonie tenminste – een beetje Las Vegas-show daardoorheen gemixt. Op de eerste dag van het forum, nadat de speeches waren afgelopen en we allemaal juichten voor het einde van 'het einde van de geschiedenis', werden de lichten gedimd en op twee enorme schermen foto's van de armoede in Rio's *favelas* geprojecteerd. Een rij dansers, met gebogen hoofd uit schaamte en schuifelende voeten, verscheen op het podium. Langzaam werden de foto's hoopvoller en de mensen op het podium begonnen te rennen, zwaaiend met het gereedschap dat hun nieuwe macht symboliseerde: hamers, zagen, stenen, bijlen, boeken, pennen, computer-keyboards, geheven vuisten. In de laatste scène plantte een zwangere vrouw zaadjes – zaadjes, zo werd ons verteld, van een nieuwe wereld.

Schokkend was niet zozeer dat dit specifieke genre van utopische socialistische dans zelden meer was opgevoerd sinds de optredens van de Works Progress Administration in de jaren dertig, maar dat het werd uitgevoerd met zulke eersteklas apparatuur: perfecte akoestiek, professionele belichting, koptelefoons die wat er verteld werd simultaan in vier talen vertaalden. Aan ons allemaal, tienduizend mensen, werden kleine zakjes met zaadjes uitgedeeld om thuis te planten. Dit was een kruising van socialistisch realisme en *Cats*.

Het forum zat vol met dit soort vreemde juxtaposities van *underground*-ideeën en de Braziliaanse uitbundige feestcultuur: besnorde lokale politici vergezeld van glamourvrouwen in witte jurken met blote rug, schouder aan schouder met de president van de Beweging van Landloze Boeren, bekend van het omver sjorren van hekken en het bezetten van grote lappen ongebruikt landbouwland. Een oude vrouw van de Argentijnse Dwaze Moeders van Plazo de Mayo, de naam van haar vermiste kind als een kruis gedragen op haar witte haarsjaal, zat kalm naast een Braziliaanse voetbalheld die zozeer werd geadoreerd dat zijn aanwezigheid bij verschillende geharde *politicos* zulk gedrag uitlokte als het afscheuren van kledingstukken om daarop een handtekening te eisen. En José Bové, de Franse kaasboer die bekend is vanwege het 'strategisch ontmantelen' van McDonald's, kon helemaal nergens naartoe zonder een rij bodyguards die hem moesten beschermen tegen de paparazzi.

Elke avond verplaatste de conferentie zich naar een amfitheater buiten, waar musici uit de hele wereld optraden, inclusief het Cuarteto Patria, een van de Cubaanse bands die beroemd zijn geworden door de documentaire van Wim Wenders, *The Buena Vista Social Club*. Alles wat Cubaans was, was hier sowieso erg populair. Sprekers hoefden alleen maar naar het eiland te verwijzen en de zaal begon al *Cuba! Cuba! Cuba!* te scanderen. Spreekkoren waren, dat moet gezegd, dan ook behoorlijk populair: niet alleen voor Cuba, maar ook voor de [voormalige] presidentskandidaat en erepresident van de Arbeiderspartij: Luiz Inâncio Lula da Silva ('Lula-Lula'). José Bové verdiende een eigen yell: *Olé, Olé, Bové, Bové* – gezongen als een lied in een voetbalstadion.

Eén ding was niet zo populair op het World Social Forum: de Verenigde Staten. Er vonden dagelijks demonstraties plaats tegen Plan Colombia, de 'muur des doods' tussen de Verenigde Staten en Mexico, en ook tegen de uitspraak van George Bush dat de nieuwe regering zal stoppen met buitenlandse hulp aan groepen die informatie over abortus verstrekken. In de workshops en toespraken werd veel gesproken over Amerikaans imperialisme en de tirannie van de Engelse taal. Maar Amerikaanse burgers zelf waren er nauwelijks te vinden. De AFL-CIO (American Federation of Labout – Congress of Industrial Organizations) was niet echt vertegenwoordigd (haar president John Sweeney was in Davos), en er was niemand aanwezig van de National Organization for Women. Zelfs Noam Chomsky, die zei dat het forum 'ongekende kansen biedt om populaire krachten bijeen te brengen', stuurde alleen zijn verontschuldiging. Public Citizen had twee mensen in Porto Alegre, maar hun ster Lori Wallach was in Davos.* 'Waar zijn de Amerikanen?' vroegen mensen, wachtend in de rij voor koffie en bij de internetaansluitingen. Daarover waren vele theorieën in omloop. Sommigen gaven de media de schuld: de Amerikaanse pers berichtte niet over de gebeurtenis. Van de vijftienhonderd geregistreerde journalisten waren er misschien tien Amerikaans, en meer dan de helft daarvan waren van Independent Media Centers. Sommigen gaven Bush de schuld. Het forum werd een week na zijn inauguratie gehouden, wat betekende dat de meeste Amerikaanse activisten te druk bezig waren met protesteren tegen de verkiezingsroof om er zelfs maar over te denken ook nog naar Brazilië te gaan. Anderen gaven de Fransen de schuld: veel groepen wisten helemaal niet dat het evenement plaatsvond, gedeeltelijk omdat de internationale organisatie grotendeels was verzorgd door de ATTAC die, zoals Christophe Aguiton erkende, 'betere contacten met de Angelsaksische wereld' nodig had.

De meesten echter gaven de Amerikanen zelf de schuld. 'Voor een deel is het eenvoudigweg een uiting van Amerikaans patriottisme,' zei Peter Marcuse, hoogleraar stedelijke planning aan Columbia University en een van de sprekers op het forum. Het is een bekend verhaal: als het niet in de Verenigde Staten gebeurt, als het niet in het Engels is, als het niet door Amerikaanse groepen georganiseerd is, dan kan het niet echt belangrijk zijn – laat staan de *Battle of Seattle* evenaren.

Vorig jaar schreef de *New York Times*-columnist Thomas Friedman vanuit Davos: 'Elk jaar op het World Economic Forum is er een ster, een thema dat eruit springt': de dot.coms, de Azië-crisis. Vorig jaar in Davos was dat volgens Friedman 'Seattle'. Porto Alegre had ook zo'n thema en dat was zonder twijfel de democratie: Wat is ermee gebeurd? Hoe krijgen we haar terug? En waarom is er niet meer van op de conferentie zelf?

In workshops en in panels werd globalisering gedefinieerd als een massale welvaart- en kennisverschuiving van het publieke naar het private domein – via het patenteren van leven en kiemen, het privatiseren van water en het concentreren van het bezit van landbouwgronden. Doordat het overleg in Brazilië werd gehouden, werden deze onderwerpen nu eens niet gepresenteerd als shockerende nieuwe effecten van een tot dusver onbekend fenomeen genaamd 'glo-

---

* Veel hiervan zou veranderen voor het tweede World Social Forum in januari 2002: Chomsky kwam toen, net als Wallach, samen met een groter contingent van Amerikaanse activisten. (Noot van de auteur.)

balisering' – zoals vaak het geval is in het Westen – maar als onderdeel van het continuüm van kolonisatie, centralisatie en verlies van zelfbeslissingsrecht dat meer dan vijf eeuwen geleden begon.

De meest recente fase van marktintegratie heeft ertoe geleid dat macht en besluitvorming nu gedelegeerd zijn naar plekken die nog verderaf staan van de plekken waar de effecten van deze besluiten worden gevoeld, terwijl er tegelijkertijd nog grotere financiële lasten afgeschoven worden op de steden. De werkelijke macht is verschoven van het lokale naar de staat, van de staat naar het internationale, en uiteindelijk houdt de representatieve democratie niet meer in dan dat mensen elke paar jaar stemmen op politici, die vervolgens dat mandaat gebruiken om nationale macht over te hevelen naar de Wereldhandelsorganisatie en het IMF.

In reactie op deze wereldwijde crisis in de representatieve democratie stelde het forum zich ten doel alternatieven te bedenken, maar het duurde niet lang of er kwamen enkele dieperliggende vragen aan de oppervlakte. Is dit een beweging die probeert haar eigen, meer humane vorm van globalisering op te dringen, met het belasten van mondiale geldmiddelen en meer democratie en helderheid binnen het internationaal bestuur? Of is het een beweging tegen centralisatie en machtsdelegatie vanuit een soort principe – een beweging die net zo kritisch staat tegenover de linkse *one-size-fits-all*-ideologie als tegenover het idee van een soort McGovernment ('McRegering') dat op fora als Davos wordt uitgedacht? Het is prima om enthousiast te zijn over een mogelijke andere wereld – maar is het doel een specifieke mogelijke andere wereld, of is het, zoals de Zapatistas zeggen, 'een wereld met de mogelijkheid van vele werelden daarbinnen'?

Er werd geen consensus bereikt over deze vragen. Sommige groepen, die banden hadden met politieke partijen, leken aan te dringen op een verenigde internationale organisatie of partij en wilden dat het forum een officieel manifest uitbracht dat een blauwdruk voor een regering kon vormen. Andere groepen, die buiten de traditionele politieke kanalen opereerden en vaak gebruikmaakten van directe acties, waren minder voorstander van een verenigde visie dan van een universeel recht op zelfbeschikking en diversiteit: agrarische diversiteit, culturele diversiteit en zelfs politieke diversiteit.

Atila Roque was een van de mensen die met kracht bepleitten dat het forum niet moest proberen één lijst met politieke eisen uit te brengen. 'We proberen de uniformiteit van gedachten te doorbreken, en dat doe je niet door zelf weer een andere uniforme denkwijze uit te dragen. Eerlijk gezegd mis ik de tijd dat we allemaal lid van de Communistische Partij waren helemaal niet. We kunnen inderdaad onze agenda's meer met elkaar in overeenstemming brengen, maar ik denk niet dat de burgermaatschappij zichzelf moet proberen te organiseren tot een partij.'

Uiteindelijk kwam de conferentie niet met één officiële verklaring (hoewel er wel een dozijn of wat onofficiële verklaringen waren). In plaats van radicale blauwdrukken voor politieke verandering was er af en toe een glimp te zien van lokale democratische alternatieven.

De Beweging van Landloze Boeren nam delegaties mee op dagtochten naar weer in bezit gekregen boerenland dat gebruikt werd voor duurzame landbouw. En dan was er nog het levende bewijs van een mogelijk alternatief, de stad Porto Alegre zelf: de stad is een schoolvoorbeeld van participerende democratie geworden dat over de hele wereld bestudeerd wordt. In Porto Alegre is democratie geen zaak van beleefd je stem uitbrengen; het is een actief proces, uitgevoerd in losse bijeenkomsten in het stadhuis. Het pronkstuk van het platform van de Arbeiderspartij is iets dat *the participatory budget* (het 'participatiebudget', oftewel het budget waarover iedereen meebeslist) wordt genoemd: een systeem dat directe burgerparticipatie mogelijk maakt in de verdeling van de schaarse gemeentegelden. Door middel van een netwerk van buurt- en themaraden stemmen burgers rechtstreeks over vragen als: welke wegen zullen worden geasfalteerd en welke gezondheidscentra gebouwd? In Porto Alegre heeft die decentralisatie van macht resultaten opgeleverd die het spiegelbeeld zijn van mondiale economische trends. Bijvoorbeeld: in plaats van te bezuinigen op openbare voorzieningen voor de armen, zoals bijna overal het geval is, heeft de gemeente die voorzieningen substantieel uitgebreid. En in plaats van dat er toenemend cynisme is en kiezers wegblijven, groeit de participatie in de democratie ieder jaar.

'Deze stad ontwikkelt een nieuwe vorm van democratie waarin mensen niet klakkeloos alle controle overleveren aan de staat,' zei de Britse auteur Hilary Wainwright op het forum. 'De uitdaging is: hoe breiden we dit uit naar nationaal en mondiaal niveau?'

Misschien door de antiglobalistische beweging die zich verzet tegen de macht van bedrijven, om te vormen tot een prodemocratiebeweging die opkomt voor het recht van lokale gemeenschappen om zelf hun scholen te organiseren en te beheren, en ook hun water en hun ecologie. In Porto Alegre leek het de meest overtuigende reactie op de internationaal falende representatieve democratie: deze radicale vorm van lokale participerende democratie in die steden en gemeenten waar de abstracties van de mondiale economie zeer dagelijkse problemen opleveren, zoals dakloosheid, besmet water, gevangenissen die uit hun voegen barsten en scholen zonder financiële middelen. Natuurlijk moet dit vorm krijgen binnen een context van nationale en internationale normering en reserves. Maar wat zich uit het World Social Forum organisch leek te ontwikkelen (ondanks pogingen van sommige van de organisatoren), was niet een beweging die op één mondiale regering gericht was, maar een visie: een steeds meer met elkaar in verbinding staand internationaal netwerk van lokale initiatieven, elk gebaseerd op directe democratie.

Het onderwerp democratie kwam niet alleen in de panels en workshops ter sprake, maar ook in de wandelgangen en tijdens verhitte bijeenkomsten in de late avond op het jongerenkampeerterrein. Hier was het onderwerp van gesprek niet hoe de wereld democratischer bestuurd kon worden, of zelfs niet de besluitvorming in steden – maar iets dat veel dichterbij stond: het gapende 'democratische gat' van het World Social Forum zelf.

Op één niveau was het forum extreem open: iedereen die dat wilde kon deelnemen als afgevaardigde, ongeacht het aantal deelnemers. En elke groepering die een workshop wilde geven – zelf of met een andere groepering – hoefde alleen maar een titel aan te leveren bij het organisatiecomité, voordat het programma geprint werd.

Maar er waren soms zestig van dit soort workshops tegelijkertijd aan de gang, terwijl het programma op het hoofdpodium, waar men meer dan duizend afgevaardigden in één keer kon bereiken, niet door activisten maar door politici en academici gedomineerd werd. Sommigen gaven opzwepende presentaties, terwijl anderen op een pijnlijke manier geen aansluiting leken te kunnen vinden met het publiek: na een reis van achttien uur of meer zat niemand echt te wachten op teksten als dat 'over globalisering getwist kon worden'. Dat deze panels gedomineerd werden door mannen in de vijftig, te veel van hen blank, hielp ook niet mee. Nicola Bullard, waarnemend directeur van Bangkok's Focus on the Global South, grapte half-en-half dat de openingspersconferentie 'op het Laatste Avondmaal leek: twaalf mannen met een gemiddelde leeftijd van tweeënvijftig'. En het was waarschijnlijk ook geen goed idee dat de VIP-room, een enclave van kalmte en rust waar men alleen op uitnodiging binnen mocht, van glas was. Deze nadrukkelijke tweedeling te midden van al dat gepraat over 'macht aan de burger' begon te irriteren, vooral op het moment dat het jongerenkampeerterrein zonder wc-papier kwam te zitten.

DAGBOEK VAN EEN ACTIVISTE

Deze klachten waren symbolisch voor een groter probleem. De organisatiestructuur van het forum was zo ondoorzichtig dat het bijna onmogelijk was om uit te vinden hoe er precies beslissingen werden genomen of om enige kanttekeningen te plaatsen bij deze beslissingen. Er waren geen openbare bijeenkomsten waar iedereen kon meebeslissen en er was geen mogelijkheid te stemmen over toekomstige evenementen. Omdat het proces zo ondoorzichtig was, werd er achter de schermen een felle strijd gevoerd over de verschillende niet-gouvernementele organisaties – over wiens helden de meeste spreektijd zouden krijgen, welke mensen toegang tot de pers zouden krijgen en wie zouden worden gezien als de werkelijke leiders van de beweging.

Op de derde dag begonnen gefrustreerde afgevaardigden datgene te doen waar ze het best in zijn: protesteren. Er werden optochten gehouden en manifesten geschreven – wel minstens een half dozijn. De forumorganisatoren werden van allerlei dingen beschuldigd, van reformisme tot racisme. De afvaardiging van de Anti-Capitalist Youth beschuldigde de organisatoren ervan dat ze het belang van directe actie voor het opbouwen van een beweging negeerden. Haar manifest veroordeelde het congres als 'een sluwe truc' waarbij softe woorden als democratie werden gebruikt om een tot verdeeldheid leidende discussie over sociale klassen te ontwijken. De PSTU, een splinterfractie van de Arbeiderspartij, begon speeches over de mogelijkheid van een andere wereld te onderbreken met luide kreten als: 'Een andere wereld is pas mogelijk als jullie het kapitalisme vernietigen en het socialisme vooropzetten!' (Dit klonk veel beter in het Portugees.)

Niet alle kritiek was fair. Zeer uiteenlopende standpunten kwamen op het forum samen, en het was precies deze diversiteit die conflicten onvermijdelijk maakte. Door groepen bijeen te brengen met zulke verschillende ideeën over macht – vakbonden, politieke partijen, niet-gouvernementele organisaties, anarchistische straatdemonstranten en agrarische hervormers – maakte het World Social Forum alleen maar de spanningen zichtbaar die altijd al vlak onder de oppervlakte van dit soort fragiele coalities liggen.

Maar andere vragen waren legitiem en hebben implicaties die veel verder reiken dan een congres van een week. Hoe worden beslissingen genomen in deze beweging van bewegingen? Wie beslist bijvoorbeeld welke 'vertegenwoordigers van de burgermaatschappij' achter het prikkeldraad in Davos mogen komen – terwijl buiten demonstranten met waterkanonnen worden teruggedrongen? Als Porto Alegre de tegenhanger van Davos was, waarom waren dan enkele van de herkenbaarste gezichten van de tegenbeweging 'in gesprek' in Davos?

UITZICHTEN OP DEMOCRATIE

Deze vragen over de manier van aanpak zijn plotseling urgent. Hoe bepalen we of het in internationale overeenkomsten, als het gaat over thema's als arbeid en milieu, het doel is om aan te dringen op 'sociale clausules', of om te proberen deze overeenkomsten geheel te dwarsbomen? Dit debat – in eerste instantie academisch van aard omdat er zoveel weerstand was tegen sociale clausules vanuit het bedrijfsleven – is nu zeer reëel. Leiders van de Amerikaanse industrie, inclusief Caterpillar en Boeing, zijn actief aan het lobbyen voor het koppelen van handel aan arbeids- en milieuclausules, niet omdat ze streven naar hogere standaarden, maar omdat deze koppelingen worden beschouwd als de sleutel tot het doorbreken van de patstelling in het Congres over *fast-track trade negotiating* (snelle onderhandeling over de handel). Zorgen vakbonden en milieuactivisten door aan te dringen op sociale clausules er niet voor dat deze onderhandelingen worden bespoedigd, een proces dat ook de deur zal openen naar privatisering van dienstverlening, zoals water, en een meer agressieve bescherming van patenten op geneesmiddelen? Zou het doel moeten zijn om iets aan deze handelsovereenkomsten toe te voegen of juist om hele gedeelten daaruit te schrappen: water, landbouw, voedselveiligheid, patenten op medicijnen, scholing, gezondheidszorg? Walden Bello, lid van de raad van bestuur van Focus on the Global South, is hierover heel duidelijk. 'De Wereldhandelsorganisatie is niet te veranderen,' zei hij op het forum, 'en het is een verschrikkelijke geldverspilling om aan te dringen op hervormingen. Arbeids- en milieuclausules zullen alleen maar meer macht geven aan een organisatie die nu al te veel macht heeft.'

Het is tijd om een serieus debat te voeren over de strategie en werkwijze, maar het is moeilijk te zeggen hoe dat zal uitpakken zonder dat de beweging die het van haar flexibiliteit moet hebben vastloopt. Anarchisten, hoewel fanatiek wanneer het gaat over de werkwijze, neigen ernaar zich te verzetten tegen pogingen de beweging te structuraliseren of te centraliseren. Het International Forum on Globalization – de adviesraad van de Noord-Amerikaanse tak van de beweging – mist helderheid in de besluitvorming en hoeft geen verantwoording af te leggen aan het grote aantal leden. Ondertussen zijn niet-gouvernementele organisaties, die normaal gesproken met elkaar zouden samenwerken, met elkaar in een strijd verwikkeld om publiciteit en fondsen. En traditionele, vanuit de leden georganiseerde politieke structuren, zoals partijen en vakbonden, zijn aan handen en voeten gebonden in deze wijde webben van activisme.

Misschien is de grootste les die uit Porto Alegre getrokken kan worden dat zaken als 'democratie' en 'verantwoording afleggen' eerst op een meer beheersbare schaal uitgewerkt moeten worden – binnen lokale gemeenschappen en coalities en binnen afzonderlijke organisaties. Zonder zo'n fundament is er niet veel kans op een bevredigend democratisch proces als tienduizend activisten vanuit zeer verschillende achtergronden bij elkaar worden gegooid op de campus van een universiteit. Wat nu wel duidelijk geworden is, is dat wanneer de enige 'pro' waar deze onderling verdeelde coalitie achter kan staan 'pro-democratie' is, de democratie binnen de beweging de hoogste prioriteit zou moeten krijgen. De Call for Mobilization uit Porto Alegre stelt duidelijk dat 'we de elite en hun ondemocratische werkwijze, gesymboliseerd door het World Economic Forum in Davos, uitdagen.' De meeste delegaties waren het wel met elkaar eens dat het niet volstaat 'Elitair!' te schreeuwen vanuit een glazen huis – of vanuit een glazen VIP-lounge.

Ondanks de momenten van openlijk verzet eindigde het World Social Forum net zo euforisch als het begon. Er was gejuich en gezang, het luidst toen het organisatiecomité aankondigde dat Porto Alegre volgend jaar weer als gastheer voor het forum zou optreden. Het vliegtuig van Porto Alegre naar São Paolo op 20 januari zat vol met afgevaardigden, van top tot teen gekleed in spullen van het congres – T-shirts, baseballpetjes, bekers, tassen – en allemaal met de utopische slogan: 'Een andere wereld is mogelijk.' Niet ongebruikelijk misschien na een congres, maar ik vond het wel opmerkelijk dat twee mensen die in de stoelen tegenover me zaten nog steeds hun naamkaartjes van het World Social Forum droegen. Het was alsof ze aan die droomwereld, hoewel niet volmaakt, wilden blijven vasthouden zo lang als ze konden, totdat ze uit elkaar zouden moeten om elk de eigen aansluiting te pakken naar Newark, Parijs of Mexico City en vervolgens opgenomen te worden in een wereld van haastige zakenlui, belastingvrije Gucci-tassen en beursberichten op CNN.

OPSTAND IN CHIAPAS

Subcomandante Marcos en de Zapatistas werken aan een revolutie die meer vertrouwt op woorden dan op kogels
Maart 2001

Een maand geleden kreeg ik een e-mail van Greg Ruggiero, de uitgever van *Our Word Is Our Weapon*, een verzameling teksten van Subcomandante Marcos, woordvoerder van het Zapatista Nationaal Bevrijdingsleger in Chiapas, Mexico. Hij schreef dat Zapatista-leiders in een karavaan naar Mexico City gingen en dat die gebeurtenis 'het equivalent van de mars van Martin Luther King Jr. naar Washington' was. Ik heb lang naar die zin zitten staren. Ik heb de clip van Kings *I have a dream*-speech misschien wel tienduizend keer gezien, zij het meestal in commercials voor beleggingsmaatschappijen of kabelnieuws. Ik ben opgegroeid nadat de geschiedenis was geëindigd, en ik heb nooit gedacht dat ik een historisch moment met een hoofdletter H zou meemaken als tegenwicht daarvoor.

Vervolgens zat ik opeens aan de telefoon met vliegmaatschappijen om afspraken af te zeggen, krankzinnige excuses te bedenken, iets te mompelen over Zapatistas en Martin Luther King. Wat maakt het uit dat het nergens op sloeg? Het enige dat ik wist was dat ik op 11 maart in Mexico City moest zijn, de dag waarop Marcos en de Zapatistas hun grootse entree zouden maken.

Dit is een mooi moment om op te biechten dat ik nog nooit in Chiapas ben geweest. Ik heb nog nooit de bedevaartstocht gemaakt naar de jungle van Lacandon. Ik heb nog nooit in de modder en de mist gezeten in La Realidad. Ik heb nog nooit gezeurd, gesmeekt of me aangesteld om een onderhoud te krijgen met Subcomandante Marcos, de gemaskerde man, het gezichtloze gezicht van het Mexicaanse Zapatista Nationaal Bevrijdingsleger. Maar ik ken mensen die dat wél hebben gedaan. Veel mensen. In 1994, de zomer na de Zapatista-opstand, waren karavaans naar Chiapas een enorme hype in activistenkringen in Noord-Amerika: vrienden legden hun geld bij elkaar om een tweedehands busje te kopen, propten het vol met proviand, reden naar het zuiden naar San Cristobal de las Casas en lieten vervolgens daar de auto achter. Toen had ik er niet veel belangstelling voor. In die tijd leek Zapatista-mania verdacht veel

DAGBOEK VAN EEN ACTIVISTE

op een van de vele goede doelen voor *lefties* met een schuldgevoel en een Latijns-Amerikaanse fetisj: het zoveelste marxistische rebellenleger, de zoveelste macholeider, de zoveelste kans om naar het zuiden te trekken en bontgekleurde stoffen te kopen. Hadden we dat verhaal niet al eerder gehoord? Was het niet slecht afgelopen?

Maar deze Zapatista-karavaan is anders. Allereerst eindigt hij niet in San Cristobal de las Casas; hij begint daar en trekt door het Mexicaanse platteland totdat hij uiteindelijk aankomt in het centrum van Mexico City. De karavaan, door de Mexicaanse pers getooid met de koosnaam 'Zapatour', staat onder leiding van de raad van vierentwintig Zapatista-commandanten, in vol uniform en met maskers (maar zonder wapens), onder wie Subcomandante Marcos zelf. Omdat de Zapatista-leiding onder geen beding uit Chiapas vandaan reist (en omdat er op de hele weg burgerwachten zijn die dreigen met dodelijke aanvallen op Marcos), heeft de Zapatour strenge beveiliging nodig. Het Rode Kruis wilde die klus niet doen, dus wordt de bewaking verzorgd door enkele honderden activisten uit Italië die zich *Ya Basta!* ('Genoeg is genoeg!') noemen, naar de provocerende formulering die de Zapatistas gebruiken in hun oorlogsverklaring. Honderden studenten, kleine boeren en activisten hebben zich aangesloten bij de *road show* die door duizenden mensen langs de weg wordt toegejuicht. Anders dan die toenmalige Chiapas-gangers zeggen deze reizigers niet dat ze er zijn uit 'solidariteit' met de Zapatistas, maar omdat ze Zapatistas *zijn*. Sommigen beweren zelfs dat ze Subcomandante Marcos zelf zijn – ze zeggen: 'We zijn allemaal Marcos.'

Misschien kan alleen een man die nooit zijn masker afzet en die zijn echte naam verbergt, deze karavaan van ketters, rebellen, loners en anarchisten leiden op de tocht van twee weken. Dit zijn mensen die hebben geleerd zich verre te houden van charismatische leiders met hapklare *one-size-fits-all*-ideologieën. Dit zijn geen partijgetrouwen; het zijn leden van groepen die prat gaan op hun autonomie en gebrek aan hiërarchie. En Marcos – met zijn zwarte wollen masker, twee kijkgaten en pijp – lijkt een antileider te zijn die op maat is gemaakt voor deze wantrouwende, kritische bende. Niet alleen weigert hij zijn gezicht te laten zien, waardoor hij zijn eigen beroemdheid ondergraaft (en tegelijkertijd vergroot), maar het verhaal van Marcos is het verhaal van een man die zijn leiderschap niet verkreeg door dikdoenerige zelfverzekerdheid, maar door de confrontatie aan te gaan met politieke onzekerheid, door te leren volgen.

Hoewel er nauwelijks een bevestiging is van Marcos' ware identiteit, is de meest gehoorde legende die hem omgeeft de volgende: Marcos, een marxistische intellectueel en activist uit de grote stad, werd gezocht door de staat en was niet langer veilig in de steden. Hij vluchtte naar de bergen van Chiapas in het zuidoosten van Mexico, vervuld van revolutionaire retoriek en overtuiging, om daar de inheemse bevolking te bekeren tot een gewapende proletarische revolutie tegen de bourgeoisie. Hij zei dat de arbeiders aller landen zich moesten verenigen, en de Maya's staarden hem met lege blikken aan. Ze zeiden dat zij geen arbeiders waren, en dat land geen bezit was maar het hart van hun gemeenschap. Na te zijn mislukt als marxistische zendeling, dompelde Marcos zich onder in de Maya-cultuur. Hoe meer hij leerde, des te minder hij wist. Uit dat proces kwam een nieuw soort leger voort, het EZLN, het Zapatista Nationaal Bevrijdingsleger, dat niet werd bestuurd door een elite van guerrillaleiders maar door de gemeenschappen zelf, door illegale raden en openbare bijeenkomsten. 'Ons leger,' zegt Marcos, 'werd schandelijk indiaans.' Dat betekende dat hij geen leider was die bevelen brulde, maar een subcomandante, een voertuig voor de wil van de raden. Zijn eerste woorden, in zijn nieuwe persona, waren: 'Door mij spreekt de wil van het Zapatista Nationaal Bevrijdingsleger.' Marcos bagatelliseert zichzelf nog meer door tegen degenen die hem volgen te zeggen dat hij geen leider is, maar dat zijn zwarte masker een spiegel is die al hun eigen gevechten reflecteert; dat een Zapatista iedereen is die waar dan ook strijdt tegen onrecht: 'Wij zijn jullie.' Heel beroemd is wat hij eens tegen een journalist zei: 'Marcos is homoseksueel in San Francisco, zwart in Zuid-Afrika, een Aziaat in Europa, een Chicano in San Ysidro, een anarchist in Spanje, een Palestijn in Israël, een Maya-indiaan in de straten van San Cristobal, een jood in Duitsland, een zigeuner in Polen, een Mohawk in Quebec, een pacifist in Bosnië, een alleenstaande vrouw in de metro om tien uur 's avonds, een boer zonder grond, een bendelid in de sloppenwijken, een werkloze arbeider, een ongelukkige student en, natuurlijk, een Zapatista in de bergen.'

'Dat niet-zelf,' schrijft Juana Ponce de Leon, die de geschriften van Marcos heeft geredigeerd, 'biedt Marcos de mogelijkheid om de woordvoerder van inheemse gemeenschappen te worden. Hij is transparant, en hij is iconografisch.' Maar de paradox van Marcos en de Zapatistas is dat ondanks de maskers, de niet-zelven en het mysterie hun strijd gaat over het tegenovergestelde van anonimiteit – die gaat over het recht gezien te worden. Toen de Zapatistas in 1994 de wapens opnamen en *Ya Basta!* zeiden, was dat een opstand tegen hun onzichtbaarheid. Net als zoveel anderen die door de globalisering achterop zijn geraakt, waren de Maya's van Chiapas van de economische kaart gevallen. 'In de steden,' stelde de EZLN-leiding, 'bestonden we niet. Onze levens waren minder waard dan die van machines of dieren. We waren als stenen, als onkruid op de weg. We werden tot zwijgen gebracht. We hadden geen gezicht.' Door zich te bewapenen en maskers te dragen, zo verklaren de Zapatistas, sloten ze zich niet aan bij een of ander *Star Trek*-achtig Borg-universum van mensen zonder identiteit die strijden voor een gemeenschappelijke zaak: ze dwongen de wereld hun situatie niet langer te negeren en hun lang veronachtzaamde gezichten te zien. De Zapatistas zijn 'de stem die zichzelf bewapent om gehoord te worden. Het gezicht dat zich verbergt om gezien te worden.'

Ondertussen schrijft Marcos zelf – dat zogenaamde niet-zelf, de spreekbuis, de spiegel – in zo'n persoonlijke en poëtische stijl, zo volkomen en onmiskenbaar van hemzelf, dat hij voortdurend de anonimiteit ontkracht en ondermijnt die voortkomt uit zijn masker en pseudoniem. Er wordt vaak gezegd dat het beste wapen van de Zapatistas het internet was, maar hun werkelijke geheime wapen was hun taal. In *Our Word Is Our Weapon* lezen we manifesten en oorlogskreten die ook gedichten zijn, legendes en mantra's. Er doemt een personage op van achter het masker, een persoonlijkheid. Marcos is een revolutionair die lange meditatieve brieven schrijft aan de Urugayaanse schrijver Eduardo Galeano over de betekenis van stilte, die kolonialisme omschrijft als een reeks 'slecht vertelde slechte grappen', die Lewis Carroll, Shakespeare en Borges citeert. Die schrijft dat verzet plaatsvindt 'elke keer dat een man of een vrouw rebelleert tot het punt dat hij of zij de kleren afscheurt die de berusting voor hen heeft geweven en het cynisme grijs heeft geverfd'. En die vervolgens wispelturige namaaktelegrammen stuurt naar alle leden van de 'burgersamenleving': 'De grijzen zijn aan de winnende hand. Stop. Dringend regenboog nodig.'

Marcos lijkt zich scherp bewust van zichzelf als een onweerstaanbare romantische held. Hij is een omgekeerd Isabel Allende-personage – niet de arme boer die een marxistische rebel wordt, maar een marxistische intellectueel die een arme boer wordt. Hij speelt met dat personage, flirt ermee en zegt dat hij zijn ware identiteit niet kan onthullen uit angst dat hij zijn vrouwelijke fans zal teleurstellen. Wellicht omdat hij voorzag dat dit spelletje enigszins uit de hand ging lopen, koos Marcos de vooravond van Valentijnsdag dit jaar om het slechte nieuws bekend te maken: hij is getrouwd, heel erg verliefd, en ze heet La Mar ('De Zee' – wat kon het ook anders zijn?).

Dit is een beweging die zich buitengewoon bewust is van de kracht van woorden en symbolen. De vierentwintigkoppige Zapatista-leiding was oorspronkelijk van plan om in Mexico City aan te komen rijdend op paarden, als inheemse *conquistadores* (uiteindelijk werd het een truck met oplegger gevuld met hooi). Maar de karavaan is meer dan symbolisch. Het doel is het Congres toe te spreken en te eisen dat de wetgevende macht een inheemse *Bill of Rights* aanneemt, een wet die voortkomt uit de mislukte vredesonderhandelingen van de Zapatistas met de voormalige president Ernesto Zedillo. Vincente Fox, zijn onlangs gekozen opvolger die tijdens de campagne zo roemrucht snoefde dat hij 'in vijftien minuten' het Zapatistas-probleem kon oplossen, heeft om een ontmoeting met Marcos verzocht, maar is tot nu toe geweigerd. Niet voordat de *Bill* is aangenomen, zegt Marcos, niet voordat meer legertroepen worden teruggetrokken uit Zapatistas-gebied, niet voordat alle politieke gevangenen van de Zapatistas worden vrijgelaten. Marcos is al eerder verraden, en hij beschuldigt Fox ervan dat hij een 'gesimuleerde vrede' in elkaar zet voordat de vredesonderhandelingen zelfs maar opnieuw zijn begonnen.

Wat duidelijk is in al dit gedrang en getrek om posities, is dat er iets radicaals is veranderd in het machtsevenwicht in Mexico. De Zapatistas hebben de touwtjes in handen – wat veelzeggend is, aangezien ze niet meer zoals vroeger de gewoonte hebben wapens in handen te houden. Wat begon als een kleine, gewapende opstand is in de afgelopen zeven jaar veranderd in wat nu meer lijkt op een vreedzame, massale beweging. Het heeft bijgedragen tot de omverwerping van de corrupte, eenenzeventig jaar durende regering van de Institutionele Revolutionaire Partij, en het heeft inheemse rechten midden op de Mexicaanse politieke agenda geplaatst.

Dat is de reden waarom Marcos boos wordt als men hem beschouwt als de zoveelste man met een wapen: 'Welke andere guerrillamacht heeft een nationale democratische beweging voortgebracht, civiel en vreedzaam, zodat gewapende strijd zinloos wordt?' vraagt hij. 'Welke andere guerrillamacht heeft ervoor gevochten om een democratische ruimte te veroveren en niet de macht gegrepen? Welke andere guerrillamacht heeft meer vertrouwd op woorden dan op kogels?'

De Zapatistas kozen 1 januari 1994, de dag dat het NAFTA-akkoord van kracht werd, om 'de oorlog te verklaren' aan het Mexicaanse leger, een opstand in gang te zetten en korte tijd het bestuur van de stad San Cristobal de las Casas en vijf Chiapas-steden over te nemen. Ze verklaarden in een communiqué dat het NAFTA-akkoord, dat een einde maakte aan subsidies voor inheemse landbouwcoöperaties, een 'standrechtelijke executie' zou zijn voor vier miljoen inheemse Mexicanen in Chiapas, de armste provincie van het land.

DAGBOEK VAN EEN ACTIVISTE

Er waren bijna honderd jaar verstreken sinds de Mexicaanse revolutie beloofde inheemse grond terug te geven door middel van agrarische hervormingen. Na al die gebroken beloften was het NAFTA-akkoord de laatste strohalm. 'Wij zijn het product van vijfhonderd jaar strijd [...] maar vandaag zeggen we *Ya Basta!* Genoeg is genoeg.' De rebellen noemden zichzelf Zapatistas, naar Emiliano Zapata, de vermoorde held uit de revolutie van 1910 die, samen met een in lompen gehuld leger van boeren, strijd voerde om land dat eigendom was van grootgrondbezitters terug te geven in handen van inheemse landbouwers.

In de zeven jaar sinds ze zijn opgestaan, zijn de Zapatistas twee machten tegelijk gaan vertegenwoordigen: ten eerste rebellen die strijden tegen schrijnende armoede en vernedering in de bergen van Chiapas, en ten tweede theoretici van een nieuwe beweging, een andere manier van denken over macht, verzet en globalisering. Die theorie – Zapatismo – keert niet alleen klassieke guerrillatactieken binnenstebuiten, maar zet ook veel linkse politiek op z'n kop.

In de loop der jaren heb ik gezien hoe de ideeën van de Zapatistas zich verspreidden door kringen van activisten en uit de tweede en derde hand werden doorgegeven: een zin, een manier om een vergadering te leiden, een metafoor die je hersenen doet kraken. Anders dan klassieke revolutionairen, die preken door megafoons en vanaf kansels, heeft Marcos het gedachtegoed van de Zapatistas verspreid door middel van raadsels en lange, veelbetekenende stiltes. Revolutionairen die geen macht willen. Mensen die hun gezicht moeten verbergen om gezien te worden. Een wereld met vele werelden erin.

Een beweging van één nee en vele ja's.

Die zinnen lijken op het eerste gezicht eenvoudig, maar vergis je niet. Ze weten zich op een slinkse manier in het bewustzijn in te graven en op vreemde plaatsen de kop op te steken, herhaald te worden totdat ze een soort waarheid worden – maar geen absolute waarheid: een waarheid, zoals de Zapatistas zouden zeggen, met vele waarheden erin. In Canada wordt inheemse opstand altijd gesymboliseerd door een blokkade: een fysieke barrière om te verhinderen dat de golfbaan schade toebrengt aan een autochtone begraafplaats, om de bouw van een hydro-elektrische dam te blokkeren of om te beletten dat een oerbos wordt gekapt. De Zapatistas-opstand was een nieuwe manier om grond en cultuur te beschermen: in plaats van de wereld buiten te sluiten, gooiden de Zapatistas de deuren open en nodigden ze de wereld uit binnen te komen. Chiapas werd getransformeerd, ondanks de armoede, ondanks het feit dat het gebied onder voortdurende militaire belegering lag, tot een mondiale verzamelplaats voor activisten, intellectuelen en inheemse groepen.

Vanaf hun allereerste communiqué nodigden de Zapatistas de internationale gemeenschap uit om 'over onze gevechten te waken en ze te reguleren'. De zomer na de opstand waren ze gastheer van een Nationale Democratische Conventie in de jungle; er kwamen zesduizend mensen, de meesten uit Mexico. In 1996 waren ze gastheer van de eerste *Encuentro* (ontmoeting) voor menselijkheid en tegen neoliberalisme. Zo'n drieduizend activisten reisden naar Chiapas om daar geestverwanten uit de hele wereld te ontmoeten.

Marcos zelf is een eenmansweb: hij is een dwangmatige communicator en zoekt voortdurend contact, legt verbindingen tussen verschillende onderwerpen en gevechten. Zijn communiqués staan vol met lijsten van groepen waarvan hij zich voorstelt dat het Zapatistas-bondgenoten zijn: kleine winkeliers, gepensioneerden en gehandicapten, maar ook arbeiders en *campesinos*, boeren. Hij schrijft aan de politieke gevangenen Mumia Abu-Jamal en Leonard Peltier. Hij correspondeert met een paar van de bekendste schrijvers van Latijns-Amerika. Hij schrijft brieven die zijn gericht 'aan het volk van de wereld'.

Toen de opstand begon, probeerde de regering die gebeurtenis af te doen als een 'lokaal' probleem, een etnisch conflict dat makkelijk te beteugelen was. De strategische overwinning van de Zapatistas betekende echter dat de bordjes werden verhangen: het onderstreepte dat wat er in Chiapas gebeurde, niet zomaar kon worden afgedaan als een beperkte 'etnische' strijd, dat het zowel specifiek als universeel was. Ze deden dat door nadrukkelijk hun vijand te benoemen als niet alleen de Mexicaanse staat, maar ook het stelsel van economische programma's dat we kennen als 'neoliberalisme'. Marcos hield vol dat de armoede en wanhoop in Chiapas een geavanceerdere versie waren van iets dat over de hele wereld gebeurde. Hij wees op de enorme aantallen mensen die niet meedeelden in de welvaart, wier grond en werk die welvaart mogelijk maakten. 'De nieuwe verdeling van de wereld sluit "minderheden" uit,' heeft Marcos gezegd. 'De inheemsen, jongeren, vrouwen, homoseksuelen, lesbiennes, kleurlingen, immigranten, arbeiders, boeren – de meerderheid die de fundamenten van de wereld vormt, wordt door de macht afgeschilderd als onbelangrijk. De verdeling van de wereld sluit de meerderheden uit.'

De Zapatistas organiseerden een openbare opstand waaraan iedereen kon meedoen, zolang ze zichzelf beschouwden als outsiders, de schaduwmeerderheid. Volgens voorzichtige schattingen zijn er nu vijfenveertigduizend

DAGBOEK VAN EEN ACTIVISTE

websites die met de Zapatistas te maken hebben, in zesentwintig landen. De communiqués van Marcos zijn beschikbaar in ten minste veertien talen. En dan is er nog de Zapatistas-huisvlijt: zwarte T-shirts met rode vijfpuntige sterren, witte T-shirts met EZLN erop in het zwart. Er zijn baseballpetjes, zwarte EZLN-skimaskers, door de Maya's gemaakte poppen en trucks. En je hebt posters – bijvoorbeeld één van Comandante Ramona, de geliefde EZLN-matriarch, als de Mona Lisa.

En het Zapatista-effect strekt zich veel verder uit dan traditionele solidariteitssteun. Veel mensen die de eerste *Encuentro* bijwoonden, zouden sleutelrollen gaan spelen in de protesten tegen de Wereldhandelsorganisatie in Seattle en de Wereldbank en het IMF in Washington D.C., en ze brachten een nieuwe vorm van directe actie mee, vóór collectieve besluitvorming en gedecentraliseerde organisatie. Toen de revolte begon, was het Mexicaanse leger ervan overtuigd dat het in staat zou zijn de jungle-opstand van de Zapatistas neer te slaan als een vlieg. Het stuurde zware artillerie, voerde luchtaanvallen uit, mobiliseerde duizenden soldaten. In plaats van op een verpletterde vlieg te staan, bleek de regering te zijn omgeven door een zwerm internationale activisten die rond Chiapas zoemden. In het onderzoek in opdracht van het Amerikaanse leger van de Rand Corporation wordt het EZLN neergezet als 'een nieuwe vorm van conflict – "netwar" – waarin de hoofdrolspelers zich verlaten op het gebruik van netwerkvormen van organisatie, doctrine, strategie en technologie'.

De cirkel rond de rebellen heeft de Zapatistas niet volledig beschermd. In december 1997 vond de brute slachting in Acteal plaats waarbij vijfenveertig Zapatistas-aanhangers die baden in een kerk werden gedood, overwegend vrouwen en kinderen. En de situatie in Chiapas is nog steeds heel slecht, met duizenden mensen die uit hun huizen zijn verdreven. Maar ook is het waar dat de toestand waarschijnlijk veel slechter zou zijn geweest, mogelijk met veel heviger ingrijpen van het Amerikaanse leger, als er geen internationale druk was geweest. Het onderzoek van de Rand Corporation onderschrijft dat de aandacht voor de globaliseringsactivisten zich aandiende 'in een periode waarin de Verenigde Staten wellicht stilzwijgend loerden op een gewelddadig optreden tegen de rebellen'.

Het is de moeite waard om te vragen: wat zijn de ideeën die zo krachtig zijn gebleken dat duizenden mensen het op zich hebben genomen ze over de hele wereld te verspreiden? Ze hebben te maken met macht – en nieuwe manieren om die te verbeelden. Een paar jaar geleden zou bijvoorbeeld het idee dat

UITZICHTEN OP DEMOCRATIE

de rebellen naar Mexico City reizen om het Congres toe te spreken, onvoorstelbaar zijn geweest. Gemaskerde guerrillastrijders die een domein van politieke macht betreden, wijst op maar één ding: revolutie. Maar Zapatistas zijn niet geïnteresseerd in het omverwerpen van de staat of het uitroepen van hun leider tot president. Als ze iets willen, is het minder macht van de staat over hun leven. En daarbij: Marcos zegt dat hij, zo gauw de onderhandelingen vrede hebben gebracht, zijn masker zal afzetten en verdwijnen.* Wat betekent het om een revolutionair te zijn die niet probeert een revolutie te ontketenen? Dat is een van de meest fundamentele Zapatistas-paradoxen. In een van zijn vele communiqués schrijft Marcos dat 'het niet nodig is om de wereld te veroveren. Het is voldoende om haar nieuw te maken.' En hij voegt eraan toe: 'Wij. Vandaag.' Het verschil tussen de Zapatistas en de gemiddelde marxistische opstandelingen is dat hun doel niet is om macht te veroveren, maar om autonome ruimtes te grijpen en te bouwen waar 'democratie, vrijheid en rechtvaardigheid' kunnen bloeien.

Hoewel de Zapatistas enkele centrale doelen van hun verzet hebben uitgesproken (controle over land, directe politieke representatie en het recht om hun taal en cultuur te beschermen), stellen ze nadrukkelijk dat ze niet geïnteresseerd zijn in 'de Revolutie', maar vooral in 'een revolutie die revolutie mogelijk maakt'.

Marcos gelooft dat wat hij op lokaal niveau in Chiapas heeft geleerd over niet-hiërarchische besluitvorming, gedecentraliseerd organiseren en verregaande democratie, ook oplossingen in petto heeft voor de niet-inheemse wereld – als die maar bereid zou zijn te luisteren. Het is een manier van organiseren die de gemeenschap niet onderverdeelt in hokjes van arbeiders, strijders, landbouwers en studenten, maar in plaats daarvan ernaar streeft gemeenschappen als geheel te organiseren, over sectorgrenzen heen, over generatiegrenzen heen, en 'sociale bewegingen' te creëren. Wat de Zapatistas betreft gaan die autonome zones niet over isolationisme of *dropping out* in jaren-zestigstijl. Integendeel: Marcos is ervan overtuigd dat die vrije ruimtes, geboren uit opnieuw opgeëist land, gemeenschappelijke landbouw, verzet tegen privatisering, uiteindelijk tegenkrachten zullen scheppen tegen de staat doordat ze alleen al bestaan als alternatieven.

Dit is de essentie van het Zapatismo, en het verklaart veel van de aantrekkingskracht ervan: een mondiale oproep tot revolutie die je vertelt niet te

---

* Toen de Zapatistas uiteindelijk daadwerkelijk het Congres toespraken, bleef Marcos buiten. (Noot van de auteur.)

DAGBOEK VAN EEN ACTIVISTE

wachten op de revolutie, maar slechts te staan voor datgene waarvoor je staat en te strijden met je eigen wapen. Dat kan een videocamera zijn, woorden, ideeën, 'hoop' – al deze dingen, zo heeft Marcos geschreven, 'zijn ook wapens'. Het is een miniatuurrevolutie die zegt: 'Ja, dit kun je ook thuis proberen.' Dit organisatiemodel heeft zich verspreid over Latijns-Amerika en de wereld. Je ziet het in de *centri sociali* (sociale centra), de anarchisten-kraakpanden in Italië (die 'sociale centra' worden genoemd) en in de Beweging van Landloze Boeren in Brazilië, die stukken ongebruikte landbouwgrond opeist en gebruikt voor duurzame landbouw, markten en scholen onder de slogan *Occupar, Resistir, Producir* ('Bezet, Verzet, Produceer'). Diezelfde ideeën over het mobiliseren van de economisch onzichtbaar geworden mensen zijn de rode draad in de Piquetero-beweging in Argentinië, organisaties van werkloze arbeiders wier honger hen ertoe heeft gebracht nieuwe manieren te vinden om concessies van de staat te krijgen. In een omkering van de traditionele staking (je kunt geen fabrieken stilleggen die al zijn gesloten), blokkeren de Piqueteros autowegen naar de steden, vaak weken aan een stuk, waardoor ze het verkeer en het vervoer van goederen tegenhouden. Politici zijn gedwongen om naar de wegversperringen te komen en te onderhandelen, en de Piqueteros weten er regelmatig fundamentele werkloosheidscompensatie voor hun leden uit te slepen. De Argentijnse Piqueteros (die je vaak EZLN-T-shirts ziet dragen) geloven dat in een land waar dertig procent van de bevolking zonder werk zit, vakbonden hele gemeenschappen moeten gaan organiseren, en niet alleen arbeiders. 'De nieuwe fabriek is de buurt,' zegt Piquetero-leider Luis D'Elia. En de Zapatista-ethiek werd krachtig uitgedrukt door de studenten van de Nationale Autonome Universiteit van Mexico tijdens de lange en militante bezetting van hun campus vorig jaar. Zapata heeft eens gezegd dat het land toebehoort aan degenen die het bewerken, hun spandoeken schreeuwden: 'WIJ VINDEN DAT DE UNIVERSITEIT TOEBEHOORT AAN DEGENEN DIE ER STUDEREN.'

Zapatismo is volgens Marcos niet een doctrine maar 'een intuïtie', en hij probeert bewust een beroep te doen op iets dat bestaat buiten het intellect, iets niet-cynisch in ons, dat hij in zichzelf vond in de bergen van Chiapas: verwondering, een opschorten van ongeloof, plus mythe en magie. Dus in plaats van manifesten te publiceren, probeert hij met zijn verbeelding die plaats te bereiken, met lange meditaties, fantasie, hardop dromen. Dat is in zekere zin een soort intellectuele guerrillaoorlog: Marcos wil zijn tegenstanders niet rechtstreeks ontmoeten, maar omsingelt ze daarentegen vanaf alle kanten.

UITZICHTEN OP DEMOCRATIE

Dat is de reden waarom ik, toen ik arriveerde in Mexico voor 11 maart, iets anders zag dan het grote historische moment dat ik me had voorgesteld. Toen de Zapatistas het Zócalo betraden, het plein voor het regeringsgebouw, terwijl tweehonderdduizend mensen ze toejuichten, werd er absoluut geschiedenis geschreven, maar het was een kleiner, bescheidener soort geschiedenis, in kleinere letters, dan je kunt zien in die zwart-wit-nieuwsberichten. Een geschiedenis die zegt: 'Ik kan niet jouw geschiedenis voor je maken. Maar ik kan je wel vertellen dat het aan jou is geschiedenis te maken.'

Onder de menigten van meer dan tweehonderdduizend mensen waren de meest enthousiaste aanhangers van de Zapatistas vrouwen van middelbare leeftijd – de bevolkingsgroep die Amerikanen graag *soccer moms* ('voetbalmoeders') noemen. Zij verwelkomden de revolutionairen met spreekkoren: *You are not alone!* ('Jullie zijn niet alleen!') Sommigen hadden pauze van hun werk in fastfoodtenten en droegen nog steeds hun bijbehorende gestreepte uniform.

Van veraf lijkt de populariteit van de Zapatistas – de veertig soorten T-shirts, posters, vlaggen en poppen – erg op massareclame, de *radical chic branding* van een klassieke cultuur. Maar van dichterbij voelt het aan als iets anders: authentieke, anachronistische folklore. De Zapatistas hebben hun boodschap niet verspreid door reclame of *sound bites*, maar door verhalen en symbolen, met de hand op muren getekend, van mond tot mond doorverteld. Het internet, dat die organische netwerken na-aapt, heeft simpelweg die folklore opgepakt en over de hele wereld verspreid.

Toen ik luisterde naar Marcos die de menigten toesprak in Mexico City, trof het me dat hij niet klonk als een politicus op een bijeenkomst of een dominee op een kansel, maar dat hij klonk als een dichter – op de grootste poëzievoordracht ter wereld. En ik besefte op dat moment dat Marcos inderdaad niet Martin Luther King is – hij is de zeer moderne nakomeling van King, geboren uit een bitterzoet huwelijk van visoen en noodzaak. Die gemaskerde man die zich Marcos noemt, is de afstammeling van King, Che Guevara, Malcolm X, Emiliano Zapata en al de andere helden die vanaf kansels preekten, om ten slotte één voor één neergeschoten te worden, groepen volgelingen achterlatend die blind en gedesoriënteerd rondzwerven omdat ze hun hoofd zijn kwijtgeraakt.

En in hun plaats heeft de wereld nu een nieuw soort held, één die meer luistert dan praat, die preekt in raadsels en niet in zekerheden, een leider die zijn gezicht niet toont, die zegt dat zijn masker eigenlijk een spiegel is. En met de Zapatistas hebben we niet een droom van een revolutie, maar een dromende revolutie. 'Dit is onze droom,' schrijft Marcos, 'de Zapatista-paradox – één die de slaap wegneemt. De enige droom die wakend wordt gedroomd, slapeloos. De geschiedenis die wordt gebaard en grootgebracht van onderaf.'

DE SOCIALE CENTRA VAN ITALIË

> In teruggevorderde pakhuizen gaan
> vensters op democratie open
> *Juni 2001*

Een vrouw met lang bruin haar en een doorrookte stem heeft een vraag. 'Wat denken jullie dat dit is?' vraagt ze, met de hulp van een tolk. 'Een lelijk getto of misschien iets moois?'

Het was een strikvraag. We zaten in een bouwvallig kraakpand in een van de minst pittoreske voorstadjes van Rome. De muren van het logge gebouw waren bedekt met graffiti, de grond was modderig en overal rondom stonden dreigend enorme bouwprojecten. Als een van de twintig miljoen toeristen die vorig jaar naar Rome trokken een verkeerde afslag had genomen en hier terecht was gekomen, dan zou hij onmiddellijk zijn Fodor hebben gepakt en zijn gevlucht op zoek naar een of andere plek met gewelfde plafonds, fonteinen en fresco's.

Maar terwijl de resten van een van de machtigste, meest gecentraliseerde rijken in de geschiedenis onberispelijk worden geconserveerd in het centrum van Rome, is het hier, in de arme buitenwijken van de stad, dat je een glimp kunt opvangen van een nieuwe, levende politiek.

Het kraakpand in kwestie heet Corto Ciccuito, een van Italiës vele *centri sociali*. Sociale centra zijn leegstaande panden – pakhuizen, fabrieken, kazernes, scholen – die zijn bezet door krakers en getransformeerd tot culturele en politieke broedplaatsen, uitdrukkelijk onafhankelijk van zowel de markt als overheidscontrole. Volgens sommige schattingen zijn er in Italië honderdvijftig sociale centra.

Het grootste en oudste – Leoncavallo in Milaan – is praktisch een stad op zichzelf, met verscheidene restaurants, tuinen, een boekhandel, een bioscoop, een overdekte skateboardbaan en een club die groot genoeg is om Public Enemy erin te kunnen laten optreden toen die rapgroep de stad aandeed. Dit zijn zeldzame bohémien-plekken in een snel vertruttende wereld, een feit dat de Franse krant *Le Monde* ertoe bracht ze te omschrijven als 'de culturele juwelen van Italië'.

Maar de sociale centra zijn meer dan alleen de beste plek om op zaterdagavond naartoe te gaan. Ze vormen ook de basis van een groeiende politieke strijdbaarheid in Italië. In de centra mengen politiek en cultuur zich gemakkelijk: een debat over directe actie verandert in een enorm feest in de buitenlucht; een *rave* vindt plaats naast een vergadering over een vakbond voor fastfoodwerknemers.

In Italië is deze cultuur uit noodzaak voortgekomen. Omdat politici van zowel rechts als links zijn verwikkeld in corruptieschandalen, hebben grote aantallen Italiaanse jongeren geconcludeerd dat het de macht zelf is die corrumpeert. Het netwerk van sociale centra vormt een parallelle politieke sfeer die, in plaats van te trachten staatsmacht te krijgen, alternatieve overheidsdiensten verleent – zoals kinderopvang en rechtsbijstand voor vluchtelingen – terwijl het netwerk tegelijkertijd de staat uitdaagt door middel van directe actie.

Bijvoorbeeld: de avond dat ik in het Corto Ciccuito in Rome was, werd het gemeenschappelijke avondmaal van lasagne en salade caprese bijzonder enthousiast ontvangen, omdat het was klaargemaakt door een kok die net was vrijgelaten uit de gevangenis na zijn arrestatie op een antifascistische bijeenkomst. En in het Leoncavallo-centrum in Milaan, de dag daarvoor, liep ik enkele leden van de *Tute Bianche* ('Witte Overalls') tegen het lijf, die over digitale plattegronden van Genua stonden gebogen, in voorbereiding op de G8-top van juli 2001: de directe-actiegroep, genoemd naar het uniform dat de leden dragen op demonstraties, had net een 'oorlogsverklaring' afgegeven over de top in Genua.

Maar zulke verklaringen zijn niet de meest schokkende dingen die in de sociale centra gebeuren. Veel verrassender is het feit dat deze anti-autoritaire militanten, gekenmerkt door het afwijzen van partijpolitiek, zich kandidaat zijn gaan stellen – en winnen. In Venetië, Rome en Milaan zitten vooraanstaande activisten uit de sociale centra, onder wie leiders van Tute Bianche, nu in de gemeenteraad.

Met Silvio Berlusconi's rechtse Forza Italia aan de macht moeten ze zichzelf beschermen tegen degenen die de sociale centra willen sluiten. Maar Beppe Caccia, lid van de Tute Bianche en gemeenteraadslid in Venetië, zegt ook dat de zwenk naar de gemeentepolitiek een natuurlijke evolutie is van de sociale-centra-theorie.

De natiestaat verkeert in een crisis, stelt hij, en is zowel verzwakt tegenover wereldmachten als corrupt tegenover machten van het bedrijfsleven. Ondertussen zijn in Italië, net als in andere geïndustrialiseerde landen, sterke regionale verlangens naar grotere decentralisatie overgenomen door rechts. In dit klimaat stelt Caccia een tweetandige strategie voor: enerzijds het hoofd bieden aan onverantwoordelijke, niet-representatieve machten op wereldniveau (bijvoorbeeld op de G8) en anderzijds een nieuwe, meer verantwoordelijke en open politiek herbouwen op lokaal niveau (waar het sociale centrum en de gemeenteraad bij elkaar komen).

Wat me terugbrengt bij de vraag die werd gesteld in de buitenwijken van het gemummificeerde Romeinse rijk. Hoewel het in het begin moeilijk te zien zal zijn, zijn de sociale centra geen getto's – het zijn vensters: niet alleen op een andere manier van leven, onafhankelijk van de staat, maar ook op een nieuwe politiek van betrokkenheid. En ja, misschien is het iets moois.

BEPERKINGEN VAN POLITIEKE PARTIJEN

De sprong van protest naar macht moet van
de grond af worden opgebouwd
December 2000

Ik ben nooit lid geweest van een politieke partij, ben zelfs nog nooit naar een politieke conventie geweest. Bij de afgelopen verkiezingen, na aan de haren naar de stembus gesleept te zijn, werd ik overmand door een buikpijn die nog heviger was dan die van mijn vrienden die hun stem gewoon inslikten. Dus hoe komt het dat ik het ermee eens ben dat we een nieuwe politieke alliantie nodig hebben die de progressieve krachten van Canada verenigt, of zelfs een nieuwe partij?

Het is een debat dat plaatsvindt in ieder land waar de linkse partijen stuntelen maar het activisme in opkomst is, van Argentinië tot Italië. Canada is geen uitzondering. Duidelijk is dat links in de huidige vorm – een verzwakte en ineffectieve New Democratic Party (NDP, Canada's sociaal-democraten) en een eindeloze reeks straatprotesten – een recept is voor vechten als een gek om de dingen minder slecht te maken dan ze anders zouden zijn. Wat nog steeds behoorlijk slecht is.

De afgelopen vier jaar is er een golf van politieke organisatie en militant protest geweest. Studenten blokkeren handelsbijeenkomsten waar politici hun toekomst verruilen voor buitenlandse investeringen. In *First Nations*-gemeenschappen, van Vancouver Island tot Burnt Church, New Brunswick, is er toenemende steun voor het teruggrijpen van het bestuur van bossen en visserijen; mensen zijn moe van het wachten totdat Ottawa de toestemming geeft die de rechtbanken al hebben bevestigd. De Ontario Coalition Against Poverty in Toronto bezet gebouwen en eist het onderdak dat het recht is van alle Canadezen.

Er wordt genoeg op principiële, radicale wijze georganiseerd, maar er is méér nodig om dat om te vormen tot een gecoördineerde politieke kracht dan een groter 'bereik' van dezelfde aloude spelers. Er moet met een schone lei begonnen worden, de kiezersgroepen die het meest te lijden hebben onder het huidige economische model – en die zich daar al krachtig tegen organiseren – moeten systematisch worden geïdentificeerd, en van daaruit moet worden gewerkt aan een nationale visie.

UITZICHTEN OP DEMOCRATIE

Ik vermoed dat zo'n visie niet erg zou lijken op het huidige programma van de NDP. Als je naar de in economisch en sociaal opzicht meest buitengesloten Canadezen luistert, dan hoor je een denkbeeld dat geheel afwezig is bij mainstream links in Canada: een diep wantrouwen tegen de staat. Dat wantrouwen is gebaseerd op eigen ervaring: politie die andersdenkenden en immigranten hard aanpakt, zeer strenge bijstandsbureaus, ineffectieve scholingsprojecten en schandalig slecht beheer van natuurlijke grondstoffen.

De woede overziend die vanuit het hele land gericht is op de federale regering, heeft de NDP alleen gereageerd met een actieplan voor beter centraal management. In haar beleidsprogramma bestaat er geen probleem dat niet opgelost kan worden met een sterkere *top-down*-regering. De NDP heeft door consequent de honger naar lokale controle te negeren, evenals de terechte scepsis over gecentraliseerde macht, ervoor gezorgd dat de gehele anti-Ottawa-stem naar rechts ging. Het is alleen de stijf rechtse Canadian Alliance Party die de Canadezen buiten Quebec de kans geeft 'Ottawa een boodschap te sturen' – ook al is de boodschap simpelweg een eis tot compensatie, in de vorm van een belastingverlaging, voor prutserige democratie.

Een nationale linkse partij zou een andere visie kunnen articuleren, een visie gegrond op lokale democratie en duurzame economische ontwikkeling. Maar voordat dat kan gebeuren, moet links vat krijgen op hoe de Canadezen hun regering zien. Links moet luisteren naar de stemmen over inheemse reservaten en uit niet-inheemse gemeenschappen, waar de gemene deler woede is tegen de regering – federaal en provinciaal – vanwege laakbaar wanbeheer van het land en de oceanen vanuit stedelijke kantoren. Overheidsprogramma's die werden ontworpen om deze regio's te 'ontwikkelen', worden overal in het land diep gewantrouwd. Federale initiatieven om vissers in het ecotoerisme te laten werken, bijvoorbeeld, of boeren in de informatietechnologie, worden beschouwd als werkverschaffingsprojecten, harteloos en soms zelfs destructief voor de werkelijke behoeften van gemeenschappen.

Frustratie over verprutste centrale planning is niet alleen een issue in landelijk Canada en, natuurlijk, Quebec. Stedelijke centra in het hele land worden tegen hun wil omgevormd tot megasteden, zoals ook ziekenhuizen waar eens vooruitstrevende projecten bloeiden, worden samengevoegd tot inefficiënte medische fabrieken. En als je luistert naar de leraren die gestandaardiseerde examinering door hun strot geduwd krijgen door half-geletterde politici, dan hoor je hetzelfde ressentiment tegen de macht op grote afstand, en dezelfde roep om lokale controle en dieper gewortelde democratie.

DAGBOEK VAN EEN ACTIVISTE

Al deze lokale gevechten gaan in wezen over mensen die zien hoe de macht steeds verder en verder weg schuift van de plek waar ze leven en werken: naar de Wereldhandelsorganisatie, naar onverantwoordelijke multinationals, maar ook naar meer gecentraliseerde nationale, provinciale en zelfs gemeentelijke overheden. Deze mensen vragen niet om meer verlichte centrale planning, ze vragen om de instrumenten, zowel financieel als democratisch, om hun lot zelf te beheersen, om hun expertise te gebruiken, om heterogene economieën te bouwen die werkelijk duurzaam zijn. En ze hebben heel veel ideeën.

Aan de westkust van Vancouver Island roepen ze om *community fish-licence banks*, instellingen die visserijrechten binnen de gemeenschap kunnen houden in plaats van ze terug te verkopen aan Ottawa of aan commerciële vloten. Inheemse en niet-inheemse vissers blijven ondertussen het ministerie van Visserij en Oceanen belagen in een poging de zalmvisserij te redden door broedplaatsen opnieuw op te bouwen en kwekerijen te beschermen. In andere delen van British Columbia heeft men het over gemeenschappelijke boslicenties: kroondomeinen uit handen nemen van multinationale houtkapbedrijven die alleen geïnteresseerd zijn in grootschalig kappen, en duurzaam bosbeheer in handen geven van lokale gemeenschappen.

Zelfs in Newfoundland, lang geleden al afgeschreven door Ottawa als het zorgenkindje van Canada, werd er tijdens de verkiezingen van 2000 gesproken over reorganisatie van het federalisme om het beheer van de rijke energiereserves en wat er nog over is van de visserij terug te krijgen. Dezelfde boodschap hoor je van de Inuit-leiders die vastbesloten zijn om zich ervan te verzekeren dat wanneer de olie- en gaszoekers weer naar hun gebied trekken, de opbrengsten gaan naar regionale ontwikkeling in plaats van dat ze multinationals nog rijker maken.

Op vele manieren zijn deze spontane ideeën vanuit de basis de antithese van het model van vrijhandel dat wordt opgedrongen door de federale Liberals, die blijven volhouden dat meer buitenlandse investering de sleutel is tot al onze welvaart, zelfs als het betekent dat onze democratische macht hiervoor opgegeven moet worden. Deze gemeenschappen willen het tegenovergestelde: een versterkt lokaal bestuur, zodat ze méér kunnen doen met minder.

Deze visie biedt ook een helder alternatief voor het regionale anti-immigrantenressentiment dat door rechtse populisten wordt uitgedragen. Natuurlijk, belastingverlagingen en zondebokken zijn geen slechte troostprijzen als er niets anders is. Maar er bestaat duidelijk een diepgeworteld verlangen in dit land om gezamenlijk te blijven handelen, grondstoffen en kennis samen te voegen en iets beters op te bouwen dan wat we als individuen kunnen bereiken.

Dit is een geweldige kans voor links, een kans die door de NDP volkomen is vergooid. Er is een grote open plek in het politieke landschap voor een nieuwe politieke coalitie die luistert naar de roep om lokalisatie en daarin niet een bedreiging ziet voor de nationale eenheid, maar juist de bouwstenen voor een gezamenlijke – en diverse – cultuur. Deze roep om zelfbeschikking, democratie aan de basis en ecologische duurzaamheid bevat de onderdelen van een nieuwe politieke visie die rekening houdt met veel Canadezen die nooit eerder werden vertegenwoordigd door zogenaamd links.

Op dit moment hebben we federale partijen die proberen dit land bijeen te houden tegen zijn wil, en regionale partijen die het land op een gevaarlijke manier tegen zichzelf opzetten. Nodig is een politieke kracht die ons niet kan laten zien wat de verschillen zijn, maar wat de connecties zijn tussen deze gevechten voor lokalisering.

Dat zou betekenen dat sommige van de meest elementaire ideeën van traditioneel links over hoe een land georganiseerd moet worden, overboord gegooid moeten worden. Tenslotte is de rode draad die de gemeentelijke rechten op een duurzaam beheer van grondstoffen en de soevereiniteit van Quebec voor inheems bestuur met elkaar verbindt, niet een sterkere centrale staat. Het is het verlangen naar zelfbeschikking, economische duurzaamheid en participerende democratie.

Het decentraliseren van macht betekent niet afzien van sterke nationale normen – en stabiele, rechtvaardige financiering – van gezondheidszorg, onderwijs, betaalbare huisvesting en milieubescherming. Maar het betekent wel dat de mantra van links moet veranderen van 'meer financiering' in 'meer macht aan de gewone man' – in steden, in inheemse reservaten, op scholen, in gemeenschappen rond natuurlijke grondstoffen, op de werkplek.

Het bijeenbrengen van deze en andere krachten zou diepe conflicten tussen inheemse en niet-inheemse mensen, vakbonden en milieuactivisten, stedelijke en landelijke gemeenschappen – en ook tussen het blanke gezicht van Canadees links en het donkerder gezicht van de Canadese armoede – naar boven halen. Om deze verdeeldheid te overwinnen is niet een nieuwe politieke partij nodig – nog niet – maar een nieuw politiek proces, een proces dat genoeg vertrouwen heeft in de democratie om een politiek mandaat te laten ontstaan.

DAGBOEK VAN EEN ACTIVISTE

Het opwekken van dit proces zou een zwaar langetermijnproject zijn. Maar het zou de moeite waard zijn. Omdat in de connecties tussen deze lang veronachtzaamde problemen en genegeerde gemeenschappen de contouren van een werkelijk nieuw, politiek alternatief gevonden kunnen worden.

VAN SYMBOLEN NAAR DE ESSENTIE

Na 11 september zijn alternatieven voor zowel religieus als
economisch fundamentalisme belangrijker dan ooit
Oktober 2001

In Toronto, de stad waar ik woon, weerlegden anti-armoededemonstranten de redenering dat het met de protesten tegen het kapitalisme en de macht van bedrijven sinds 11 september afgelopen zou zijn. Dat deden ze door vorige week het zakendistrict te 'sluiten'. Het was geen beleefde samenkomst: op de posters voor het evenement stond een foto van wolkenkrabbers met een rode omlijning: de buitenranden van de aangewezen zone voor directe actie. Het was bijna alsof 11 september nooit had plaatsgevonden. Oké, de organisatoren wisten dat kantoren en beursgebouwen tot doelwit nemen op dit moment niet erg populair is, vooral niet op één uur vliegen van New York vandaan. Maar de Ontario Coalition Against Poverty (OCAP) was vóór 11 september ook niet erg populair. Deze politieke groepering is erin geslaagd het kiezerskorps dat erom bekendstaat het moeilijkst te organiseren te zijn van de hele wereld, te organiseren: de daklozen. De meest recente actie van deze groep behelsde de 'symbolische uitzetting' van de provinciale minister van Huisvesting uit zijn kantoor (zijn meubilair werd op straat gezet), dus het is niet moeilijk voor te stellen hoeveel steun ze krijgen van de pers.

Ook op andere manieren hebben de gebeurtenissen van 11 september niet zoveel veranderd voor de OCAP: de nachten worden nog steeds kouder en er is nog steeds een recessie op komst. Dat veel mensen deze winter zullen sterven op straat, net als vorige winter en de winter daarvoor, tenzij er onmiddellijk meer bedden worden gevonden, is niet veranderd.

Maar voor andere groepen, met name die groepen die misschien meer belang hechten aan de publieke opinie, verandert 11 september heel veel. In elk geval in Noord-Amerika bevinden campagnes die zich verlaten op het aanvallen – zelfs vreedzaam – van krachtige symbolen van het kapitalisme, zich in een in extreme mate getransformeerd semiotisch landschap. Per slot van rekening waren de aanslagen daden van een uiterst reële en gruwelijke wreedheid, maar het waren ook daden van symbolische oorlogvoering, en zo werden ze

DAGBOEK VAN EEN ACTIVISTE

ook direct begrepen. Zoals veel commentatoren stelden: de torens waren niet zomaar gebouwen, het waren 'symbolen van het Amerikaanse kapitalisme'.

Er is natuurlijk nauwelijks bewijs dat Amerika's *most wanted* miljonair van Saoedi-Arabische afkomst wrok koestert tegen het kapitalisme (als Osama bin Ladens nogal indrukwekkende wereldwijde exportnetwerk, dat zich uitstrekt van het verbouwen van marktgewassen tot oliepijpleidingen, een indicatie moet zijn, dan lijkt het onwaarschijnlijk). Maar voor de beweging die sommigen omschrijven als 'antiglobalisering' en anderen als 'antikapitalistisch' (en die ik zelf enigszins slordig meestal gewoon 'de beweging' noem) is het moeilijk te ontkomen aan discussies over symboliek: over alle tekens en betekenaars in de strijd tegen de macht van het bedrijfsleven – de logo's van een vastgelopen cultuur, de stilering van een guerrillaoorlog, de keuzes van de aan te vallen merknamen en politieke doelen – die de overheersende metaforen van de beweging vormen.

Veel politieke tegenstanders van het activisme tegen de macht van bedrijven gebruiken de symboliek van de aanslagen op het World Trade Center en het Pentagon om te onderstrepen dat jonge activisten, die guerrillaoorlogje spelen, nu klem zitten in een echte oorlog. De overlijdensberichten verschijnen al in kranten over de hele wereld: 'Antiglobalisering is achterhaald' is een karakteristieke kop in de krant. De beweging ligt, volgens *The Boston Globe*, 'aan flarden'. Is dat waar? Ons activisme is al eerder dood verklaard. Sterker nog, het wordt met ritualistische regelmaat vóór en na elke massademonstratie dood verklaard: onze strategieën zijn duidelijk in diskrediet geraakt, onze coalities verdeeld, onze argumenten misleidend. Toch zijn die demonstraties alleen maar groter geworden, van vijftigduizend mensen in Seattle tot driehonderdduizend, volgens sommige schattingen, in Genua.

Tegelijkertijd zou het dom zijn om te doen alsof er niets is veranderd sinds 11 september. Dit drong onlangs tot me door, toen ik keek naar een diaserie die ik had samengesteld vóór de aanslagen. Het gaat over de manier waarop de beeldentaal van het activisme tegen de macht van bedrijven steeds meer wordt overgenomen in de marketing van bedrijven zelf. Op één dia staat een groep activisten die de etalageruit van een Gap-winkel met verf bespuiten tijdens de demonstraties tegen de Wereldhandelsorganisatie in Seattle. Op de volgende staan de nieuwste displays in de etalage van Gap, met hun eigen prefab-graffiti: het woord *Independence*, 'onafhankelijkheid', in zwart gespoten. En de volgende dia toont een beeldje uit het Sony Playstation-spel *State of Emergency*, waarin cool uitziende anarchisten stenen gooien naar kwaadaardige ME'ers die de fictieve American Trade Organization beschermen. Het enige dat ik nu nog kan zien is hoe die kiekjes uit de beeldenoorlog onmiddellijk werden overschaduwd, weggeblazen door 11 september, als speelgoedautootjes en actiefiguurtjes op de set van een rampenfilm.

Ondanks – of juist dankzij – de verandering van het landschap moeten we ons goed blijven herinneren waarom deze beweging in eerste instantie koos voor het voeren van een symbolische strijd. De beslissing van de OCAP om het zakendistrict te 'sluiten', kwam voort uit enkele zeer specifieke omstandigheden. Als zoveel anderen die proberen problemen met betrekking tot economische ongelijkheid op de politieke agenda te krijgen, hadden de mensen die de groep representeert het gevoel dat ze waren genegeerd, buiten het paradigma gehouden, verdwenen en gereconstrueerd als een bedelaarsprobleem dat harde nieuwe wetgeving vereiste. Ze beseften dat datgene waartegen ze moesten optreden, niet alleen een lokale politieke vijand was of zelfs een bepaalde handelswet, maar ook een economisch paradigma: de gebroken belofte van gedereguleerd *trickle-down*-kapitalisme.

Dus ziehier de uitdaging voor het moderne activisme: hoe organiseer je je tegen een ideologie die zo uitgestrekt is dat ze geen randen heeft, die zo alomtegenwoordig is dat ze nergens lijkt te zijn? Waar is de ruimte voor verzet voor hen die geen werkplaatsen hebben om te sluiten, die leven in gemeenschappen die voortdurend worden ontworteld? Waar vinden we nog houvast wanneer zoveel van de macht virtueel is: valutahandel, aandelenkoersen, intellectueel eigendom en geheime handelsovereenkomsten?

Het korte antwoord was, tenminste vóór 11 september, dat je gewoon alles pakt wat je pakken kunt: het merkimago van een beroemde multinational, een effectenbeurs, een vergadering van wereldleiders, een bepaalde handelsovereenkomst of, in het geval van de Toronto-groep, de banken en bedrijfshoofdkantoren die de motoren zijn die de agenda aandrijven. Alles wat, hoe kortstondig ook, het ongrijpbare wezenlijk maakt, de uitgestrektheid op een of andere manier een menselijke schaal geeft. Kortom, je vindt symbolen en je hoopt dat ze metaforen voor verandering worden.

Bijvoorbeeld, toen de Verenigde Staten een handelsoorlog tegen Frankrijk begonnen omdat dat land het lef had gehad om met hormonen opgepept rundvlees te verbieden, trokken José Bové en de Franse Boerenfederatie niet de aandacht van de wereld door te schreeuwen over invoerbelasting op Roquefortkaas, maar door 'strategisch' een McDonald's te 'ontmantelen'. Nike, Exxon Mobil, Monsanto, Shell, Chevron, Pfizer, Sodexho-Marriott, Kellogg's, Starbucks, Gap, Rio Tinto, British Petroleum, General Electric, Wal-Mart, Home

DAGBOEK VAN EEN ACTIVISTE

Depot, CitiGroup en Taco Bell – allemaal zagen ze hoe hun blinkende merken gebruikt werden om licht te werpen op allerlei zaken: van rundergroeihormonen in melk tot mensenrechten in de Nigerdelta, van arbeidsmisbruik van Mexicaanse tomatenplukkers in Florida tot oorlogsfinanciering van oliepijpleidingen in Tsjaad en Kameroen, van het broeikaseffect tot sweatshops.

Veel activisten hebben het afgelopen decennium ontdekt dat de blinde vlek die veel westerlingen hebben voor internationale zaken, weggenomen kan worden door campagnes te koppelen aan beroemde merken – een effectief, zij het vaak problematisch wapen tegen bekrompenheid. Deze bedrijfscampagnes hebben op hun beurt achterdeuren opengezet naar de geheimzinnige wereld van internationale handel en financiën, naar de Wereldhandelsorganisatie, de Wereldbank en, voor sommigen, naar twijfels bij het kapitalisme zelf.

Deze strategieën bleken ook zelf een makkelijk doelwit te zijn. Na 11 september begonnen politici en deskundigen meteen de terroristische aanslagen te interpreteren als onderdeel van een continuüm van geweld tegen bedrijven en tegen Amerika: eerst het Starbucks-raam en vervolgens, waarschijnlijk, het World Trade Center.

Redacteur Peter Beinart van *The New Republic* stuitte op een internet-chatroom voor activisten tegen de macht van bedrijven waar werd gevraagd of de aanslagen waren uitgevoerd door 'één van ons'. Beinart concludeerde: 'De antiglobaliseringsbeweging [...] is, voor een deel, een beweging die wordt gedreven door haat jegens de Verenigde Staten' – immoreel nu de vs onder vuur liggen. Reginald Dale ging, in *The International Herald Tribune,* het verst in het gelijkschakelen van demonstranten en terroristen: 'Hoewel ze niet opzettelijk zich voornemen duizenden onschuldige mensen af te slachten, streven de demonstranten die bijeenkomsten als die van het IMF of de Wereldhandelsorganisatie willen verhinderen ernaar hun politieke agenda over het voetlicht te brengen door middel van intimidatie, wat een klassiek doel van terrorisme is.'

In een geestelijk gezonde wereld zouden de terreuraanslagen, in plaats van voeding te geven aan zulke weerstand, de vraag oproepen waarom Amerikaanse inlichtingendiensten zoveel tijd hebben besteed aan het bespioneren van Reclaim the Streets en Independent Media Centres en niet van de terroristennetwerken die massamoorden beraamden. Jammer genoeg lijkt het wel duidelijk dat de harde aanpak van het activisme van voor 11 september alleen maar intenser zal worden, met verhoogde surveillance, infiltratie en politiegeweld.

UITZICHTEN OP DEMOCRATIE

De aanvallen zouden, vrees ik, deze beweging ook wel eens enkele van haar politieke overwinningen kunnen gaan kosten. Fondsen ten bate van de aidscrisis in Afrika verdwijnen, en toezeggingen om kwijtschelding van schulden uit te breiden zullen hoogstwaarschijnlijk volgen. Nu wordt hulp gebruikt als smeergeld voor landen die zich aansluiten bij Amerika's oorlog. Het verdedigen van de rechten van immigranten en vluchtelingen was een doel aan het worden voor de directe-actie-menigte in Australië, Europa en, geleidelijk, de Verenigde Staten. Ook dat wordt bedreigd door aanzwellende golven van racisme en xenofobie.

En de vrije handel, allang in een pr-crisis, wordt snel van een nieuw merk voorzien, net als winkelen en baseball, als een patriottische plicht. Volgens de Amerikaanse handelsafgevaardigde Robert Zoellick heeft de wereld een nieuwe campagne nodig om 'terrorisme te bestrijden met handel'. In een essay in *The New York Times Magazine* voegt *business*-auteur Michael Lewis op vergelijkbare wijze de vrijheidsstrijd en de vrije handel samen, als hij uitlegt dat de handelaren die stierven een doelwit waren als 'niet louter symbolen maar ook beoefenaars van vrijheid. [...] Ze werken hard, ook al is het onbedoeld, om anderen te bevrijden van beperkingen. Dat maakt hen, bijna bij gebrek aan beter, tot de spirituele antithese van de religieuze fundamentalist, wiens zaak is gebaseerd op een ontkenning van persoonlijke vrijheid uit naam van een of andere hypothetische hogere macht.'

De gevechtslinies die leiden naar de onderhandelingen van de Wereldhandelsorganisatie in de volgende maand zijn al uitgezet: handel staat gelijk aan vrijheid, antihandel staat gelijk aan fascisme.

Onze burgervrijheden, onze vooruitgang, onze gebruikelijke strategieën – overal worden nu vraagtekens bij geplaatst. Maar deze crisis opent ook nieuwe mogelijkheden. Zoals veel mensen hebben gesteld, is het de uitdaging voor bewegingen vóór sociale rechtvaardigheid om te laten zien dat rechtvaardigheid en gelijkheid de duurzaamste strategieën tegen geweld en fundamentalisme zijn. Wat betekent dat in de praktijk? Welnu, Amerikanen komen er op dit moment in noodtempo achter wat het betekent om een gezondheidszorg te hebben die zo overbelast is dat ze het griepseizoen niet aankan, laat staan een uitbraak van antrax. Hoewel men tien jaar lang heeft beloofd de Amerikaanse watervoorziening te beschermen tegen bioterroristische aanslagen, is er schandalig weinig gedaan door de overbelaste Environmental Protection Agency ('Bureau voor Milieubescherming'). De voedselvoorziening is zelfs nog kwetsbaarder, met inspecteurs die ongeveer één procent van de voedselimport weten te controleren – niet echt een bescherming tegen de groeiende angst voor 'agroterrorisme'.

DAGBOEK VAN EEN ACTIVISTE

In dit 'nieuwe type oorlog' wordt duidelijk dat terroristen onze uit elkaar gevallen publieke infrastructuren als wapen gebruiken. Dat is niet alleen zo in rijke landen als de Verenigde Staten, maar ook in arme landen waar het fundamentalisme zich razendsnel heeft verspreid. Waar schulden en oorlog de infrastructuur hebben verwoest, wordt het voor fanatieke suikerooms als Bin Laden mogelijk in het gat te springen en basisvoorzieningen te gaan verzorgen die de taak van de overheid zouden moeten zijn: wegen, scholen, ziekenhuizen, zelfs primaire gezondheidszorg. In Soedan was het Bin Laden die de weg aanlegde waardoor de constructie van de Talisman-oliepijpleiding mogelijk werd gemaakt, waarlangs de nodige middelen worden gepompt naar de regering voor haar wrede etnische oorlog. De extremistisch islamitische seminaries in Pakistan die zoveel Talibanleiders indoctrineerden, gedijen juist zo goed omdat ze een enorm gat in het sociale welzijn dichten. In een land dat negentig procent van zijn budget uitgeeft aan zijn leger en schulden – en maar een schijntje aan onderwijs – bieden de *madrassas* niet alleen gratis klaslokalen, maar ook eten en onderdak voor arme kinderen.

Om de verspreiding van terrorisme – in het noorden en het zuiden – te begrijpen, zijn vragen over infrastructuur en overheidsfinanciën onvermijdelijk. Deze oorlog wordt uitgevochten in postkamers, metrostations, vliegvelden, scholen en ziekenhuizen, allemaal aan de frontlinies van de strijd tegen privatisering en deregulering van de afgelopen twintig jaar. Maar wat is tot nu toe de reactie van politici geweest? Meer van hetzelfde: belastingverlaging voor bedrijven en verdere privatisering van voorzieningen. Op dezelfde dag dat *The International Herald Tribune* op de voorpagina kwam met de kop 'Nieuwe frontlinie van het terrorisme: de postkamer', werd aangekondigd dat regeringen van EU-landen waren overeengekomen dat ze hun postmarkten gingen openstellen voor particuliere concurrentie. En natuurlijk is een van de belangrijkste onderwerpen op de agenda van de Wereldhandelsorganisatie-vergadering van volgende maand – die waar we vechten vóór vrijheid en tegen terrorisme – het General Agreement of Trade in Services ('Algemeen Akkoord voor Handel in Diensten'). Dat is het akkoord dat overheden aanzet tot het privatiseren van openbare voorzieningen als gezondheidszorg, onderwijs en water, en dat landen ervan weerhoudt gezondheids- en milieunormen op te leggen.

Het debat over welke soort globalisering we willen is niet 'achterhaald'; het is actueler en dringender dan ooit. Veel actiegroepen stellen op dit moment hun argumenten in termen van 'algemene veiligheid' – een welkom tegengif tegen de kortzichtige veiligheidsmentaliteit van fortachtige grenzen en B-52's die tot nu toe verschrikkelijk slecht hebben gezorgd voor de bescherming van wie dan ook. Maar we kunnen niet naïef zijn, alsof de uiterst reële dreiging van meer onschuldige slachtoffers zal verdwijnen door politieke hervormingen alleen. Er moet sociale rechtvaardigheid zijn, maar er moet ook rechtvaardigheid zijn voor de slachtoffers van deze aanslagen en een praktische preventie van toekomstige aanslagen. Terrorisme is zonder meer een internationale dreiging, en het is niet begonnen met de aanslagen in Amerika. Veel mensen die de bombardementen op Afghanistan steunen, doen dat met tegenzin: voor sommigen lijken de bommen de enige wapens die voorhanden zijn, hoe wreed en onnauwkeurig ook. Maar dit gebrek aan andere opties is voor een deel het resultaat van Amerikaans verzet tegen een scala aan nauwkeuriger en potentieel effectieve internationale instrumenten.

Amerika verzet zich bijvoorbeeld tegen een erkend internationaal gerechtshof, uit angst dat zijn eigen oorlogshelden zullen worden vervolgd. En het verzet zich tegen het Comprehensive Test Ban Treaty ('Uitgebreid Verdrag ter Uitbanning van Proeven') over kernwapens: eveneens absoluut onacceptabel. Het verzet zich ook tegen alle andere verdragen die het heeft geweigerd te ratificeren, over landmijnen, handvuurwapens en zoveel andere dingen die ons zouden kunnen helpen een zwaar gemilitariseerde staat als Afghanistan aan te kunnen. Terwijl Bush de wereld uitnodigt om mee te doen in Amerika's oorlog en de Verenigde Naties en de internationale gerechtshoven aan de kant schuift, moeten wij in deze beweging hartstochtelijke verdedigers van werkelijk multilateralisme worden en eens en voor altijd het etiket 'antiglobalisering' verwerpen. Bush' 'coalitie' vertegenwoordigt niet een echt mondiaal antwoord op terrorisme, maar betekent de internationalisering van de doelen van de buitenlandpolitiek van één land: het handelsmerk van Amerika's internationale betrekkingen, van de onderhandelingstafel van de Wereldhandelsorganisatie tot Kyoto. Wij kunnen deze verbindingen maken, niet als anti-Amerikanen maar als ware internationalisten.

Is de golf van wederzijdse hulp en steun die deze tragedie heeft losgemaakt zo anders dan de humanitaire doelen waar de beweging naar streeft? De straatslogans – 'Mensen vóór winst', 'De wereld is niet te koop' – zijn in de nasleep van de aanslagen overduidelijke en fysiek gevoelde waarheden geworden voor velen. Men vraagt zich af waarom de financiële reddingsoperaties van vliegmaatschappijen niet ten goede komen aan de arbeiders die hun baan kwijtraken. De bezorgdheid groeit over de gevoeligheden van gedereguleerde handel. Er is een enorme golf van waardering voor alle soorten werknemers in de publieke sector. Het komt erop neer dat *the commons* ('het gemeenschappelijk bezit') – de openbare ruimte, het publiek bezit, datgene wat niet toebehoort aan het bedrijfsleven – op het moment wordt herontdekt in de Verenigde Staten, nota bene.

Degenen die zich bezighouden met het veranderen van het denken (en niet met het simpelweg winnen van discussies) zouden dit moment moeten aangrijpen om deze humane reacties te koppelen aan de vele andere zaken waar menselijke behoeften de voorkeur moeten krijgen boven bedrijfswinsten, van aidsbestrijding tot dakloosheid.

Dit vereist een ingrijpende verandering van de activistische strategie, één die veel meer is gebaseerd op de essentie dan op symbolen. Gelukkig gebeurt dat al. Al ruim een jaar is het grotendeels symbolische activisme bij topontmoetingen en tegen individuele bedrijven bekritiseerd door kringen binnen de beweging. Er is veel dat onbevredigend is aan het voeren van een oorlog van symbolen: het glas versplintert in het raam van de McDonald's-etalage, de vergaderingen worden naar steeds verder afgelegen locaties verplaatst – maar wat dan nog? Het zijn nog steeds slechts symbolen, façades, representaties.

Vóór 11 september ontstond er al een nieuwe sfeer van ongeduld, een drang om sociale en economische alternatieven te presenteren die het onrecht bij de wortels aanpakken, van landhervormingen en slavernij-herstelbetalingen tot groepsdemocratie.

Na 11 september is de taak zelfs nog duidelijker: de uitdaging is om een debat rond de vage notie van globalisering om te vormen tot een concrete discussie over democratie. In een periode van 'welvaart zonder precedent' hebben landen over de hele wereld te horen gekregen dat ze geen andere keus hadden dan te snijden in openbare uitgaven, arbeidswetten te herroepen, milieubeschermende maatregelen terug te draaien – beschouwd als illegale handelsbarrières – en subsidies voor scholen te stoppen. Dat alles was blijkbaar noodzakelijk om die landen klaar te maken voor de handel, met een goed klimaat voor investeringen en concurrerend op wereldschaal.

De taak is nu om de euforische beloften van de globalisering – dat ze algemene welvaart zou brengen, grotere vooruitgang en meer democratie – te beoordelen aan de hand van de realiteit van dat beleid. We moeten bewijzen dat globalisering – deze versie van globalisering – is gebouwd over de rug van het lokale menselijke en ecologische welzijn.

UITZICHTEN OP DEMOCRATIE

Maar al te vaak worden deze verbanden tussen het mondiale en het lokale niet gelegd. Integendeel, we lijken soms twee activistische eilanden. Aan de ene kant heb je de internationale globaliseringsactivisten die lijken te vechten tegen problemen ver weg, die geen relatie zouden hebben met de dagelijkse problemen van gewone mensen. Omdat ze niet de lokale realiteiten van de globalisering vertegenwoordigen, worden ze te gemakkelijk afgeschilderd als misleide universitaire studenten of beroepsactivisten. Aan de andere kant heb je duizenden in de gemeenschap gewortelde organisaties die dagelijks vechten om te overleven, of voor het behoud van de meest elementaire openbare voorzieningen. Hun campagnes worden vaak afgedaan als puur lokaal of zelfs onbetekenend, wat de reden is waarom de meeste activisten aan de basis zich, heel begrijpelijk, afgebrand en gedemoraliseerd voelen.

De enige duidelijke weg voorwaarts is het samenbrengen van deze twee krachten. Wat nu de antiglobaliseringsbeweging is, moet transformeren tot duizenden lokale bewegingen die strijden tegen de manier waarop neoliberaal beleid uitwerkt op het dagelijks bestaan: dakloosheid, loonstagnatie, huurstijging, politiegeweld, uitpuilende gevangenissen, criminalisering van arbeidsmigranten, de uitholling van openbare scholen en het in gevaar brengen van de watervoorziening. Tegelijkertijd moeten de lokale bewegingen die strijden tegen privatisering en deregulering aan de basis, hun campagnes samenvoegen tot één grote mondiale beweging die in staat is te laten zien waar hun specifieke issues passen in een internationale economische agenda die over de hele wereld wordt uitgevoerd. Wat nodig is, is een politiek raamwerk dat niet alleen de macht van bedrijven aankan en deze internationaal kan controleren, maar ook lokale organisatie en zelfbeschikking kan autoriseren.

Essentieel voor dit proces is het ontwikkelen van een politiek discours dat niet bang is voor diversiteit, dat niet probeert elke politieke beweging binnen één enkel model te persen. Een neoliberale economie is op elk niveau gericht op centralisatie, consolidatie, homogenisatie. Het is een oorlog tegen diversiteit. Daar tegenover hebben we een beweging nodig die het recht op diversiteit aanmoedigt, toejuicht en fel beschermt: culturele diversiteit, ecologische diversiteit, agrarische diversiteit – en ja, ook politieke diversiteit: verschillende manieren om politiek te bedrijven. Het doel is niet betere regels en bestuurders ver weg, maar democratie dicht aan de basis.

Om daar te kunnen komen, moeten we ruimte maken voor de stemmen uit Chiapas, Porto Alegre en Kerala die zeggen dat het mogelijk is om het imperialisme het hoofd te bieden en tegelijkertijd veelzijdigheid, vooruitgang

DAGBOEK VAN EEN ACTIVISTE

en ver doorgevoerde democratie te omarmen. In 1995 beschreef Benjamin Barber een ophanden zijnde wereldwijde strijd tussen Jihad en McWorld.* Onze taak, die dwingender is dan ooit, is om aan te tonen dat er meer dan twee werelden beschikbaar zijn, om alle onzichtbare werelden te onthullen die liggen tussen het economisch fundamentalisme van 'McWorld' en het religieuze fundamentalisme van de 'jihad'.

De kracht van deze beweging van bewegingen is haar diversiteit geweest, dat ze een echt alternatief biedt voor de homogenisatie en centralisatie die de globalisering vertegenwoordigt. Niet één enkele sector of natie kan haar claimen, niet één enkele intellectuele elite kan haar controleren, en dat is haar geheime wapen. Een waarlijk diverse mondiale beweging, een beweging die wortels heeft overal waar abstracte economische theorie een lokale realiteit wordt, hoeft niet op de stoep van elke top te staan en in te beuken op veel en veel machtiger instituten van militaire en economische macht. In plaats daarvan kan ze hen van alle kanten omsingelen. Want, zoals we hebben gezien, de politie kan de oorlog verklaren aan een demonstratie, ze kan leren die in toom te houden, ze kan hogere hekken bouwen. Maar geen hek is hoog genoeg om een echt sociale beweging te beteugelen, omdat die overal is.

Misschien zijn de beeldenoorlogen tot een einde aan het komen. Een jaar geleden bezocht ik de universiteit van Oregon om een verhaal te houden over anti-sweatshopactivisme op de campus die de bijnaam Nike U draagt. Daar ontmoette ik de studentenactiviste Sarah Jacobson. Nike, vertelde ze, was niet het doel van haar activisme, maar een instrument, een manier om toegang te krijgen tot een uitgestrekt en vaak amorf economisch systeem. 'Het is een doorgangsmedicijn,' zei ze blijmoedig.

Jarenlang hebben wij in deze beweging van bewegingen ons gevoed met de symbolen van onze tegenstanders – hun merken, hun kantoorgebouwen, hun topontmoetingen-met-mogelijkheden-voor-goede-foto's. We hebben ze gebruikt als yells bij onze acties, als doelen, als middelen voor volksopvoeding. Maar die symbolen waren nooit de echte doelen; zij waren de hefbomen, de handvatten. De symbolen waren altijd slechts doorgangen. Nu is het tijd om erdoorheen te lopen.

---

* Nederlandse editie: Benjamin Barber, Jihad vs. McWorld, Rotterdam 2002. (Noot van de vertalers.)

DANKBETUIGING

Toen ik besloot deze artikelen en essays te verzamelen in een boek, was mijn hoop dat het project fondsen zou kunnen genereren voor de activistische organisaties die met hun onverschrokken werk in de frontlinie mijn schrijven mogelijk maken. Mijn agenten, Bruce Westwood en Nicole Winstanley, hoorden me mijn vage hoop uitspreken en onderhandelden net zolang totdat deze een realiteit was, met de deskundigheid en aanhoudende hulpvaardigheid van Brian Iler, Alisa Palmer en Clayton Ruby. Ik ben mijn Engels- en Nederlandstalige uitgevers enorm dankbaar, die allemaal een opmerkelijke betrokkenheid hebben getoond door een deel van de opbrengsten van dit boek te schenken aan het Fences and Windows Fund ('Hekken en Vensters Fonds'). Dit fonds biedt financiële ondersteuning aan juridische bescherming van activisten en publiekseducatie over mondiale democratie (www.fencesfund.org). Louise Dennys, Susan Roxborough, Philip Gwyn Jones en Frances Coady omhelsden dit onconventionele idee vanaf het begin.

Mijn grootste redactionele dank gaat uit naar Debra Levy. Niet alleen hielp Debra me vele van deze columns tegen het licht te houden, maar ze nam ook de taak op zich om de verzameling te redigeren met onwankelbare toewijding en fijngevoeligheid, waarbij ze altijd haar blik gericht hield op zowel het grote geheel als de kleinste details. Louise Dennys weerstond dapper de verleiding om een complete herschrijving te eisen en in plaats daarvan slaagde ze erin om met minimale middelen de tekst aanzienlijk te verbeteren. De tekst werd verder verbeterd, gepolijst en dubbel gecheckt door Damián Tarnopolsky, Deidre Molina en Alison Reid. De opmaak is van Scott Richardson.

Mijn man, Avi Lewis, redigeerde alle stukken toen ik ze voor het eerst schreef, ook al waren we nog zoveel kilometers of tijdzones van elkaar vandaan. Kyle Yamada was de persoonlijke en redactionele ondersteuning voor Debra Levy en we zijn haar allebei heel dankbaar. Mijn ouders, Bonnie en Michael Klein, lazen ook schetsen en voorzagen deze van commentaar. De dagtekening van deze artikelen getuigt ervan dat ik het grootste deel van de afgelopen tweeënhalf jaar overal heb doorgebracht behalve thuis. Deze zwerftocht is alleen mogelijk geweest omdat mijn collega Christina Magill het fort heeft bewaakt, waarbij ze elke logistieke uitdaging te snel af was met een verbijsterende kalmte en vindingrijkheid.

Ik werkte met vele uitzonderlijke redacteuren van kranten en tijdschriften aan de artikelen in dit boek: Patrick Martin, Val Ross en Larry Orenstein bij *The Globe and Mail*; Seumas Milne en Katharine Viner bij *The Guardian*; Betsy Reed en Katrina vanden Heuvel bij *The Nation*; Jesse Hirsch en Andréa Schmidt bij www.nologo.org; Joel Bleifuss bij *In These Times*; Michael Albert bij Znet; Tania Molina bij *La Jornada*, Håkan Jaensson bij *Aftonbladet*; Giovanni De Mauro bij *Internazionale*; en Sander Pleij bij *De Groene Amsterdammer*.

Het waren Richard Addis en Bruce Westwood die dachten dat het een goed idee voor me zou zijn om een wekelijkse krantencolumn te schrijven gedurende de meest hectische tijd van mijn leven. Ik moet bekennen dat ik, terwijl ik me haastte voor elke deadline, e-mailend vanuit telefooncellen op vliegvelden, gemeenschapscentra vol traangas en sjofele hotels, hun oordeelsvermogen meer dan eens op de proef stelde. Nu zie ik wat ze me gegeven hebben: een wekelijks verslag van een opmerkelijk hoofdstuk in onze geschiedenis.

VERANTWOORDING

I Vensters van onvrede

'Seattle' werd oorspronkelijk gepubliceerd in *The New York Times* op 2 december 1999.

'Washington D.C.' werd oorspronkelijk gepubliceerd in *The Globe and Mail* op 12 april 2000.

'Wat volgt?' werd oorspronkelijk gepubliceerd in *The Nation* op 10 juli 2000. Gedeelten uit deze tekst werden ook verwerkt in de 'Epiloog' van de Nederlandse editie van *No Logo*, Rotterdam 2001.

'Los Angeles' werd niet eerder gepubliceerd.

'Praag' werd oorspronkelijk gepubliceerd in *The Globe and Mail* op 27 september 2000.

'Toronto' werd oorspronkelijk gepubliceerd in *The Globe and Mail* op 21 juni 2000.

II Het inperken van de democratie

Handel en ruilhandel

'Democratie in de boeien' werd niet eerder gepubliceerd.

'De Free Trade Area of the Americas' werd oorspronkelijk gepubliceerd in *The Globe and Mail* op 28 maart 2001.

'IMF loop naar de hel' werd oorspronkelijk gepubliceerd in *The Globe and Mail* op 16 maart 2002. Een eerdere versie van de tekst verscheen onder de titel 'Wie maakt Argentinië schoon' in *De Groene Amsterdammer* op 27 maart 2002.

'Geen plaats voor lokale democratie' werd oorspronkelijk gepubliceerd in *The Globe and Mail* op 28 februari 2001.

'De oorlog tegen vakbonden' werd oorspronkelijk gepubliceerd in *The Globe and Mail* op 17 januari 2001.

'De palmares van het NAFTA-akkoord' werd oorspronkelijk gepubliceerd in

DAGBOEK VAN EEN ACTIVISTE

The Globe and Mail op 18 april 2001.
'Naschrift na 11 september' werd oorspronkelijk gepubliceerd in *The Globe and Mail* op 12 december 2001.
'Hogere hekken aan de grens' werd oorspronkelijk gepubliceerd in *The Globe and Mail* op 22 november 2000.

De markt verzwelgt het gemeenschappelijk bezit
'Genetisch gemanipuleerde rijst' werd oorspronkelijk gepubliceerd in *The Globe and Mail* op 2 augustus 2000.
'Genetische verontreiniging' werd oorspronkelijk gepubliceerd in *The Globe and Mail* op 20 juni 2001. Een eerdere versie van de tekst verscheen onder de titel 'Echt voedsel' in *De Groene Amsterdammer* op 27 juni 2001.
'De offerlammeren van mond- en klauwzeer' werd oorspronkelijk gepubliceerd in *The Globe and Mail* op 7 maart 2001. Een eerdere versie van de tekst verscheen onder de titel 'Offerlammeren op Europa's altaar' in *De Groene Amsterdammer* op 28 maart 2001.
'Het internet als *tupperware party*' werd oorspronkelijk gepubliceerd in *The Globe and Mail* op 8 november 2000.
'Onvrede inlijven' werd oorspronkelijk gepubliceerd in *The Globe and Mail* op 31 mei 2001. Een eerdere versie van de tekst verscheen onder de titel 'Het bedrijf als goede vriend' in *De Groene Amsterdammer* op 6 juni 2001.
'Economische apartheid in Zuid-Afrika' werd oorspronkelijk gepubliceerd in *The Globe and Mail* op 21 november 2001. Een eerdere versie van de tekst verscheen onder dezelfde titel in *De Groene Amsterdammer* op 28 november 2001.
'Gifpolitiek in Ontario' werd oorspronkelijk gepubliceerd in *The Globe and Mail* op 14 juni 2000.
'Amerika's zwakste front' werd oorspronkelijk gepubliceerd in *The Globe and Mail* op 26 oktober 2001. Een eerdere versie van de tekst verscheen onder de titel 'Echte veiligheid' in *De Groene Amsterdammer* op 31 oktober 2001.

III Het inperken van de beweging: de criminalisering van de onvrede

'Grensoverschrijdend politiewerk' werd oorspronkelijk gepubliceerd in *The Globe and Mail* op 31 mei 2000.

VERANTWOORDING

'Preventieve arrestatie' werd oorspronkelijk gepubliceerd in *The Globe and Mail* op 7 juni 2000.

'Surveillance' werd oorspronkelijk gepubliceerd in *The Globe and Mail* op 30 augustus 2000.

'Handel in angst' werd oorspronkelijk gepubliceerd in *The Globe and Mail* op 21 maart 2001. Een eerdere versie van de tekst verscheen onder de titel 'Hekken rond Quebec City' in *De Groene Amsterdammer* op 4 april 2001.

'De petitie van "gekooide burgers"' werd niet eerder gepubliceerd.

'Infiltratie' werd oorspronkelijk gepubliceerd in *The Globe and Mail* op 21 april 2001.

'Het willekeurig gebruik van traangas' werd oorspronkelijk gepubliceerd in *The Globe and Mail* op 25 april 2001.

'Het normaliseren van geweld' werd niet eerder gepubliceerd.

'Het fabriceren van bedreigingen' werd oorspronkelijk gepubliceerd in *The Globe and Mail* op 5 september 2001. Een eerdere versie van de tekst verscheen onder de titel 'Berlusconi als "goede vader"' in *De Groene Amsterdammer* op 12 september 2001.

'Vastgelopen in het spektakel' werd oorspronkelijk gepubliceerd in *The Globe and Mail* op 2 mei 2001. Een eerdere versie van de tekst verscheen onder de titel 'McProtest' in *De Groene Amsterdammer* op 9 mei 2001.

IV Munt slaan uit terreur

'De onmenselijke rekenkunde van het lijden' werd niet eerder gepubliceerd.

'Nieuwe opportunisten' werd oorspronkelijk gepubliceerd in *The Globe and Mail* op 3 oktober 2001. Een eerdere versie van de tekst verscheen onder de titel 'Liever Nike dan namaak' in *De Groene Amsterdammer* op 10 oktober 2001.

'Kamikaze-kapitalisten' werd oorspronkelijk gepubliceerd in *The Globe and Mail* op 7 november 2001. Een eerdere versie van de tekst verscheen onder de titel 'Kamikaze-kapitalisme' in *De Groene Amsterdammer* op 14 november 2001.

'De angstaanjagende terugkeer van grote mannen' werd oorspronkelijk gepubliceerd in *The Globe and Mail* op 19 december 2001. Een eerdere versie van de tekst verscheen onder de titel 'Koop de mythe' in *De Groene Amsterdammer* op 9 januari 2002.

DAGBOEK VAN EEN ACTIVISTE

'Amerika is geen hamburger' werd oorspronkelijk gepubliceerd in *The Los Angeles Times* op 10 maart 2002.

V Uitzichten op democratie

'Het democratiseren van de beweging' werd oorspronkelijk gepubliceerd in *The Nation* op 19 maart 2001. Gedeelten uit deze tekst werden ook verwerkt in de 'Epiloog' van de Nederlandse editie van *No Logo*, Rotterdam 2001.

'Opstand in Chiapas' werd oorspronkelijk gepubliceerd in *The Guardian* op 3 maart 2001.

'De sociale centra van Italië' werd oorspronkelijk gepubliceerd in *The Globe and Mail* op 7 juni 2001. Een eerdere versie van de tekst verscheen onder de titel 'De nieuwe politiek komt uit sociale centra' in *De Groene Amsterdammer* op 13 juni 2001.

'Beperkingen van politieke partijen' werd oorspronkelijk gepubliceerd in *The Globe and Mail* op 20 december 2000.

'Van symbolen naar de essentie' werd oorspronkelijk gepubliceerd in *The Nation* op 22 oktober 2001. Een eerdere versie van de tekst verscheen onder de titel 'Een barst in de geschiedenis' in *De Groene Amsterdammer* op 24 oktober 2001.

OVER DE AUTEUR

Naomi Klein, geboren in Montreal in 1970, is journaliste en auteur van de internationale bestseller *No Logo – De strijd tegen de dwang van de wereldmerken* (Rotterdam, 2001). Dit boek is vertaald in vijfentwintig talen en werd in The *New York Times* 'de bijbel van een beweging' genoemd. In 2001 won No Logo de Canadese National Business Book Award en Le Prix Médiations in Frankrijk.

De artikelen van Naomi Klein zijn verschenen in talrijke toonaangevende kranten en tijdschriften, zoals *The Nation, The Guardian, The New York Times* en *Ms. Magazine*. Ze schrijft columns voor *The Globe and Mail* in Canada en *The Guardian* in Engeland. Deze columns verschijnen in vertaling in vele buitenlandse bladen, waaronder *De Groene Amsterdammer*.

Gedurende de afgelopen zes jaar heeft Naomi Klein reizen gemaakt door heel Noord-Amerika, Azië, Latijns-Amerika en Europa, in het spoor van het opkomend activisme tegen de macht van het bedrijfsleven in de hele wereld. Ze treedt veelvuldig op als mediacommentator en heeft gastcolleges gegeven aan de universiteiten van Harvard, Yale en New York. In december 2001 werd ze uitgeroepen tot een van de *Ms. Magazine's Women of the Year*.

NO LOGO

NAOMI KLEIN

'Kunnen wij ons de luxe veroorloven geen activist te zijn?'
– *Naomi Klein*

No Logo is niet alleen het verhaal van globalisering, vervlakking, massacultuur en uitbuiting, maar ook dat van mensen die zich inzetten voor democratie aan de basis, voor kleinschaligheid, voor kunst, cultuur en milieu, kortom voor een samenleving waarin de mens weer centraal staat. Naomi Klein beschrijft een groep die geen groep is, een beweging zonder leider. Deze beweging is alom aanwezig op alle niveaus van de samenleving en niet uit te roeien, omdat zij gedragen wordt door mensen die zich laten leiden door hun idealen.

Kritische Reeks
€ 22,50 ISBN 90 5637 388 9

VIJF VOOR TWAALF. TWINTIG WERELDPROBLEMEN, TWINTIG JAAR OM ZE OP TE LOSSEN

J.F. RISCHARD

De onderdirecteur van de Europese afdeling van de Wereldbank heeft een helder boek geschreven over de problemen waar de wereld mee kampt. Overbevolking, technologische ontwikkeling en economische verandering zorgen voor ongekende problemen, maar ook voor nieuwe mogelijkheden. Rischard concludeert dat we de problemen met de bestaande politiek en de bestaande instituties – de afzonderlijke staten, de VN, de Wereldbank en het IMF – niet kunnen oplossen. We moeten naar grensoverschrijdende netwerkorganisaties toe rondom de belangrijke issues als watervoorziening, klimaatverandering, mensenrechten, enzovoort.

Kritische Reeks
€ 19,95 ISBN 90 5637 476 1
Verschijnt november 2002

HET BEDRIJFSLEVEN AAN DE MACHT

DAVID C. KORTEN

In dit boek geeft de toonaangevende Amerikaanse econoom Korten een analyse van de groeiende macht en invloed van het bedrijfsleven. Gesteund door vrijhandelsverdragen en privatisering hebben grote bedrijven zich ontwikkeld tot machtsblokken waar geen regering meer vat op heeft. Zij zetten de toon en bepalen de koers van het IMF.
Zij beïnvloeden besluitvorming van regeringen en internationale organisaties in verregaande mate. Democratische besluitvorming en het milieu komen in de knel.

Kritische Reeks
€ 22,50 ISBN 90 5637 460 5
Verschijnt december 2002

KONINKLIJKE OLIE

IKE OKONTA & ORONTO DOUGLAS

Doordat de corrupte overheid in Nigeria geen adequate milieueisen stelt, is Shell in staat om zeer goedkoop olie te winnen. Het bedrijf maakt hiervan op grote schaal misbruik: milieutechnieken die in Europa allang verboden zijn, worden door Shell in Nigeria toegepast. Ondanks de wereldwijde 'greenwash' waarin Shell zich presenteert als een bedrijf dat zich inzet voor milieubehoud, is er weinig veranderd sinds de dood van Ken Saro-Wiwa, de Nigeriaanse schrijver en activist die in opstand kwam tegen de praktijken van Shell en in 1995 door de junta werd opgehangen.

Kritische Reeks
€ 22,50 ISBN 90 5637 458 3
Verschijnt november 2002

BLAUW GOUD

MAUDE BARLOW & TONY CLARKE

Water, de meest essentiële levensbron ter wereld, wordt schaars. Overbevolking, vervuiling en een toenemend industrieel gebruik leiden ertoe dat nu al miljoenen mensen een tekort hebben aan drinkwater. Dit groeiende tekort is de gevaarlijkste ecologische, economische en politieke crisis van de eenentwintigste eeuw. Privatisering van het water zorgt ervoor dat een basisbehoefte van iedereen handelswaar wordt. In *Blauw goud* beschrijven Barlow en Clarke de intrede van multinationals die, gewapend met recente handelsakkoorden, de privatisering en vercommercialisering van water zien als een kans voor het maken van enorme winsten.

Kritische Reeks
€ 22,50 ISBN 90 5637 459 1
Verschijnt februari 2003

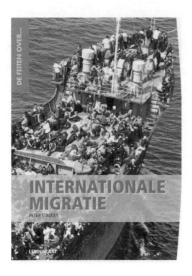 

DE FEITEN OVER...

DIVERSE AUTEURS

In deze nieuwe serie van Lemniscaat wordt een groot publiek geïnformeerd over de problemen waarmee de protestbeweging tegen de macht van het bedrijfsleven zich bezighoudt. Het zijn handzame boeken over thema's als globalisering, klimaatverandering, internationale migratie en fair trade.
In de toekomst zullen delen gaan verschijnen over onder meer water, democratie, geschiedenis, wapenhandel, afval, seksindustrie en ontwikkeling. De boeken zijn voorzien van Nederlandse inleidingen van de directeur van Greenpeace, de secretaris van Max Havelaar en anderen.

DE FEITEN OVER…
Set 4 dl., € 37,50   ISBN 90 5637 466 4
Verschijnt november 2002

DE FEITEN OVER GLOBALISERING
Wayne Ellwood, € 9,95   ISBN 90 5637 462 1

DE FEITEN OVER INTERNATIONALE MIGRATIE
Peter Stalker, € 9,95   ISBN 90 5637 463 x

DE FEITEN OVER FAIR TRADE
David Ransom, € 9,95   ISBN 90 5637 464 8

DE FEITEN OVER KLIMAATVERANDERING
Dinyar Godrej, € 9,95   ISBN 90 5637 465 6

NIEUWSBRIEF GLOBALISERING
WWW.GLOBALISERING.COM

De **NIEUWSBRIEF GLOBALISERING**, die verschijnt op internet, houdt u op de hoogte van de belangrijkste zaken met betrekking tot globalisering.

Deze nieuwsbrief biedt een serieuze, kritische reflectie op globalisering en verwijst naar de belangrijkste opinies, achtergronden en interviews uit gezaghebbende binnen- en buitenlandse media.

Daarnaast bespreekt de nieuwsbrief nieuwe boeken over globalisering en brengt deze voorpublicaties. Ook opgenomen is een agenda met lezingen, manifestaties en activiteiten.

De nieuwsbrief is gratis en verschijnt 12x per jaar.

U kunt zich abonneren via *www.globalisering.com*.